基礎から始める
ブラックバス釣り入門

つり情報BOOKS

「堤防磯投げつり情報」編集部◎編

日東書院

CONTENTS

004 四季のバス釣り&フィールド
012 バス釣りルアーカタログ
016 バスフィールドで出会う魚たち

017 第1章 ブラックバスの基礎知識
018 ブラックバスという魚
020 ブラックバスの生態
022 ブラックバスの行動パターン
026 ブラックバスのシーズナルパターン

029 第2章 タックルの基礎知識
030 スピニングタックルとベイトタックル
032 ロッドの選び方
036 リールの選び方
040 ラインについて
042 フックについて
044 シンカー&小物類

047 第3章 バス釣りの基本テクニック
048 ラインの結び方
050 キャスティング
056 ストレートリトリーブ
058 トゥイッチング
060 連続ショートトゥイッチ
062 シェイキング
064 ドラッギング
066 リフト&フォール
068 ボトムバンピング
070 フッキングのコツ

基礎から始める ブラックバス釣り入門

073 第4章 ルアー別アクションテクニック

074 ペンシルベイト
076 ポッパー
078 ノイジー
080 ダーター
082 シングルスイッシャー
084 ダブルスイッシャー
086 シンキングペンシル
088 フローティングミノー
090 ダイビングミノー
092 サスペンドミノー
094 シャッド
096 シャロークランク
098 ディープクランク
100 バイブレーション
102 フロッグ
104 バズベイト
106 スピナーベイト
108 メタルジグ
110 スプーン
112 スピナー
114 ラバージグ
116 ノーシンカーリグ
118 テキサスリグ
120 スプリットショットリグ
122 ダウンショットリグ
124 キャロライナリグ
126 ジグヘッドリグ

129 第5章 ポイント別攻略法

130 リリーパッド
132 エン堤
134 アシ際
136 堰
138 トロ場
140 瀬
142 ブロック帯
144 橋脚
146 流れ込み
148 立ち木
150 排水口
152 ガレ場
154 岬

157 第6章 他魚の狙い方

158 ニゴイ、ウグイ、ハス
160 ニジマス
162 ナマズ
164 ライギョ
166 ブルーギル

168 バス釣りの安全装備
170 ルールとマナー
172 用語解説

COLUMN

046 単位について
072 根掛かりの対処法
128 ルアーの分類
156 フックの外し方

Spring

春

春は大型のチャンス！　野池や河川でも50センチアップが狙えるぞ

春。寒い冬から目覚めたバスは、ルアーに疑いを持たずに飛びかかってくる

**春はバスの目覚めの季節でもあり、
産卵の季節でもある。
ビッグバスが岸近くへやってくる
千載一遇のチャンスだ。
基本的にバスの活性は高く、
誰にでも釣りやすいシーズンだ。**

バスフィッシング

Bass fishing of the four seasons

秋は水温がガクッと落ちることもあるから、身を潜められるストラクチャーの近くが狙い目だ

活性の高いバスはトップにも高反応を示す

**再び適水温期となる秋は、
気候もよく釣りが楽しい季節だ。
越冬前の荒食いシーズンでもあり、
バスは非常に食欲旺盛となる。
色いろなヒットパターンで
楽しめることだろう。**

秋

Autumn

夏 Summer

野池などの高水温エリアは非常に釣りづらくなるけれど、河川やダム湖の流れ込みでは、水温も低くてバスは元気だ。水面にライズ（エサを捕食する）する光景も見られることだろう。

夏は表層狙いが決まる。ノーシンカーワームの出番だ

夏は何と言っても河川がおもしろい。活性の高いバスが楽しませてくれるだろう

河川では急な増水に注意！　雨の後は釣りを慎もう

四季の

冬でも辛抱すれば答えが返ってくる

冬は魚と人間の我慢比べといえるだろう

霜がおりるころでもバス釣りは可能だ。バスも自分のテリトリーからなかなか動こうとしないけれど、しつこく執拗に粘れば、バスからの反応が返ってくるぞ。

冬 Winter

BASS FISHING FIELD

【野池】

野池は、僕たちの最も身近にあるバス釣り入門スポットだ。足場がよく、水深が浅いことからバスを見ながら釣ることだって可能である。ルアーに対するバスの動きも確認できることだろう。まずは、ここでバス釣りの基本的なことを学びたい。

▲野池の流れ込みもまた好ポイントのひとつ
▼子供でも楽しめるのが魅力だろう

エン堤はブロックの切れ目にバスが着いていることが多い

野池だって良型が姿を見せることもある

足場が高い所では、太仕掛けで一気に引き抜こう

冬の野池は夕方に時合がやってくる。粘りも必要だ

冬の野池は、バスが身を寄せるストラクチャーがほしい

河川

BASS FISHING FIELD

流れ川のバスはコンディションがすこぶるよい

今、最も注目されているバスフィッシングフィールド、それが河川だ。基本的にバスは平地の緩流域に見られるトロ場を好むが、一時的であれば流れの速い瀬の中にも入り込んでくる。このような瀬には、活性の高い魚がいるのでぜひ狙ってみてほしい。これこそ、リバーバシングの真髄だ。

夏に狙うならやはり早朝がよい。きっと活性の高い魚を相手にすることができる

最後までギュンギュンと抵抗してくれるよ

このようなトロ瀬と呼ばれる所も好ポイントのひとつ

上／ダム湖の流れ込みなら、川のような所でヒットする
右下／最近は魚の大型化傾向にある都市型河川。数より型狙いを楽しめる
左下／ウエーディングすると気持ちいいけれど、安全にはくれぐれも気をつけて

川バスの引きは野池バスの1.5倍はあるかもしれない

【ダム湖】

BASS FISHING FIELD

平地の貯水池も好釣り場だ。目の前の杭などが狙い目となる

山上湖の風景が気持ちよいダム湖もバスフィッシングの好釣り場だ。ただし、足場が悪いために、どこからでも竿を出せるというわけにはいかないが、公園化された足場のよいダム湖なら子供連れでも楽しめる。空気もいいし、時には野生動物に遭遇する楽しみもある。

木の隙間から仕掛けを落とす、という手もある

ダム湖の上流部分。ひっそりと静けさの中でバスと対峙できる

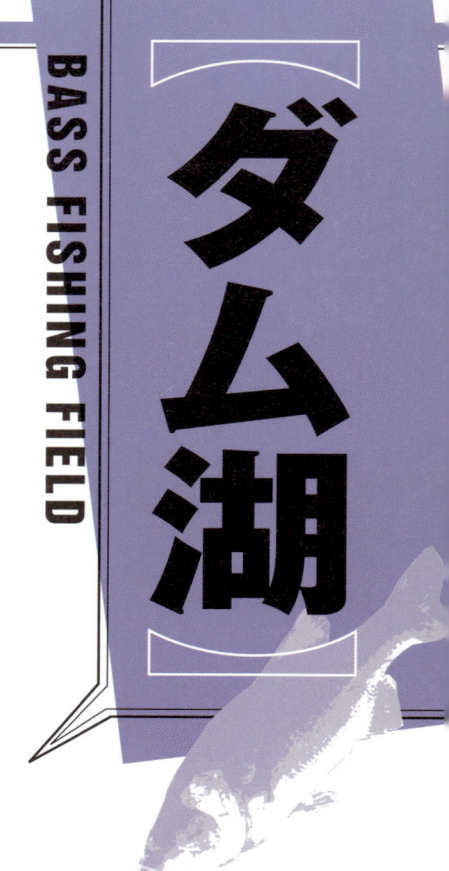

上流部は夏場に狙うとバスが集まっていることが多い

野性味溢れるスタイルのバスに感激！

ガレ場は足場が悪いので注意が必要だ。スパイクブーツを使用するのもよい方法だ

足場のよいダム湖は家族連れでも楽しめる

貯水池もまた広大ゆえに、ポイントを絞り込むことも重要だ

使われるルアーの色いろ

ハードルアー編

lure

プラスチックボディのハードルアーは、小魚のようでもあり、まったく玩具のようでもある。だから、どれで釣ろうか楽しみが湧いてくるのだ。

●ペンシルベイト
ティムコ・レッドペッパー

●ポッパー
ストーム・チャグバグ

●ノイジー
アーボガスト・ジッターバグ

●シングルスイッシャー
ヘドン・マグナムトーピード

●ダブルスイッシャー
スミスウイック・デビルスホース

●ダーター
バスデイ・ヴァンダレイ

B A S S F I S H I N G

バスフィッシングで

●シャロークランク
バスデイ・モーグルクランクSSR

●ディープクランク
メガバス・MR-Xグリフォン

●フローティングミノー
ボーマー・ロングA

●サスペンドミノー
O.S.P・阿修羅O.S.P925

●ダイビングミノー
デュエル・ハードコアLB90

●シンキングペンシル
ラッキークラフト・ワンダー

●シャッド
エバーグリーン・スピンムーブシャッド

●バイブレーション
ダイワ精工・T.Dバイブレーション

lure

メタル&ソフトルアー編

食いが渋いときに効力を発揮するのがソフトルアーだが、金属のキラメキでバスを誘うメタルルアーも人気が高い。

●スピナーベイト
メガバス・Vーフラットアバロン

●バズベイト
ゲーリーインターナショナル・ゲーリーバズベイト

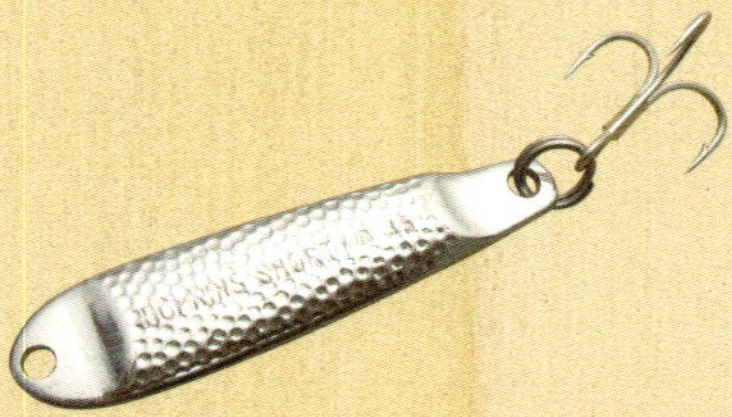

●メタルジグ
ホプキンス・ショーティー

●スプーン
ダイワ精工・チヌーク

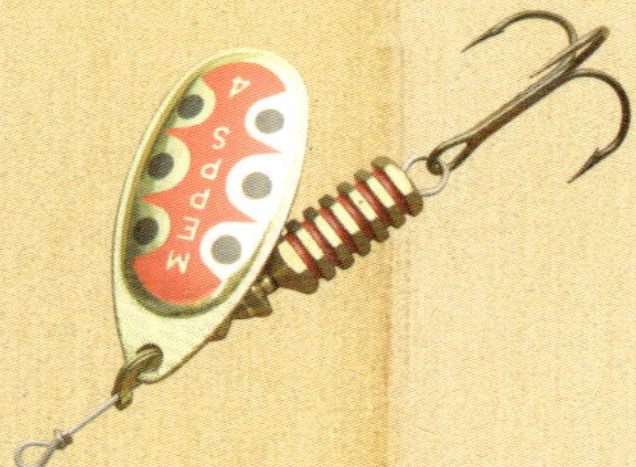

●スピナー
メップス・アグリア

●ラバージグ
メガバス・マッシュルームヘッド

バスフィッシングで使われるルアーの色いろ

フロッグ
バレーヒル・ウィップラッシュZ.O.DC

シャッドテールワーム
エコギア・グラスミノー

グラブ
ゲーリーインターナショナル・4インチグラブ

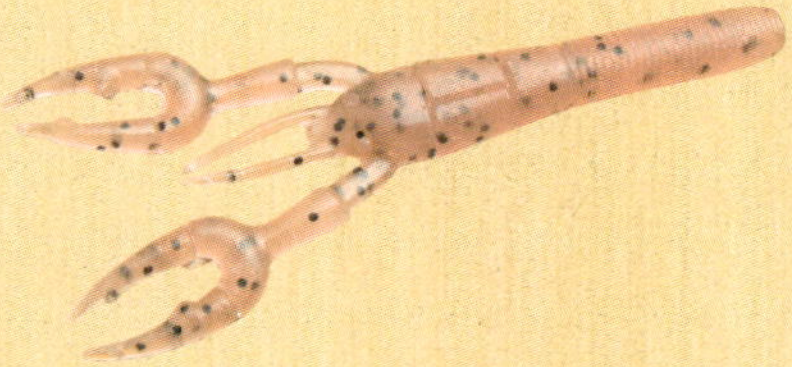

クローワーム
ゲーリーインターナショナル・ベビークロー

スティックベイト
メガバス・エクスレイヤー

カーリーテールワーム
ゲーリーインターナショナル・4インチワーム

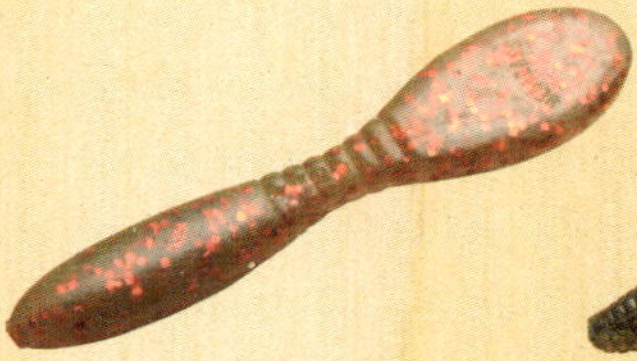

パドルテールワーム
メガバス・ディープカップビーバー

ストレートワーム
エコギア・ストレート

チューブワーム
バスマン・ファットギジット

バスフィールドで出会う魚たち!

**バス釣りをしていると、
バス用のルアーなのに他の魚が掛かってくることがある。
外道と言えば外道なのだが、
これはこれで楽しんでしまうのもよいではないか。**

●ニジマス

冷水域を好む魚であるため、基本的にはバスが好むエリアには棲息しないが、山上湖などでは放流されたものとバスが混在している場所もある。最大で70センチ。

●ブルーギル

ブラックバス以上に日本各地の溜め池やダム湖、河川に棲息。バスは釣れなくても、小型のルアーを持っているとブルーギルが遊んでくれる。最大で30センチ。

●ナマズ

日本古来のフィッシュイーター。野池、河川、ダム湖にも棲息し、夜行性だが日中でも釣れてくる。最大は60センチほどだが、琵琶湖固有種のビワコオオナマズは体長が1メートルを超える。

●ハス

通称ケタバス。琵琶湖、三方五湖の固有種であったが、稚アユの放流とともに全国に広がった。ダム湖や河川に棲息するコイ科のフィッシュイーター。最大では35センチほどになる。

●ウグイ

河川やダム湖に棲息するコイ科の雑食性底棲魚。雑食性だがスプーンやスピナーなどのメタルルアーによくヒットする。最大で40センチほどになる。

●ニゴイ

こちらも河川、ダム湖に棲息する雑食性底棲魚。ウグイよりも好奇心が強く、メタル系のみならず、ミノーやワームにもアタックしてくる。最大は60センチほどになる。

BASS FISHING

第1章 ブラックバスの基礎知識

ブラックバスを釣るために重要なことは、
ヒットルアーを知ることでもなく、好ポイントを知ることでもない。
まず最初に知るべきことは、ブラックバスそのものについて。
敵を知れば、百戦危うからず。

近年は観光名所でも釣れるようになった

ブラックバスという魚

ブラックバスはアメリカ生まれのゲームフィッシュだ!

ゲームフィッシングの王様 それがブラックバスだ!

日本では、ブラックバスというと一般的にはラージマウス・バスのことをさす。ブラックバスの仲間には、ほかにもスモールマウス・バス、フロリダ・バス、スポッテッド・バス、ストライプト・バス、ホワイト・バスがいて、日本では特定の場所にスモールマウスバスやフロリダバスも生息している。

　このブラックバスという魚は、元もとは北米大陸生まれで、温水性の淡水魚。激しいファイトや行動パターンが、ゲームフィッシングには最適ということから、アメリカのフィッシャーマンたちの人気の的となっている。人造湖（リザーバー）を中心に放流され、今やアメリカを代表するゲームフィッシュとして君臨する。

　本家であるアメリカでは、今や完全にプロスポーツとして認められている。それがバスフィッシングなのだ。

日本のバス、そのルーツをたどってみよう

日本のバスは、実は赤星鉄馬という人が1925年に学術研究の目的で芦ノ湖に放流したのをきっかけに増えていった。

　環境に対する適応能力に長けているブラックバスだけに、その後、日本各地の湖や沼にも見られるようになり、現在では青森県以南からほぼ全国に分布するようになった。

　ブラックバスは、とても生命力が強く、様ざまな条件に対応しやすい強い魚だ。そのため、湖、川、池、沼、貯水池といった淡水や汽水域の、様ざまな場所に生

息し、また、繁殖することができる。

バスが生息するための最適な水温は、一応摂氏18～24度とされているが、たとえば冬場、氷の張っている湖でも釣れることがある。逆に水温がかなり高くても生息することができ、近年では真夏の日中に40度を超える沖縄の野池でも、バスの存在が確認されている。

ブラックバスは肉食魚、共食いだってしてしまう

バスが産卵する場所は、水深1～5メートルまでの、泥の少ない砂地。生まれたばかりのバスの稚魚は、体長が2～3センチくらいになるまで、そうした場所で過ごす。

産卵は、水温が摂氏18～24度に上がり始める春から初夏にかけて行われる。産卵の数は、母親バスの大きさによってずいぶん異なり、小さいバスの場合2000粒くらい、大きなバスともなると3万粒くらい産むといわれている。

生まれたばかりの稚魚を守っているのは母親ではなく父親。バスの子育ては、ハウスハズバンド方式なのである。

では、母親はどうしているかというと、産卵で弱った体を回復させるために、深場の物陰に移動しているのである。

生まれたばかりの子バスは大群となって、父親のあとを一生懸命ついて行く。その移動範囲は子バスの成長とともに広がっていく。

子バスたちは、最初のうちこそ水中のプランクトンを主食とするが、体長が10センチくらいになると、小魚やエビなどの甲殻類を食べるようになる。

主なバスのエサは、自分の子供であるバスの稚魚のほか、オイカワやウグイ、ワカサギといった小魚類、バッタやセミといった湖周辺に生息する昆虫類、カエルやイモリといった両生類などが挙げられる。

一般的には1年で7～8センチにまで成長し、30センチ以上にまで育つのに5年以上かかるといわれている。ということは、ランカーバスといわれる大型の場合、生まれてから10年以上の月日にわたって数かずの危険を乗り越えてきた魚。とても老獪《ろうかい》な魚なのである。

バスも50センチを超えると口に拳が入るほど

ブラックバスの生態

ブラックバスの感覚について知っておこう

バスは色の違いが分かる

まず最初に視覚。これは結論からいえば、かなり敏感に色の違いを識別している。

初めてプロショップに足を運んだ人が、バスフィッシング用具をみて驚くことのひとつに、ルアーの種類の多さが挙げられる。そして、同じタイプのルアーでも、カラーバリエーションが豊富なことにまた驚く。これは他の釣りではあまりないことである。

いわゆる「バスプロ」と呼ばれている人たちのタックルボックスを覗いてみると、かなりの数のルアーがひしめきあっている。

そして、さらによく見ると、同じルアーでカラーのバリエーションを広げていることが多い。これは、バスの視覚について十分に理解しているからこそ、なのである。

振動には敏感だぞ

大抵の魚は、側線とよばれる器官を持っている。バスをよく観察してみると体の横に筋が入っているが、これが側線であり人間の耳に相当する役割をもつ。魚たちはこの側線で水中の音をキャッチするほか、かなり微妙な振動をも感じているのである。

こうした感覚にアピールするために作られたルアーが多いのも、バスフィッシングの特徴である。スイッシャーやポッパー、バイブレーションやスピナーベイトといったルアーは、音や振動でバスにアピールしているのである。

ただ、バスは魚のなかでも音には敏感な部類に属する。したがって、音や振動から危険を察知することも多い。だから、ポイントへのアプローチは、できるだけ静かに行うことが鉄則である。ボート上で大きな音をたてるのも禁物だ。ガタンと音をたてただけでせっかくのバスが四方八方に散ってしまうことはけっこうあるのだ。

けっこうグルメ

バスの味覚や嗅覚について考え、その方向からアプローチを図ることも悪くない方法だ。バスにとって好みの味や匂いというのはあるはずである。その好みはバスの育った環境に大きく左右される

ここぞというポイントでは、物音をたてずに静かに近づこう

スピナーベイトのフラッシングは食欲以外の何かを刺激するようだ

が、厳密には、ではこのような環境で育ったバスだから、絶対にアユの味と匂いが好き、ということはいえない。しかし、無機物質のルアーになんらかの有機物的匂いや味をプラスすれば、食い込みがよくなったり、無味乾燥なルアーよりもアピール度が高くなったりすることは十分に考えられる。

そこで使われるのが、ワームスプレー、ワームオイルといった類のフィッシングアイテムである。

ここまでいくと、エサ釣りとなんら変わりはないという人もいるが、これもひとつのバスフィッシングであることには間違いない。

バスにはなわばり意識がある

動物たちの多くはこのなわばり意識を大なり小なり持ち合わせているといわれるが、ブラックバスの場合、特に強いようだ。

バスはかなり強烈に自分のなわばりを意識する魚だ。特に産卵時期のバスは気が立っているせいか、自分の周囲や産卵床に近付く外敵にはかなりしつこく攻撃をしかけてくる。この習性を熟知していれば、バスフィッシングの基本が分かってくる。

バスはつい反射的に行動する

バスの感覚についてもうひとつ忘れてならないのは、反射行動である。これはかなり本能的な行動で、すでに満腹であっても、あるいはなにかの事情で非常に疲れていても、目の前に見ず知らずの物体が登場すると、つい攻撃をしかけてしまうのである。

具体的に考えてみると、たとえばスピナーベイトのキラキラ光るブレード。バスはその「キラッ!」についに反応してしまうのである。

こうしたバスの習性をじょうずに利用するのもバスフィッシング上達のコツである。

ブラックバスの行動パターン

ブラックバスの群れによる行動パターンを知っておこう

成長の度合によって集まっている場所が変わる

動物や魚の多くは、様ざまな危険から身を守るために群れて生活している。このことをスクーリングという。群れ、つまりスクールを作るという習性は、敵のいる動物に共通した、防御本能がかたちになって現れたものだ。仲間同士で固まっていれば、たとえ外敵に襲われたとしても、多少の犠牲はでるものの、その群れが全滅する可能性は低くなる。

バスがスクールするのは、彼らにとって安全でしかも快適、さらにはエサの確保がしやすい所、というのが基本。そして、スクールの場所はバスの大きさによって異なっている。

育ち盛りの若いバスの場合、一番大切なのは、エサの確保をどうするかということ。だから多少の危険はあってもエサが豊富な場所にスクールしていることが多い。

逆に大型のバスにとって必要となってくるのは、酸素の量。大型であるだけに他の魚に狙われることは少なくなる。自分自身に力があるだけに、子バスに比べるとエサの確保もしやすい。しかし、大きな体を維持していくためには、子バスに比べてより多くの酸素が必要になってくるのである。

大型のバスというのは、幾多の危険を乗り越えてきたわけだから、相対的に考えて子バスよりも仲間は少ない。また、危険を回避する能力も高いため、大勢で集まる必要もない。だから、子バスのように数多くの仲間で身を守る必要もなく、単体あるいはごく少数でいることができる。

バスは意外に規則正しい生活をしている

ブラックバスは、ワカサギやウグイなど違い、基本的にはベイトフィッシュを追うなどの目的がなければ、1カ所で群れをなしている魚である。その場所のことをサンクチュアリという。サンクチュアリというのは聖域という意味。バスにとっては、もっとも安全で居心地のよい場所が、サンクチュアリなのである。

しかし、いくら居心地がいいといっても一日中その場所にとどまっていることはできない。例えバスだって生き物である以上、必ずなにかを食べなければ死んでしまうのである。そこで、1日のうちにサンクチュアリを出て、主に浅場のベイトフィッシュが豊富な場所に移動する

ブラックバスはこんな場所にいるゾ！
リリーパッド
倒木
ウィードベッド
ウインターシーズンには
大きなバスと小さなバスが
寄り添って深場に群れて
いることがある
水中の大石
アシの密生地
大石の陰
クイの周り

ということになる。

この移動は、意外に規則正しく行われる。そして、この規則正しい移動を生態学用語ではマイグレーションという。

マイグレーションについて知っておくことは、バスフィッシングをする上において、とても重要なことだ。

一般的に考えられているバスのマイグレーションについて述べてみよう。通常、バスは比較的深場で快適な場所を住み家にしている。そして、腹が減ると同じ大きさの魚同士が数珠《じゅず》つなぎになってエサ場に向かう。エサ場に向かうルートは決まっていて、等深線に沿って、しかも体を隠すことのできる障害物を伝いながら、エサ場へと近付いていく。

ある程度そうした状態で浅場に到達したら群れを解き、それぞれのバスはエサ場の物陰にたどり着く。そこで待ち伏せしてエサを捕食するのである。

しかし、そうしたバスはある時間（30分から1時間といわれている）が過ぎるとまたサンクチュアリへともともと来た道筋を通って戻っていく。

そんなに単純ではない　バスの行動パターン

そのことを理解していれば、釣り人としては話は簡単である。バスの行動パターンを把握し、浅場のバスに向かってルアーをキャストすればバスは釣れる。

ところが、現実にはなかなかバスは釣れない。実は前述したバスの行動パターンは外的な障害要因、つまり天候の変化やそれにともなう水温の変化、ベイトフィッシュの行動パターン、そうしたことに加えて、バスにとって最も恐ろしい敵である人間の存在がまったくない場合にみられるわけで、現実はもっと複雑である。

そして、現実的に考えれば、バスフィッシングのフィールドは千差万別なのであり、それぞれのフィールドでは、それぞれの条件に則したマイグレーションが見られるのである。

その予測ができるようになるためには、とにもかくにもフィールドに出て、様ざまなバスフィッシングを経験し、その場所のバスの行動パターンを把握するしかないのである。

マイグレーションルートは、同じ釣り場に通い込むことで発見できる

これがバスのマイグレーションだ

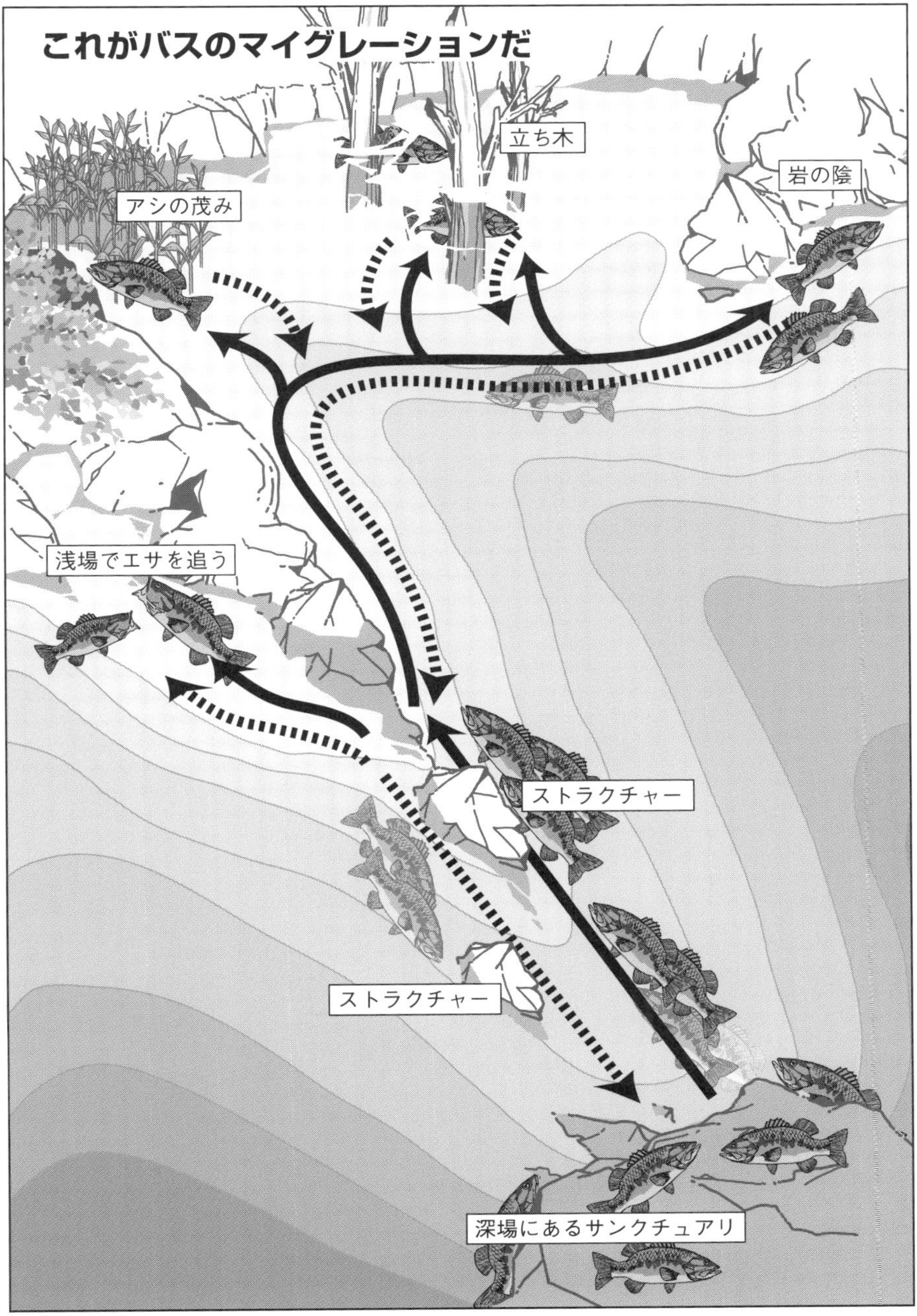

シーズナルパターン

季節の違いによるバスの行動パターン

春はバスの産卵期。オカッパリでもランカーの可能性大

　春になれば当たり前のことだが、水温が上昇する。バスは別に冬眠する魚ではないが、やはり冬場は動きが鈍い。動きが鈍ければ、あまりエサを食べなくても生きていられる。しかし、水温が上昇すれば話は別。それまでじっと我慢の時期を過ごしていたバスたちは、深場から浅場へ移動し、積極的にエサを追うようになる。

　深場から浅場への移動の目安となるのは水温の変化。一般的には10度前後まで水温が上昇すれば、バスは感覚的に春の到来を知るといわれている。サクラが咲くころになると、本格的な春の到来である。この時期になると水温が15度以上になる日もけっこうあり、冬の間あまりエサを食べていなかったバスたちは、猛烈に食べ始める。

　また、この時期はバスの産卵の時期でもあり、そのための栄養補給の意味合いでも、もっとも食欲が旺盛になる時期である。

　腹を減らしたバスが浅場でなりふりかまわずエサを追い、しかも産卵という目的でも浅場に向かう。そう、春はまさしくバスフィッシングのベストシーズンといえるのである。

夏は朝夕のマヅメ時がチャンス

　産卵を終えたバスたちは、かなり体力を消耗している。その回復のためには栄養をタップリとるしかない。つまり、夏のバスは食欲が旺盛なのである。

　しかし、夏は暑い。小さな野池などでは日中の水温が25度を超えることもある。夏の日中、バスは深場や水生植物の陰、あるいは障害物の陰で涼んでいることが多い。そして、その時はとにかく、じっと休んでいることが多いのである。

　こういった時期のバスが行動するのは、水温のあまり高くない早朝や夕方、あるいは夜である。なにしろ、食欲は旺盛なのだから、この時間帯のバスは食い気でいっぱいなのだ。夏場の釣りは、まず朝夕のマヅメ時を狙う。これは鉄則である。

　また、突然のスコールも絶好のフィッシングチャンス。突然の雨で水温の低下を感じたバスは、食欲が旺盛になる。また、水面を激しくたたく雨の音がバスを興奮させるということもある。つまり、突然の雨によってバスの活性が急激に上昇するのである。

　こんな時は、バスは表層を意識してい

【春】

水温が15度を超えるとバスは活発にエサを追うようになる

【夏】

夏は水温が下がる早朝や夕方が時合となる

【秋】

秋はバスが盛んにエサを追うベストシーズンだ

【冬】

冬はこんなピンスポットに固まっていることがある

る。普段はあまり使う機会のないトップウォータープラグが威力を発揮する。

秋のバスは、冬に備えて荒食いをする

秋になり水温が低下するにつれて、バスは再び活発に行動するようになる。夏の間に消耗した体力回復のために、一生懸命エサを追い、また、きたるべき冬に備えてできるだけ栄養をとっておこうということから、日中でも浅場を回遊することが多くなってくるのである。

秋は春とともにバスフィッシングのベストシーズン。気候的にも釣りがしやすい時期といえ、アングラーにとってはもっとも楽しみなシーズンなのである。

しかし、こうした時期も長くはない。一般的には9月の中旬から10月の中旬までがベストシーズンといえるが、それ以降になると水温が不安定な日が多くなり、バスの活性も日によって大きなバラつきが出てくる。

さらには徐々に水温が低下するにした

がってバスは深場に移動し始めるから、オカッパリアングラーにとっては、厳しい釣りになることもしばしばだ。

　バスが深場に移動していく水温の目安は15度といわれている。その日の水温の変化によっては、時として浅場に移動したりするわけで、ボート釣りでもオカッパリでも多くのポイントを探ってみる努力が大切になる。

冬のバスフィッシングはハマればとてもいい思いをする

　冬場のバスについて解説すると、水温の低下により活性はたしかに低くなってしまっている。そして、そのフィールドの中でも最も水温の安定している場所で群れをなしてじっとしていることが多くなる。そうした場所は大抵の場合、深場であることが多く、オカッパリアングラーにとっては不利なシーズンとなる。

　しかし、まったく望みがないわけではない。オカッパリからは無理でも手こぎボートを使えば、深場のポイントにルアーをキャストすることはできるし、また、時として浅場にもバスがたむろしていることがなきにしもあらず、なのである。

　たとえば外気温が0度で表層に氷が張っていたとしても、バスが釣れることがある。こんなに寒いのに、エッ、どうして、という感じだが、これにはちゃんと理由がある。その場所は氷こそは張っていたものの、水生植物が生きていたのだ。植物が生きていれば、そこは酸素が豊富な場所。釣られたバスはその酸素につられて浅場でじっとしていたのである。

　そこに、突然エサらしきもの、つまりルアーがやってきた。いくら冬はバスの動きが鈍いとはいえ、久し振りのごちそうである。そこでたまらずルアーをパクリ、という具合である。

　また、そうした厳しい条件の中、幸いにしてバスがスクールしている場所が発見できれば、数釣りが楽しめる。

　冬場のバスフィッシングは、たしかに他の季節よりも釣れにくい。それは間違いないのだが、それでも条件さえ整えば、かなりいい思いをすることができる。

釣り場はぜったい汚すべからず

釣りをしていると、意外に多くのゴミが出るものだが、自分のゴミの始末ができないような人は、はっきり言ってアングラーの資格はない。

　フィールドのゴミは、その場を汚すだけでなく、そこに生息している生き物たちの命を奪ってしまうこともある。たとえば、ラインのカスを飲み込んだり、足に絡めたりして水鳥が死んでいるのだ。

　最近では漁師さんの網にルアーが引っ掛かり、そのまま放置していくことも大きな問題になっている。

　目についたゴミはたとえ自分の不始末ではなくても、きちんと持ちかえるくらいの気持ちで、バスフィッシングを楽しんでいただきたい。

BASS FISHING

第2章

タックルの基礎知識

バスフィッシングには多種多様のタックルが存在する。
本来なら1本のロッドですべてをまかないたいところなのだが、アングラーは貪欲だから、
それぞれのルアーにマッチしたタックルを突き詰めていくと、
その数は限りなく増えていく。だからこそ、
最初に学んでおきたいタックルの基礎知識

スピニングタックルとベイトタックル

適材適所で使い分けたい2種類のタックルスタイル

どんなタックルでも釣りはできるとはいうものの……

最近のアングラーたちの傾向を見ていると、どうもタックルの価値観に過敏になっている人が多い。確かに、よいタックルは扱いやすいし耐久性もある。それに、自分の思ったとおりの釣りができるということもある。バスフィッシングにおいて、確かにタックルのよしあしは重要なポイントだ。

しかし、どんな釣りでもそうだが、一応そこそこのタックルがあれば魚を釣ることができる。最初はそれこそ、何でもいいだろう。

だが、ここで要注意。たとえば、どこのメーカーかも分からない品物、安いことは安いが、あまりにも品質の悪い品物、自分の目的にマッチしていない品物を購入しフィールドに出ると、とんでもない目にあったりすることが多い。たとえば、ちょっと根掛かりしただけでロッドが破損することだってある。

バスタックルの基本は2タイプ

こうしたことを考えると、予算の都合もあるだろうが、一応「よいタックル」を選ぶことは、これからバスフィッシングをずっと楽しんでいこうと考えている人にとって、とても重要なことといえるだろう。

いわゆるバスロッドと呼ばれているものには、使用するロッドとリールのタイプによって、スピニングロッドとスピニングリールを組み合わせるスピニングタックルと、ベイトキャスティングロッドとベイトキャスティングリールを組み合わせるベイトタックルの2種類に分けられる。

たった1種類の魚を釣るのに、どうして違うタイプのタックルを使用するかといえば、それは使用するルアーのタイプがかなりの数になり、どうしても1種類のタックルでは対応しきれないからである。

バスフィッシングでは、使用するルアーの重量は2～20グラム以上と、かなりのバリエーションとなる。また、釣れるバスもそれこそ200グラムに満たないものから、時には5キロ以上の特大サイズまで様ざまだ。

つまり、同じ魚であっても、シチュエーションによっては、まったく異なるターゲットを狙うと考えたほうがいいのである。

スピニングタックル

スピニングロッドを簡単に説明すると、長さは6～7フィートクラスものが主力で、対応するルアーは3～15グラム、使用するラインは4～8ポンドというところのラインナップのものが多い。具体的にいうと、ワームや小型ミノー、スモールサイズのトップウォータープラグなどを使用するのが、スピニングタックルなのである。

つまり、スピニングタックルは、軽めのルアー、細めのラインでの繊細なバスフィッシングに対応するスペックということになる。

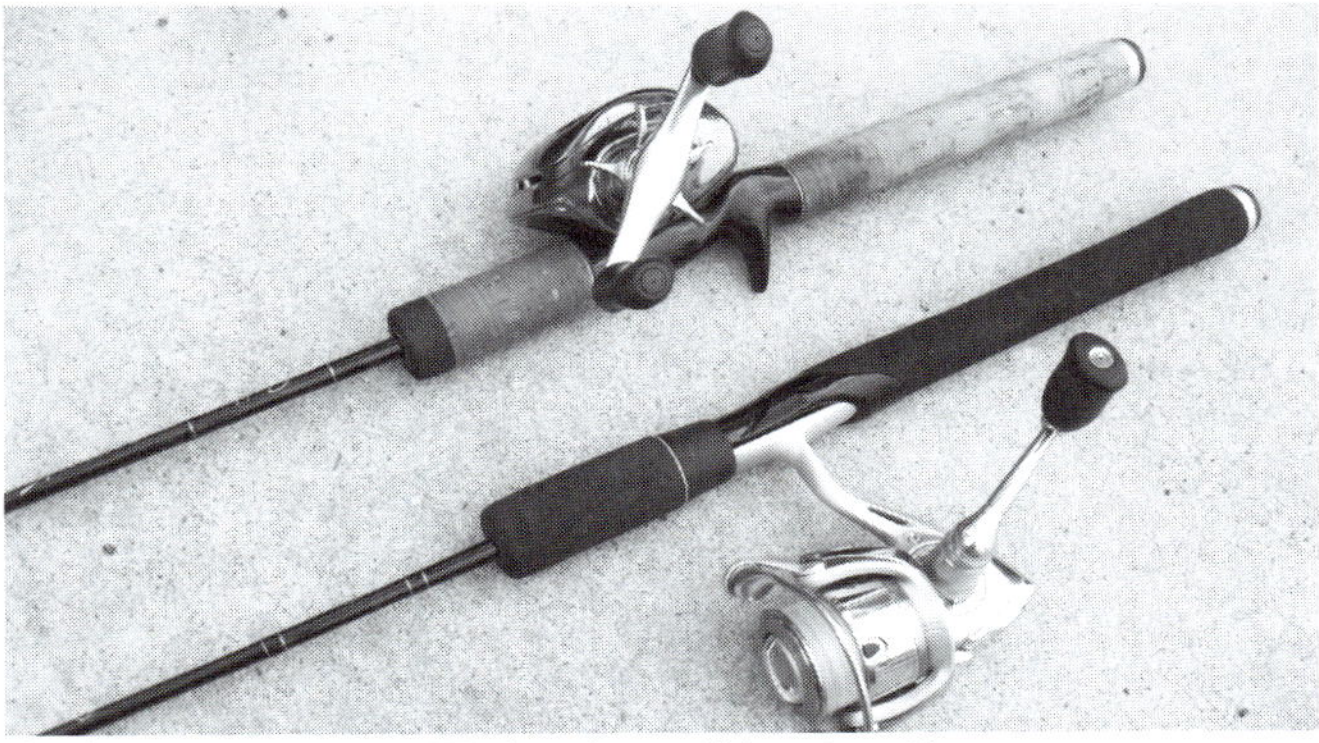

上がベイトタックル、下がスピニングタックルだ

ベイトタックル

ベイトキャスティングロッドというのは、スピニングロッドと同じく長さが6～7フィートクラスのものが主流だが、使用方法は対照的で、重めのルアー、太めのラインを使用し、よりビッグサイズのバスをターゲットにした釣りに使用される。

ルアーの重さは最低でも7グラム以上。使用するラインは8ポンド以上ということになり、状況によっては20ポンドテスト以上の、バスフィッシングにおいては極太のラインを使用することもある。

使用するルアーは大型クランクベイト、バイブレーションプラグ、スピナーベイト、バズベイト、ヘビーウェイトのリグを使用したワーム類など、主に引き抵抗の大きいルアーを扱うのに適している。ベイトリールも巻く力にパワーがあるから、大型バスとのファイトにも余裕を持って対処できるのだ。

この2種類のタックルは、どちらを選べばよいというものではなく、個人的な好みで選んでもよいだろう。ただ、多くのルアーを扱えるようになりたいならば、最終的には両方を使い分けてみてほしい。

なお、本当の入門者にオススメするのはスピニングタックルだ。キャストのときにトラブることも少ないし、小型のルアーを扱いやすいから、型はともかく1尾目のバスをゲットするための近道となるだろう。

ロッドの選び方

総合的に、自分のスタイルに合ったロッドを選び出そう

愛着のわくロッドならいつまでもよきパートナーになるだろう

ロッドアクションを左右する3要素

スピニングロッドにせよ、ベイトキャスティングロッドにせよ、数多くのロッドの中から自分が使うロッドをセレクトするときに大切なのが、ロッドのアクションである。

ロッドアクションというのは、

・そのロッドの硬さ（ルアー重量で表示してある）
・曲がり方の個性（スローテーパー、ファーストテーパーといったいい方で示される）
・材質（グラスファイバー、カーボンファイバーなど）

といった3つの要素で決まってくる。

ロッドの硬さというのはなにを意味するのか

基本的にロッドアクションというのは、そのロッドの特徴を示すものだが、そのひとつであるロッドの硬さをアクションという言葉で表現する場合もある。

例えば、ライトアクションというのは使用するルアーが軽いもの、という想定で作られ、ヘビーアクションというのは、その逆に重いルアーを使用することを想定して設計されている。

ロッドテーパーとは曲がり方を示す

ロッドテーパーというのは、ロッドに付けられた角度。つまり、ロッドの曲がり方の特性のことをいう。

具体的には、ロッドテーパーがきついもの（ファーストテーパー）ならロッドの先端が局部的に曲がることとなり、逆

▶ロッドアクションの比較

ロッドクション		適応ライン	ルアーウエイト	主な使用ルアー
ライトアクション	スピニング	4〜8ポンド	1.8〜7グラム	ワームのライトリグ全般と軽量ミノーなど
ミディアムライトアクション	スピニング	4〜10ポンド	3.5〜11グラム	ワームリグ全般と小型のミノーやトップウォータープラグなど
	ベイト	8〜14ポンド	5〜14グラム	小型スピナーベイトやハードルアー
ミディアムアクション	スピニング	8〜12ポンド	3.5〜14グラム	ワームリグ全般と小型プラグ全般
	ベイト	10〜20ポンド	7〜21グラム	ハードルアー全般とスピナーベイト、バズベイトなど
ミディアムヘビーアクション	ベイト	10〜20ポンド	7〜28グラム	大型のスピナーベイトやディープダイバー、ビッグプラグなど
ヘビーアクション	ベイト	10〜25ポンド	11〜35グラム	フリッピングやビッグベイトなど

にテーパーが緩くて、ロッドの胴の部分から大きく曲がるものをスローテーパー、その中間のものをレギュラーテーパーという。

ロッドの材質による特性の違い

現在発売されているバスフィッシング用のロッドの材質は、カーボンファイバーを使用したカーボンロッドと呼ばれているものが主流だ。このほかにも、グラスファイバーやボロン、あるいはグラスファイバーとカーボン、カーボンとボロンといったように違った材質を組み合わせたものがある。

これらの素材にはそれぞれ特徴があり、それがおのおののロッドの個性（アクション）を引き出しているのだが、どの材質がバスフィッシングに適しているかということは、一概に言うことはできない。

ただ、素材よりもロッドアクションのほうがはるかに重要で、要は自分がどのような釣りをするかで、必要なロッドが決まってくるだろう。

つまり、ロッドを選ぶ前に自分のバスフィッシングに対する目的をはっきりさせておくことが必要なのである。

ロッドの長さ ビギナーは使いやすさ重視

最近のバスフィッシングブームを反映してか、バスロッドには様ざまなバリエーションが見受けられる。ビギナーが初めてプロショップに足を運んでも、どれを選べばいいのか分からない、というのが本当のところだろう。

長さに関しても、初めてバスロッドを購入する人にとっては迷うところ。そこで一応目安となる表を作成してみたので、参考にしていただきたい。

また、バス用のロッドにはワンピースとツーピースがあるが、強度の点から考えると当然ワンピースロッドに分がある。しかし、これは持ち運びに大変不便で、特に電車を多く利用する人の場合、

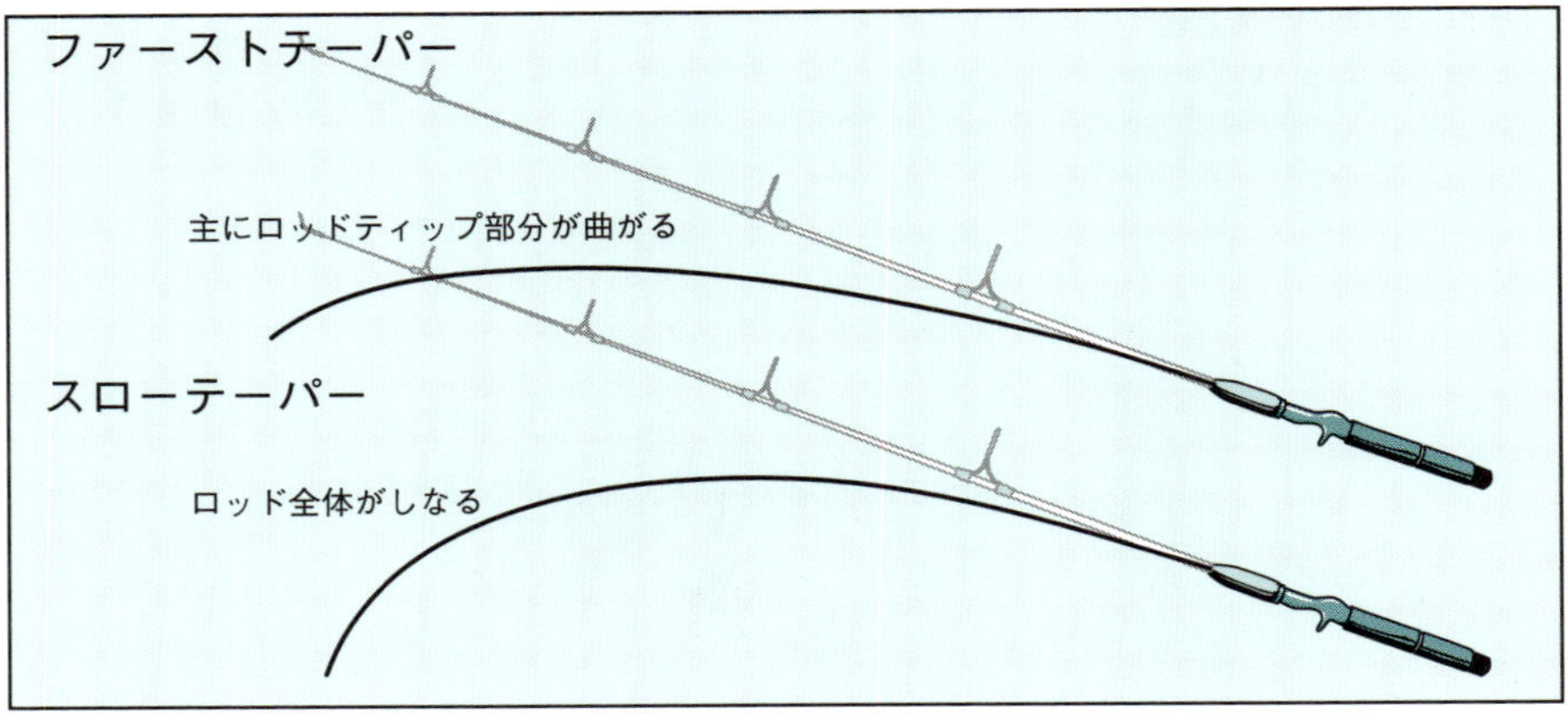
ファーストテーパー
主にロッドティップ部分が曲がる
スローテーパー
ロッド全体がしなる

▶ロッドテーパーの違いによる性格の特徴

テーパー	ルアーのタイプ	性格の特徴
エキストラファースト	ワーム、ジグ	ロッドの先端しか曲がらないので、キャスティングが難しい。フッキング重視のロッド
ファースト	ワーム、スピナーベイト、クランクベイト、ディープクランク	感度がよく、アタリが分かりやすい。ボトムフィッシングを主体とする時に使う
レギュラー	ほとんどのルアーが適合	トップからボトムまで使えるオールマイティ性がある
スロー	小型ミノーなどの軽量プラグ、ペンシルベイトなどのトップウォータープラグ	キャスティングが楽。小さなルアーも遠くへ正確に飛ばすことができる

▶ロッドテーパーの違いによるメリット・デメリット

テーパー	メリット	デメリット
ファースト	・ロッドの先端が敏感なので、ルアーの動きやフィッシングプレッシャーが高いフィールドでの、バスの微妙なバイトが分かりやすい ・合わせた時に、フックがバスの口に刺さりやすい	・ハリ掛かりしてもバスが暴れると、その衝撃をロッドが吸収してくれないので、バレることがある ・ロッドが硬いのでキャストしにくい
スロー	・ルアーコントロールしやすく、また、ロングキャストができる ・トップウォータープラグ、ミノーなどのアクションがつけやすい ・一度フックに掛かってしまえば、その後の衝撃はロッドが吸収してくれるので、バレにくい	・微妙なバイトはロッドが吸収してしまうので、見逃してしまうことがある ・フッキングにパワーが必要

移動中にロッドを傷つけてしまうこともある。

ツーピースのロッドはこの逆で、持ち運びには便利だが、ロッドの性能という点ではワンピースにかなわない。それぞれの長所と短所を自分のフィッシングスタイルと照らし合わせて、どちらにするかを決めよう。

ロッドを購入する際はこんなところに気をつけよう

では、ビギナーの場合、具体的にはどのようなロッドをセレクトすればいいの

本来なら、自分が使うリールがリールシートにフィットするかも確認しておきたい

2ピース(2本継ぎ)のロッドは、購入の際、コミがしっかり入るか必ずチェックしておきたい

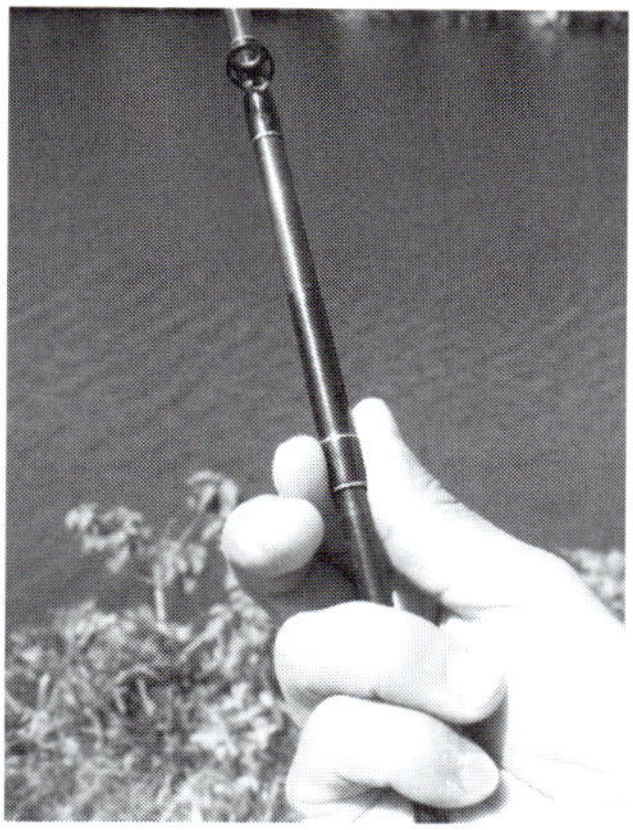

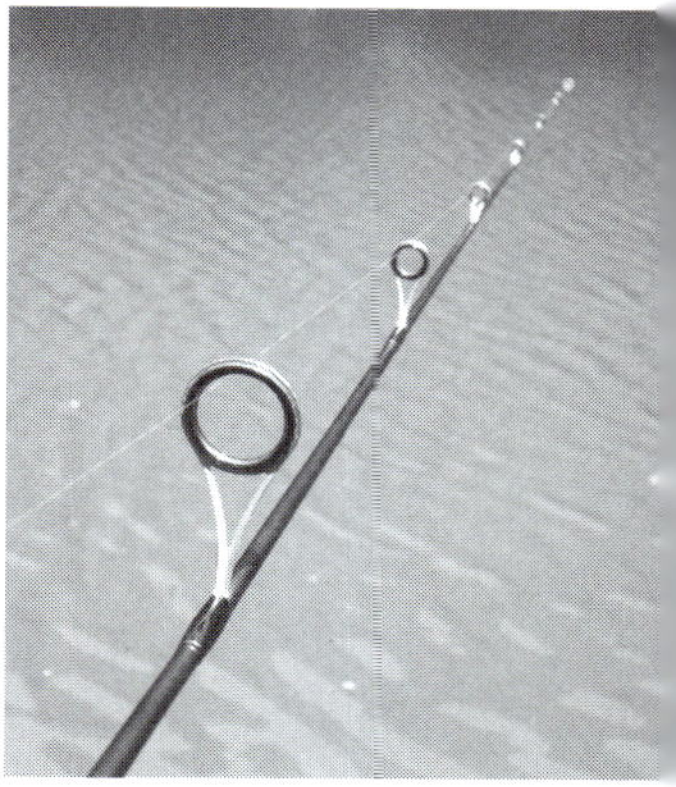

できればガイドはS.i.Cリングを採用しているものが好ましい。ラインによってリングが傷つくことがないからだ

▶ロッドの長さによる使用目的の違い

長さ	使用目的
6フィート以下	ショートキャスト専用と考えていい。正確なキャストを要求されるときに使用する
6フィート	持ち重りが少なくビギナーには使いやすいサイズ。取り込みさえ考えなければ、大抵の場所で通用する
6〜6.8フィート	ロングキャストがしやすく、ほどほどにパワーがあるため、汎用性に優れる
7フィート以上	フリッピングやニーリングなどに使われることが多い。また、長めのロッドはフィッシングポジションがきつい所でも、取り込みがしやすいという利点がある

だろうか。数あるロッドの中から最高の1本をセレクトするのはとても難しいことだ。だが、次に挙げる項目に照らし合わせたロッド選びをすれば、大きな失敗はない。

●自分のフィッシングスタイルを明確にもつ

自分がどういったバスフィッシングから始めるのか、オカッパリ専門でいくのか、ボートを使うのか、使用するルアーのタイプは、といったことを、ある程度決めておくと、ロッドの選択が楽になる。

●カタログを集めて検討する

どのようなタイプのロッドが欲しいのかが分かってきたら、次にカタログを収集する。その中から、自分の目的にあった商品を絞り込んでいく。

この時に、プロショップといわれるルアーフィッシングタックルの専門店で色いろと話を聞くとなおいい。

よいプロショップなら、ビギナーに対しても的確なアドバイスをしてくれるし、予算に応じたタックル選びもしてくれるはずだ。

リールの選び方

ロッドとの相性を考えて性能のよいものを

BASS FISHING

スピニングリール

キャスティングが簡単で、軽いルアーでも投げやすい。ただし、太いラインを巻くとトラブルの元となる。細いラインや軽いルアーを使っての繊細な釣りに向く

ベイトリール

巻き上げパワーがあるので、太いラインや大きめのルアーを使う釣りに適している。キャスティングのコツをつかめば、遠投も可能で、繊細なコントロールもつけやすい

ビギナーには使いやすさが魅力のスピニングリール

まずはスピニングリールについて説明しよう。ラインが巻かれてあるスプールが固定されていて、ベイルアームがスプールのまわりを回転することによってラインを巻き取る、という機構をもっているのがスピニングリールである。

キャスティングがしやすく、軽いルアーでも使用できる。そのため、ビギナーにも使いやすいリールといえる。

しかし反面、機構上の問題から、ラインを巻き上げる力が弱く、重量のあるルアーが使いにくいほか、大物が掛かった場合もヤリトリに苦労することがある。

また、これも機構上の問題だが、巻き上げる際にラインが一度直角に曲げられてスプールに巻き取られるので、ラインにヨレが生じやすい。つまり、本来は真っすぐでなければいけないラインにクセが付いてしまうのだ。

ラインにヨレが生じるとその強度は弱

くなる。キャスティング時やフッキング時、あるいはランディング時にトラブルが生じ、最悪の場合は切れてしまったりもする。

ただ、最近のスピニングリールの信頼のおけるメーカーのものは、糸ヨレ防止機構（ラインローラー）が年々進化しており、以前のモデルに比べると、格段にトラブルは少なくなってきている。

バスフィッシングに使用するスピニングリールの場合、1台でとりあえず小型ミノーから大型プラグまでをまかなうと考えると、あまり小さいものは適さない。具体的には、2号のラインが150メートルほど巻けるサイズのものが無難。このサイズならパワーもそこそこあるし使い勝手もいい。

具体的には、ダイワなら２０００番、シマノなら２５００番クラスといったところだろうか。

リールは右ハンドルか、左ハンドルか？

リールを選ぶときの永遠の課題と言えばハンドル位置に関してだろう。スピニングリールの場合は、すぐに右から左、左から右へと交換できるけれど、ベイトリールの場合は、位置を変えることができない。購入時にしっかり判断することだ。ちなみに、どちらが有利かと言うと、これはまったく好みの問題。どちらでもよい。

パワーで勝負のベイトキャスティングリール

スピニングリールと違って、ラインスプールをじかに回転させてラインを巻き取るので、糸ヨレの問題がなく、また巻き上げる力も強い。そのため、重いルアーを使用することができるし、大物が掛かった場合でも、グングンとリールを巻くことができる。

しかし、ベイトキャスティングリールには致命的な欠点がある。それはバックラッシュという問題だ。

バックラッシュというのは、ルアーをキャストした際、ラインが出ていく速度をスプールの回転速度が追い越してしまい、そのためにラインがスプール内で絡まってしまう現象をいう。その絡まり方はすさまじく、最悪の場合は、ほどくことができなくなってしまうこともある。

バックラッシュは、どんなに熟練した人でも起こりうることで、そもそもベイトキャスティングリールの構造上避けら

パワーを必要とするゲーム展開ならベイトタックルが主戦力となるだろう

れない現象なのである。

　ビギナーの場合、ベイトキャスティングリールを使用するということは、バックラッシュとの戦いを意味することが多いだけに、結果的には釣りをしている時間よりもバックラッシュをほどいている時間のほうが多くなってしまうこともある。

　しかし、キャスティング技術さえしっかりマスターすれば、スピニングリールよりもむしろ繊細で正確なキャストができ、しかも、大物にも対応できる。

　また、最近はルアーフィッシングファンの急増により、日本の各メーカーのリールがずっと性能アップしている。ベイトキャスティングリールの最大の利点であるパワーに加えて、最新のモデルではキャスティングがしやすく、かつ、以前のモデルに比べて、バックラッシュを起こしにくい新製品が次つぎと発売されているのである。

　ほぼ完成の域に近付いたスピニングリールと違い、ベイトキャスティングリールはまだ発展途上にあるといってもいい。つまり、新しいモデルであればあるほど、確実に性能はアップしているのである。

　多少割引率は低くても、新しくリールを購入する際は、最新モデルにターゲットを絞りたい。

　ちなみに、ベイトリールの場合は対象が主にバスフィッシングなので、リールサイズはほぼ同じようなものである。ただ、太めラインを大量に巻きたい人は（海やライギョ釣りにも使おうと考えている人）ラインキャパシティーの大きなリールを選ぶといいだろう。

ドラグの性能にもこだわってみたい

　スピニングリールにしてもベイトキャスティングリールにしても、ドラグという機構が付いている。

　ドラグというのは、あらかじめセットした強さよりも強い力でラインが引かれると、ハンドルとは逆方向にスプールが回転して、自動的にラインを送り出す機構のこと。もし、ドラグが付いていないリールに大物が掛かれば、そのパワーにラインが負けて切れてしまうことにもなる。

最近ではドラグ機構が付いていないリールはまずなくなったが、問題はその性能である。実情をいえば、まさにピンからキリまで、なかにはまるでドラグとは呼べないオソマツなものまである。

よいドラグの条件とは、

- **どのように調整してもラインの出がスムーズなもの**
- **調整がしやすいもの**
- **耐久性があるもの**

以上の3点。

そして、ドラグ性能も含めたリールの性能というのは、見事に価格に比例している。

リールの価格は、たとえその大きさが同じであっても、ずいぶんと開きがあるものだ。バスフィッシングに使用するリールということだけで考えても、下は1500円くらいから、上級モデルともなると7万円以上のものまで登場しはじめている。

高級なリールは、それぞれのパーツがより洗練されたものを使用している。だから価格が高くなるのだが、そうしたリールを使ってみると、その扱いやすさや耐久性など、とても安物を使う気などなくなってしまう。

ビギナーの場合は、いきなり最高級モデルを購入する必要はないが、それでも一定水準以上のリールは購入したい。価格的にいえば2万円以上のものであれば、まず安心である。

ノーシンカーワームなど、繊細な仕掛けにはスピニングが断然使いやすい

ラインについて

バスフィッシングにおいて理想的なラインとは

プロショップには数多くのラインが所狭しと並んでいるぞ

ラインは基本的には消耗品 信頼のおける製品を選ぼう

　バスフィッシングにおいて理想的なラインの条件を挙げると、

- **伸びにくく、**
- **適度に軟らかさがあり、**
- **リールの巻きグセが付きにくく、**
- **細くとも、強度はあり、**
- **結束強度（結んだ時の強さ）があり、**
- **バスに見えにくいカラー**

　ということになる。しかし、こうした条件の中には二律背反するものもある。ラインを細くすれば、当然強度は落ちる。つまり、このような条件をいかに両立させるか、ということがラインメーカーの当面の課題であるわけだ。

　素材的には、ナイロンとフロロカーボンが主流。最近はPEラインも使われるようになったが、これは特別なのであまり気にする必要はない。基本的には、しなやかでトラブルの少ないナイロンラインがメインに使用されるが、最近は最初から伸びが少なく（高感度）、摩擦強度に優れたフロロカーボンラインを巻く人が増えてきた。今やフロロカーボンは、フィッシングプレッシャーの高いフィールドで、シビアな釣りをするための必須アイテムとなりつつある。

　こうした釣りでは、ラインは細ければ細いほどよく、しかしそれなりの強度は保ちたい。その両面を持ち合わせているのがフロロカーボンラインなのである。

　しかし、反面、ラインが細い割には硬く、ビギナーの場合は、ラインとルアーの接続がしにくかったり、また、ナイロンに比較して値段も少々高い。

　ビギナーの場合は、スピニングには6ポンドくらいのナイロンラインを巻いておくほうが使いやすいし、経済的にもべ

ラインについて

ターな選択といえるだろう。

ベイトキャスティングリールに巻くラインは、使いやすさを重視するならナイロンに分がある。太さは10～12ポンドくらいがいい。

色付きのラインに関しては、まさに好みの問題だ。細いラインでは、必然的にライトリグでの釣りとなる。このスタイルの釣りでは、バイトを糸フケで感じることが多い。その意味では色付きラインを好む人は多いし、逆に魚に見えるからと敬遠する人もいる。未だ、答えが出ない問題のひとつだ。

ラインははっきりいって消耗品

ラインというのは、当然のことだが、使えば傷む。バスフィッシングの場合、キャストの回数が多いので、傷みは早い。さらにベイトキャスティングリールでバックラッシュをしようものなら、もうそのラインは長くは使用できないと考えたほうがいい。

傷んだラインを使って釣り続けて、貴重なバイトや、めったに遭遇することのないランカーバスを逃してしまったら、泣くに泣けないだろう。

しかし、ラインは決して安いものではない。たとえば6ポンドのスピニング専用とうたっているラインでも安いものでも100メートルで1000円前後はするだろう。

3～5回使用したら、見た目には傷んでいなくてもラインにはヨレが入っているので、できれば交換したいもの。しかし、実際そんなことができるのはよほどのお金持ちだろう。普通はラインにヨレが入ってキャストする度にラインが絡まったり、アレッと思うようなラインの切れ方をしたときにラインを交換すればよい。

また、その際にリールに巻いているラインをそっくり交換するのはもったいない。そこで、ラインを上げ底にするために下糸を巻いておく。下糸に使うラインは、釣りには直接関係はないので、一応釣り糸といわれるものならどんなものでもいい。

ラインキャパシティーが2号150メートルのリールなら、使用するラインのキャパシティーを引いたものを下糸の量と考えればよく、使用ラインが2号100メートルなら、下糸は2号50メートル分となる。

ラインは最初のうちはプロショップなどで巻いてもらったほうが無難だ。リールを購入した際にラインも同時に購入し、お店の人に頼んでしまおう。親切なショップなら、きちんと下糸を巻いてくれる。

▶ナイロンvsフロロカーボン比較表

	ナイロン	フロロカーボン
比重（水1として）	1.14	1.78
吸水	あり	なし
柔軟性	しなやか	硬い
伸び	あり	ややあり
引張強力	強い	ナイロンより劣る
結節強力	強い	ナイロンより劣る
摩擦強力	フロロカーボンより劣る	強い

フックについて

ワーム釣りの場合は、別売りのフックを自分でセッティングする必要がある

BASS FISHING

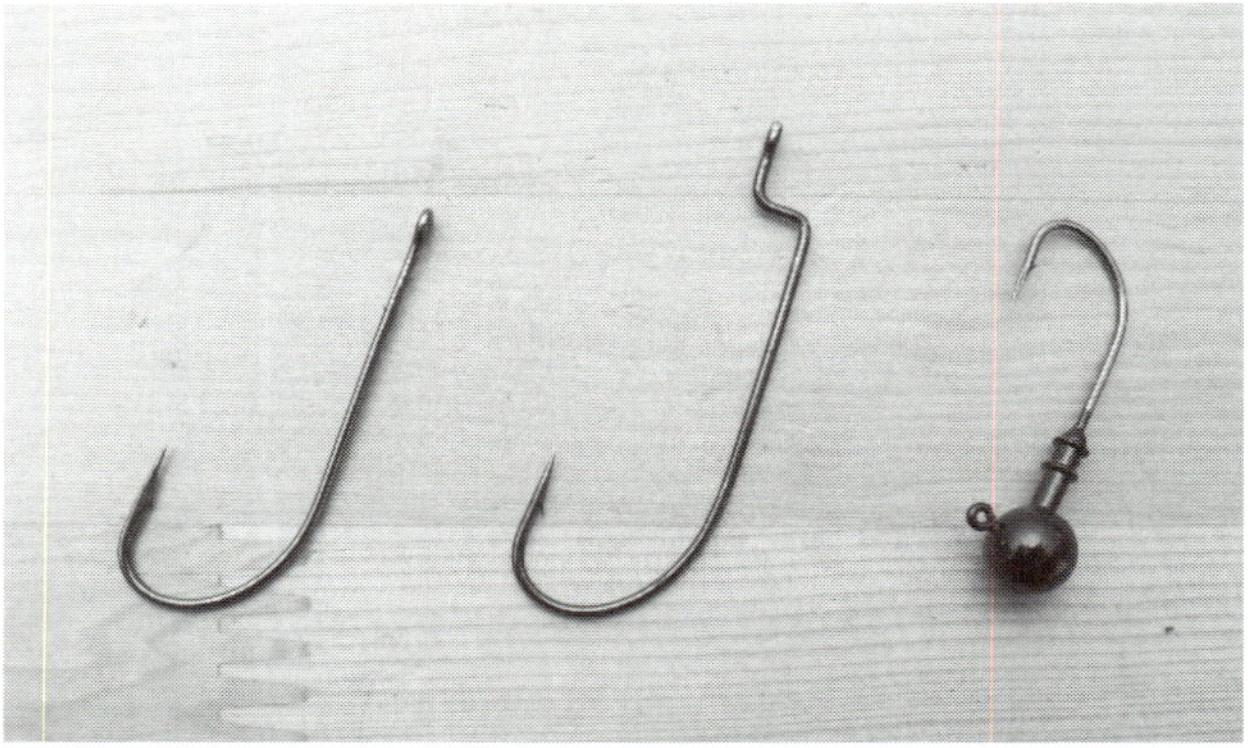

左から、ストレートフック、オフセットフック、ジグヘッド

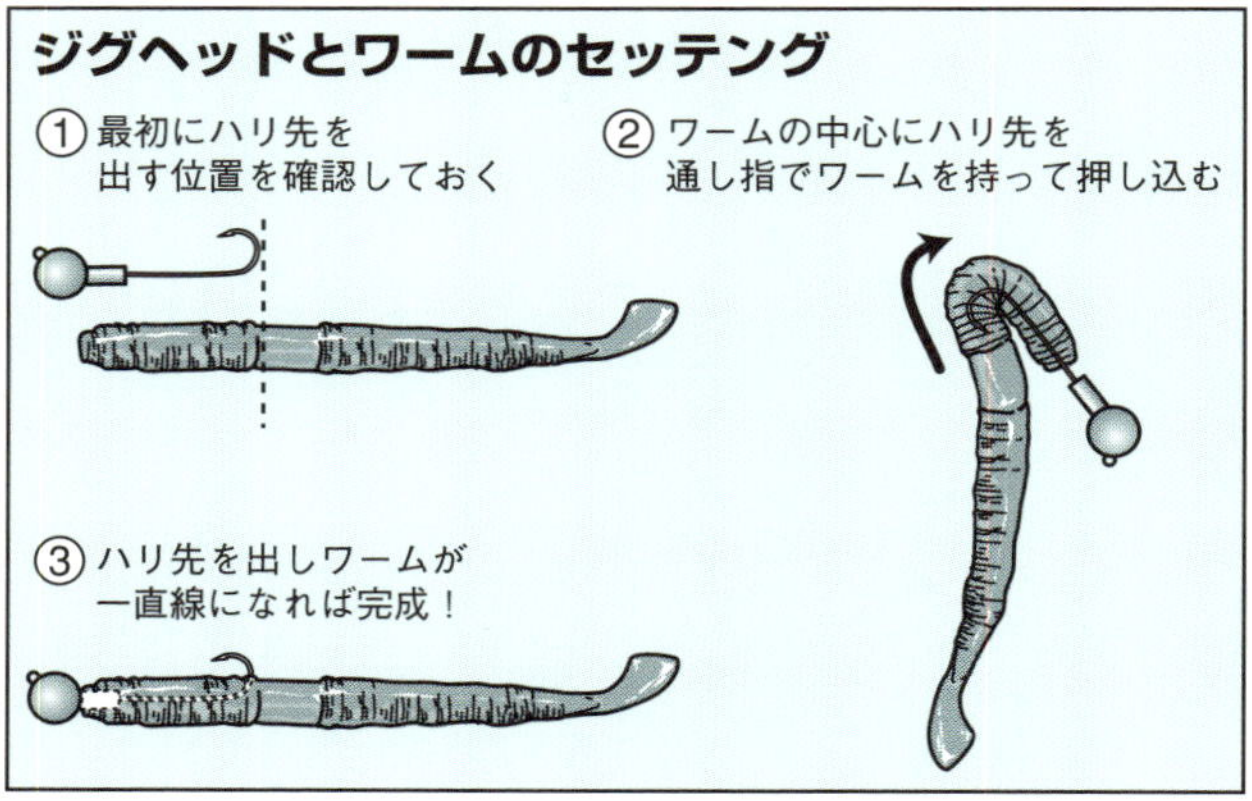
ジグヘッドとワームのセッテング
① 最初にハリ先を
出す位置を確認しておく
② ワームの中心にハリ先を
通し指でワームを持って押し込む
③ ハリ先を出しワームが
一直線になれば完成！

ワームフックの種類

基本的にワームはそれのみで売られているから、フックは別売りのものを購入、自分でセッティングする必要がある。

ワームフックの種類には色いろあって、以前はストレートタイプのものとオフセットタイプが、フック単体での主流であったが、最近はワームのズレが少ないオフセットタイプが主流となっている。これのみでも問題ないので、最初は同じ形状のものをそろえたほうがよいだろう。

また、同じフックの形状のものにも、数種類のサイズがラインナップされている。フックの形状は好みでよいが、サイズに関しては、使用するワームサイズやボリュームに合わせてフックを選ぶ必要がある。

フィールドでフックをセットしてもよいし、前夜に家で準備してもよい。これらのフックをあらかじめセットしておけ

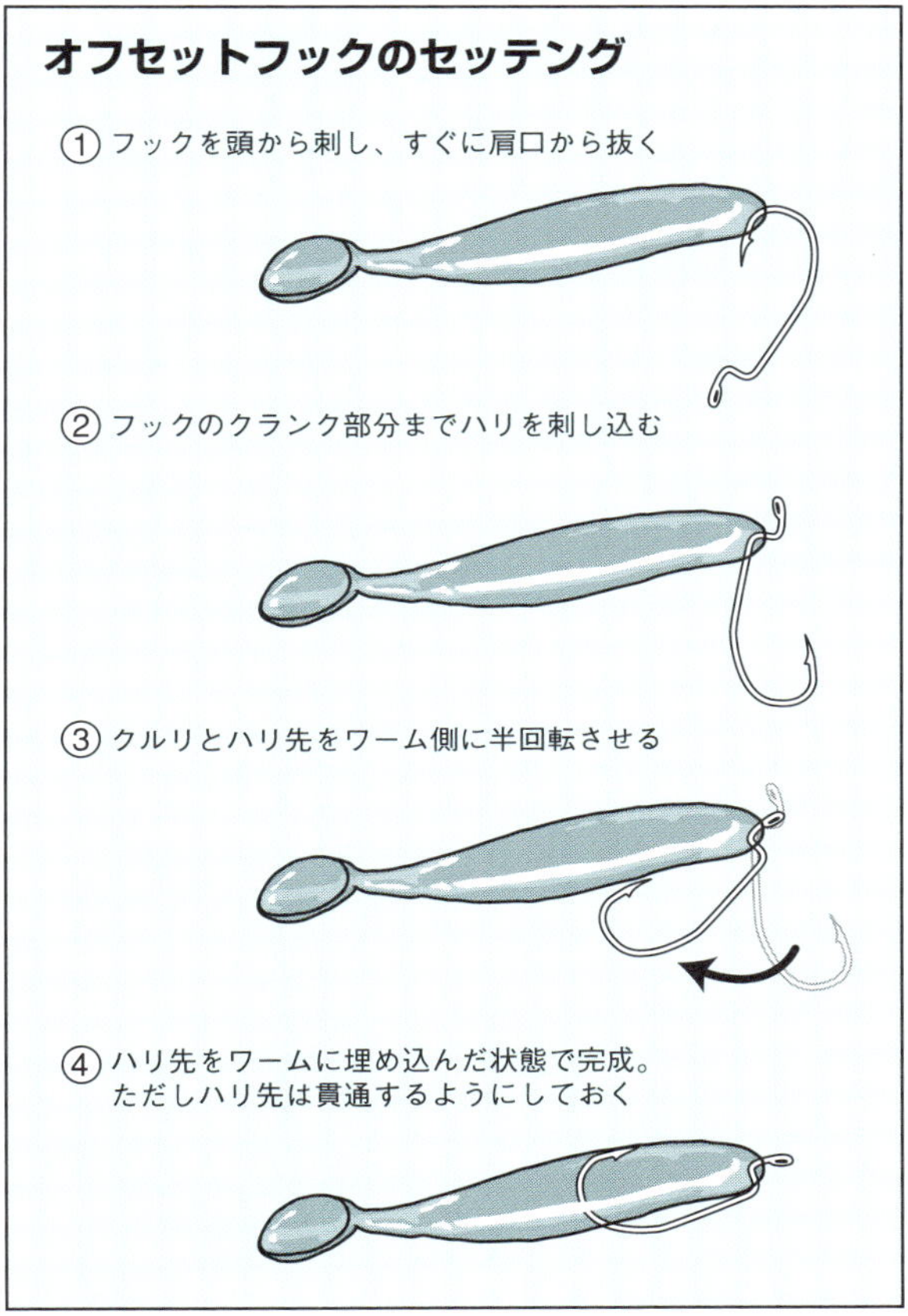
オフセットフックのセッテング
① フックを頭から刺し、すぐに肩口から抜く
② フックのクランク部分までハリを刺し込む
③ クルリとハリ先をワーム側に半回転させる
④ ハリ先をワームに埋め込んだ状態で完成。
ただしハリ先は貫通するようにしておく

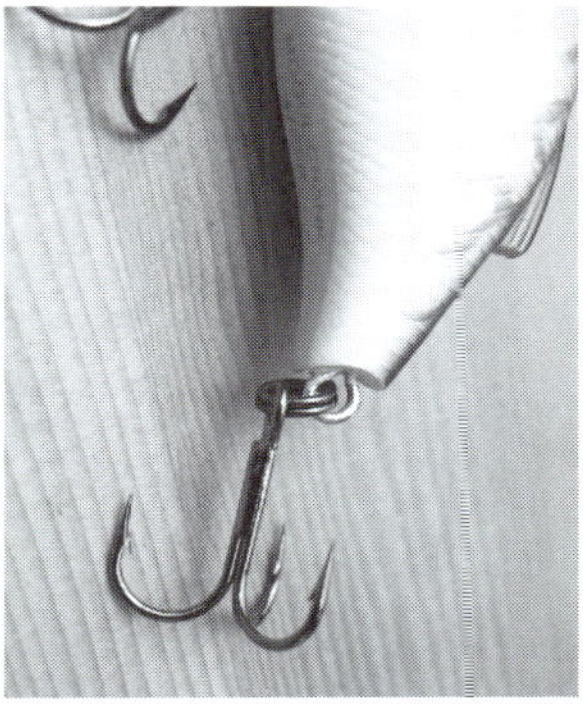
ルアーのトリプルフックも寿命がきたら交換だ

ば、様ざまなリグに対応するので、釣り場でバタバタする必要もない。

仮にオフセットフックをセットしておけば、テキサスリグにもノーシンカーリグにも、ダウンショットリグ、キャロライナリグにも対応することができるのだ。

また、オモリとフックがいっしょになったジグヘッドと呼ばれるフックもある。これは、ワームさえセットすればそのままジグヘッドリグとして使えるようになっている。

フックは交換すべきもの

また、ルアーにはトリプルフックが標準装備されているが、これも、いつまでも使い続けられるものではない。

最初から状態の悪いフックがセットされていたり、ハリ先を親指の爪に当てても滑るようなら、市販のスペアフックに交換すべきだろう。

また、いくら淡水の釣りといっても、濡れたままのルアーをタックルボックスに入れっ放しにしておけば、かならずサビる。

使用したルアーはかならず乾燥させてからタックルボックスに戻したり、時には流水できちんと汚れごと洗い流すこと。

ただ、一度サビてしまったフックは残念ながら交換するしかない。

シンカー&小物類

シンカーはヒット率を左右する重要アイテムだ！

シンカーの種類。左がバレットシンカーで右がカミツブシオモリ

シンカーは最低でも2種類は用意したい

バス釣りでシンカー（オモリのこと）を使うのは、基本的にワーム釣りに限られる。ルアーを使う場合はそれ単体で使うから、ルアーの重さそのものがキャストするときの重要なウエイトとなる。

シンカーとガラスビーズを組み合わせて、カチカチと音を発するようにするのも時には有効だ

しかし、ワームの場合は本体のみでは非常に軽いものだし、シンカーと組み合わせて使うことが多い。そうすることでキャストも楽になるし、水中深くまで到達させることができるからだ。

ちなみに、バス釣りで使う基本的なシンカーは2種類。

ひとつは「バレットシンカー」と呼ばれる砲弾型のもので、中通し式で使用する。これは、主にテキサスリグやキャロライナリグで使用する。

もうひとつは「カミツブシオモリ」。バス釣り用のものは1号（3・75グラム）くらいのものまである。これは、スプリットショットリグやダウンショットリグに用いられる。

この2種類でサイズをそろえておくと、ワーム釣りのほとんどの釣り方をカバーすることができるだろう。

ちなみに、バス釣り用で売られているのは0.9～14グラムといったところだが、実際のオカッパリの釣りでの使用なら、1.8～7グラムといったところを中心にそろえたい。

バス釣りに必要な小物類

シンカー＆フックのスペアー
ドリンク
プライヤ
ルアーBOX
メジャー
デジカメ
軍手
ウエストバック

その他の小物類

さて、そういったシンカーやフックのスペア以外に、どういった小物が必要か。まず入れ物。これは両手が開くようなものが絶対条件。ウエストバッグでもよいし、ショルダータイプのものでもよい。

中には、まず、ハリ外しに重宝するプライヤー。これは絶対に外せない。ワームフックをのどの近くまで飲み込んだら素手では外せないからだ。

それから、釣り用のグローブを使わない人でも藪こぎ用に軍手のひとつは用意しよう。

また、ルアーやワームは小型のルアーボックスに入れておく。使う分だけを持ち歩くようにするわけだ。

ほかに、大物を自慢するためのメジャーとデジカメ(最近は携帯電話で済ます人が多いけれど)も、余裕があれば準備しておきたい。あとひとつ、夏場は熱射病対策として必ず飲料水を持ち歩くこと。

COLUMN 1

『単位について』

ルアーフィッシングのタックルには様ざまな単位が出てくる。

例えばルアー重量にしても、グラム表示だけでなく、オンス表示がされているという具合。

これは、ルアーフィッシングが元もと欧米で生まれた釣りだからおきる現象であり、
ロッドの長さにしてもほとんどフィートおよびインチで表示されている。

最初は戸惑うことが多いものだが、これはもう慣れて体にしみ込ませるほか方法はない。

単位換算表

1 in ＝2.54cm

1 ft ＝12in ＝30.48cm

1 yd ＝3ft ＝91.43cm

1 lb ＝16oz ＝453.6ｇ

▶ライン　lb(ポンド)→号→mm(ミリ)◀

lb	号	標準直径
2	0.6	0.128
3	0.8	0.148
4	1	0.165
5	1.2	0.185
6	1.5	0.205
8	2	0.235
10	2.5	0.260
12	3	0.285

lb	号	標準直径
14	3.5	0.310
16	4	0.330
20	5	0.370
22	6	0.405
25	7	0.435
30	8	0.470
35	10	0.520
40	12	0.570

▶重さ　oz(オンス)→g(グラム)→号(匁)◀

oz	g	号
1／16	1.77	0.47
1／8	3.54	0.94
3／16	5.32	1.42
1／4	7.09	1.89
5／16	8.86	2.36
3／8	10.63	2.83
7／16	12.40	3.31
1／2	14.17	3.78
9／16	15.95	4.25
5／8	17.72	4.72

oz	g	号
11／16	19.49	5.20
3／4	21.26	5.67
13／16	23.03	6.14
7／8	24.81	6.61
15／16	26.58	7.09
1	28.35	7.56
2	56.70	15.12
3	85.05	22.68
4	113.40	30.23
5	141.75	37.79

BASS FISHING

第3章

バス釣りの基本テクニック

お気に入りのタックルがそろった。
ならば、いきなりフィールドに出てもよいから、
最初は基本テクニックの練習に力を注ぐべきだろう。
最初の2時間でよいから、キャスティングの練習に費やすと無用のトラブルを防止できる。

ラインの結び方

これだけ覚えればバス釣りに不自由しない4つのノット！

スプールにラインを結ぶユニノット。下糸とメインラインなど、ライン同士を結ぶブラッドノット。ルアーとラインの接続はクリンチノット。若干手間がかかるが、さらに強力なダブルクリンチノットを覚えておけば、とりあえずは万全だ。

スプールへの接続

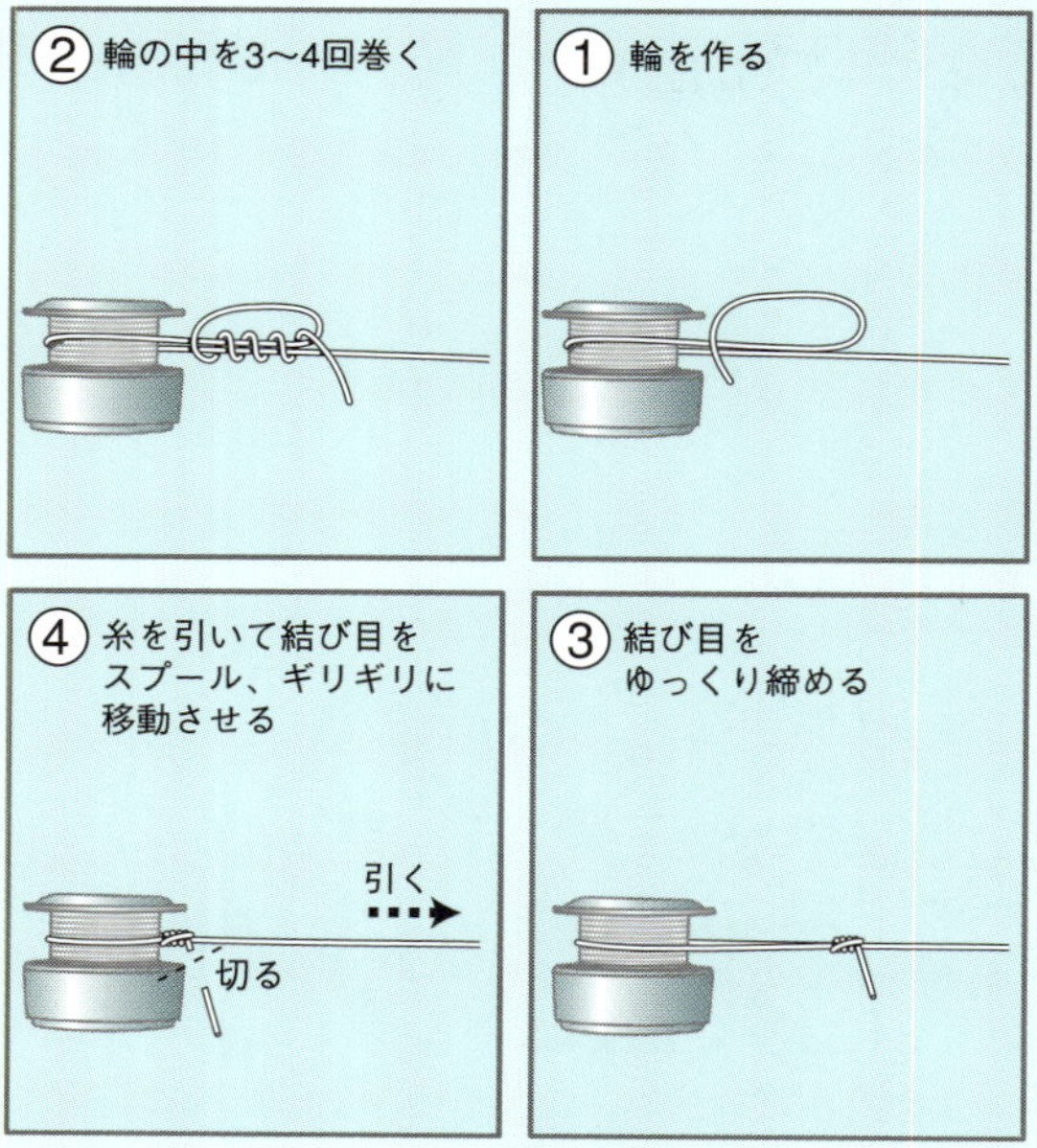

① 輪を作る
② 輪の中を3〜4回巻く
③ 結び目をゆっくり締める
④ 糸を引いて結び目をスプール、ギリギリに移動させる
引く
切る

ブラッド・ノット（ライン同士を結ぶ）

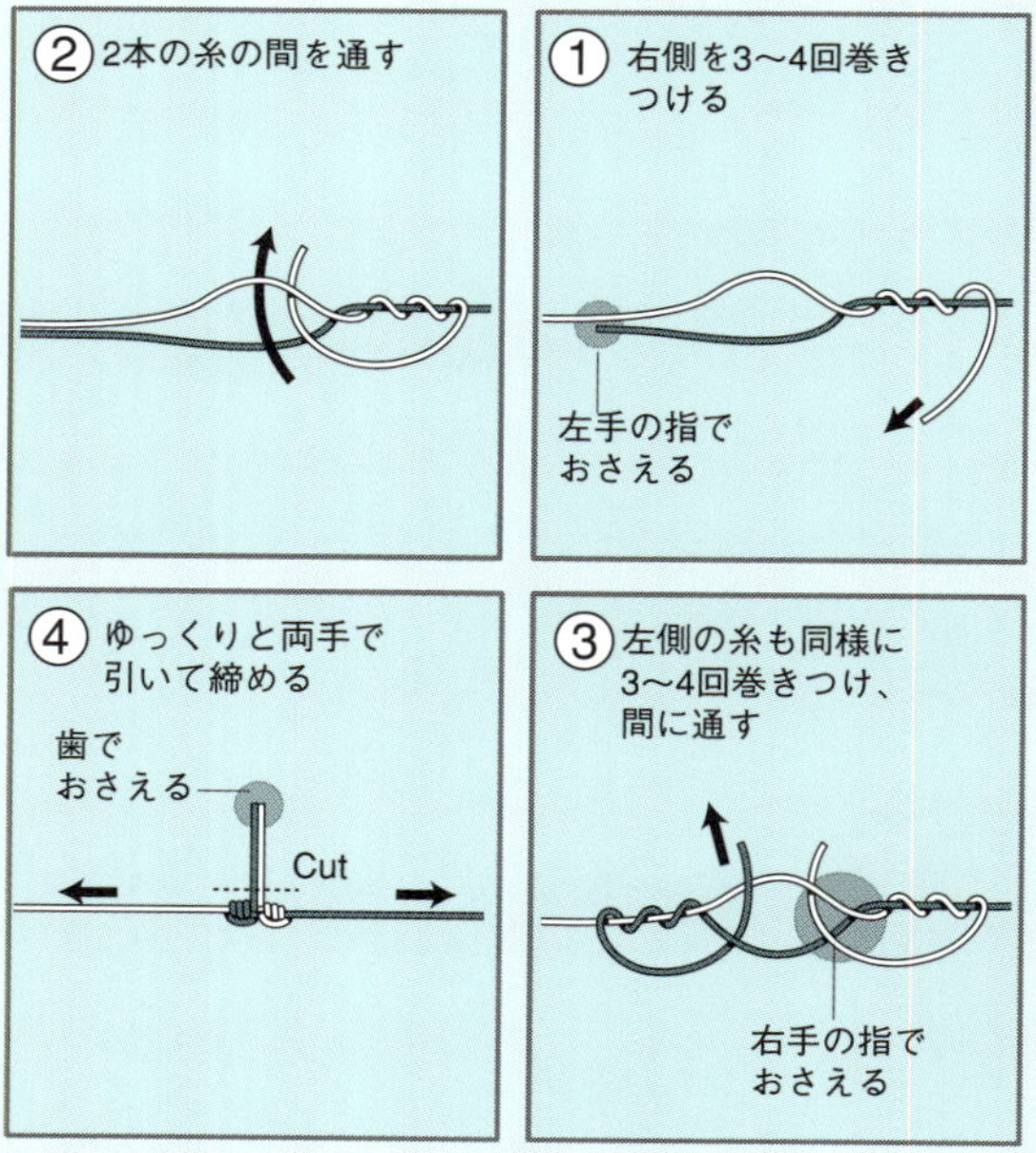

① 右側を3〜4回巻きつける
左手の指でおさえる
② 2本の糸の間を通す
③ 左側の糸も同様に3〜4回巻きつけ、間に通す
右手の指でおさえる
④ ゆっくりと両手で引いて締める
歯でおさえる
Cut

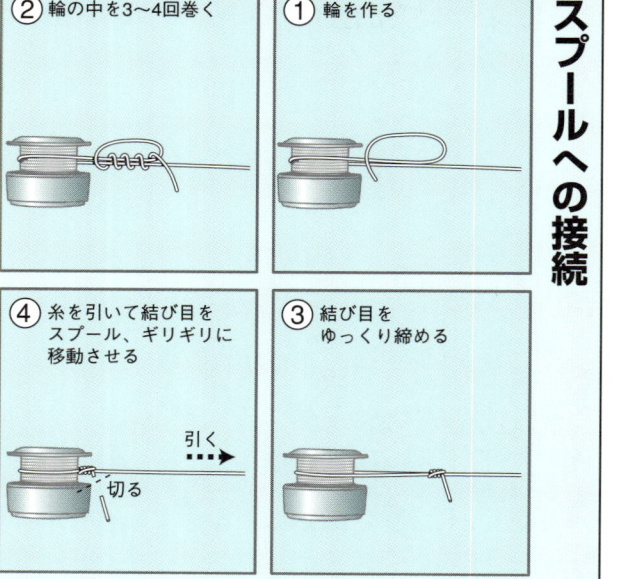

クリンチノット（ルアーとの結び）

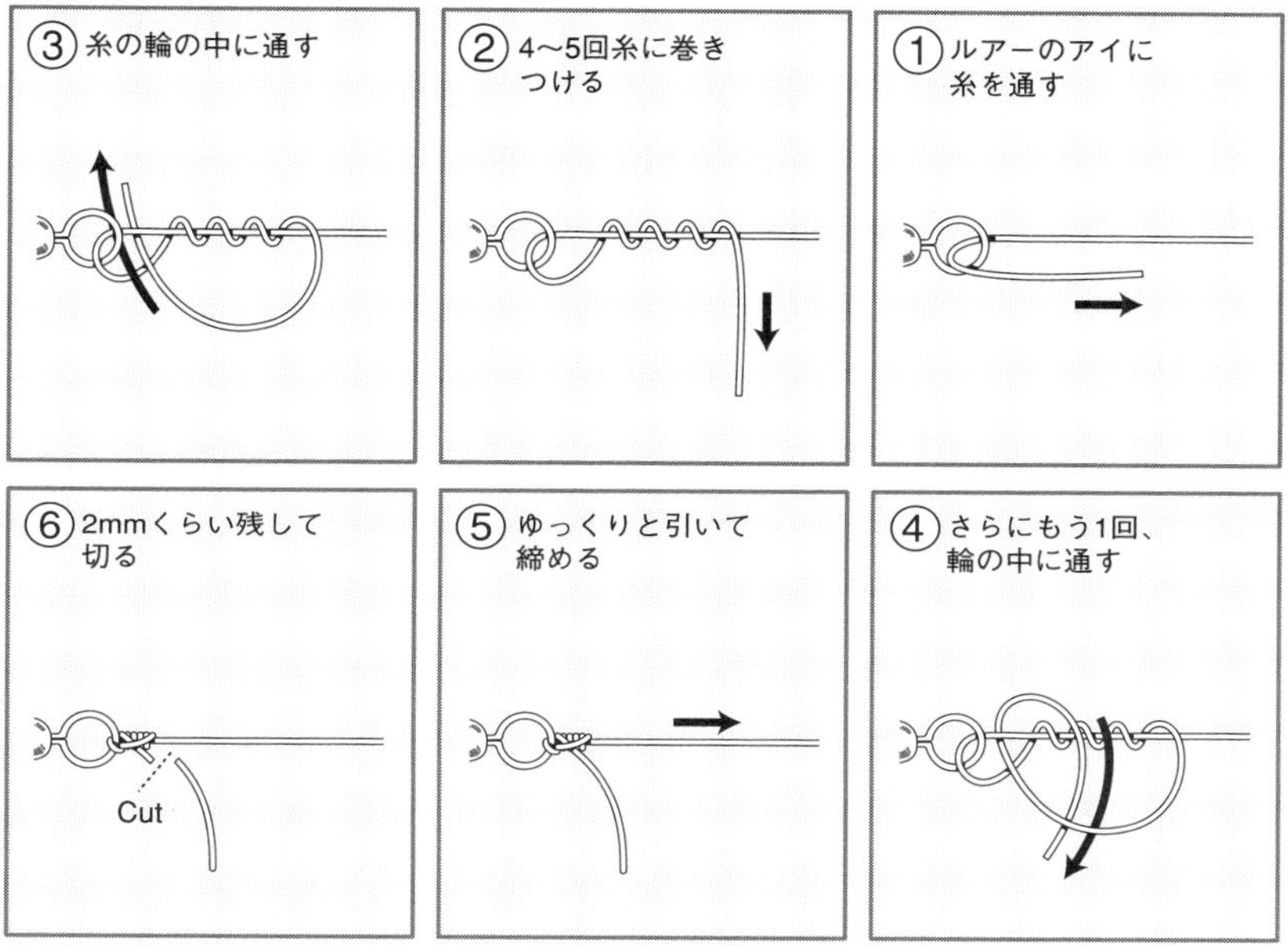
①ルアーのアイに糸を通す
②4〜5回糸に巻きつける
③糸の輪の中に通す
④さらにもう1回、輪の中に通す
⑤ゆっくりと引いて締める
⑥2mmくらい残して切る
Cut

ダブルクリンチ・ノット

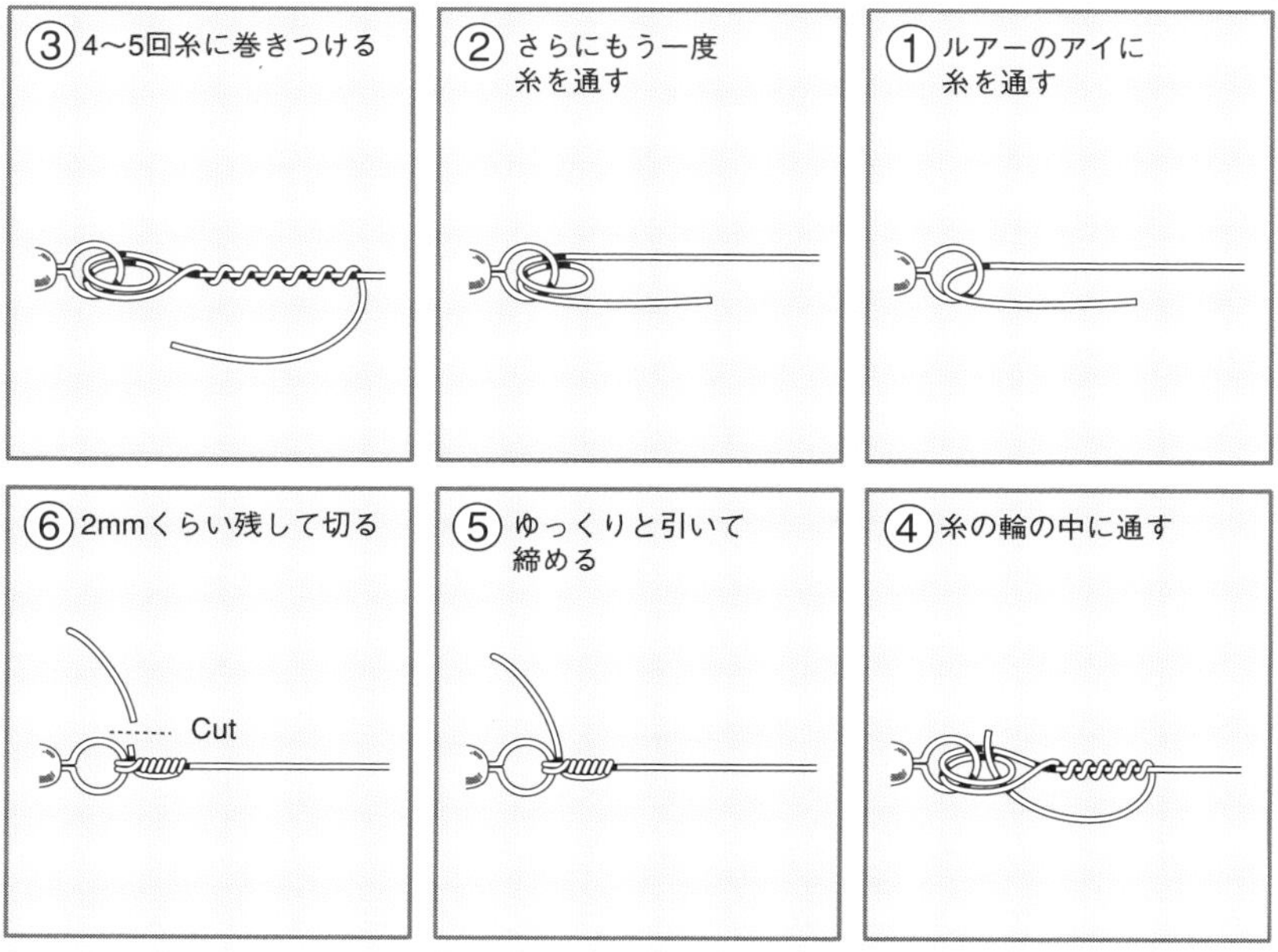
①ルアーのアイに糸を通す
②さらにもう一度糸を通す
③4〜5回糸に巻きつける
④糸の輪の中に通す
⑤ゆっくりと引いて締める
⑥2mmくらい残して切る
Cut

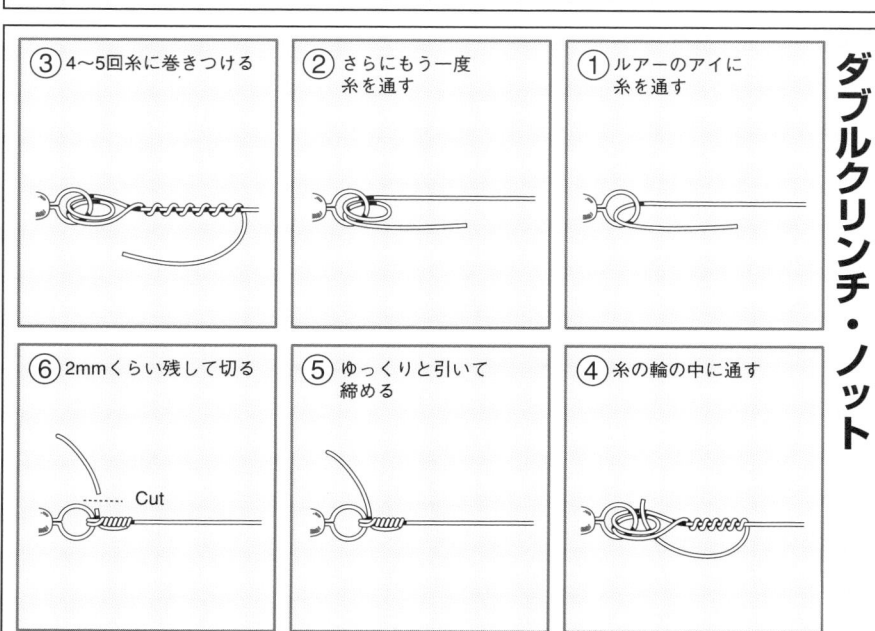

キャスティング

バス釣りにとって何より大切なのは正確なキャスティングである

BASS FISHING

キャスティングの基本は オーバーヘッドキャスト

バスは湖を大きく回遊している魚ではない。自分の好みのポイントに腰を据え、獲物を待ち伏せする魚である。したがって、アングラーとしては、バスに対して積極的にルアーをアピールさせなければならなくなってくる。そして、そのための第一歩がキャスティングなのである。

ブラックバスは基本的には障害物の陰に着くようにして、今か今かと獲物を待っている。岩や立ち木にピタリと体を寄せているのである。

ということは、アングラーとしてはその物陰にルアーを投げなければならないということになる。場合によっては、ここと思う障害物にはルアーをこすり付けるようなキャスティングが必要になる。

こうしたスタイルの釣りで、もし、正確にルアーが投げられないと、どういうことになるだろう。まず、ルアーの消耗が非常に激しくなる。ちょっと人気のあるバスフィールドには、最近、立ち木や岩陰にルアーが引っ掛かっているが、これはキャスティングが不正確だった証拠である。

その日のコンディションによっては、バスがいる場所から10センチずれた場所にルアーがきても、見向きもされないことがある。つまり、バスフィッシングはかなり繊細な釣りなのである。したがって、キャスティングも豪快さよりも、あくまでも繊細さが基本、距離よりも正確さが大切だということをしっかりと覚えておく。

具体的にいえば、キャスティングの距離は10〜15メートルといったところ。こ

スピニングリールのキャスト準備

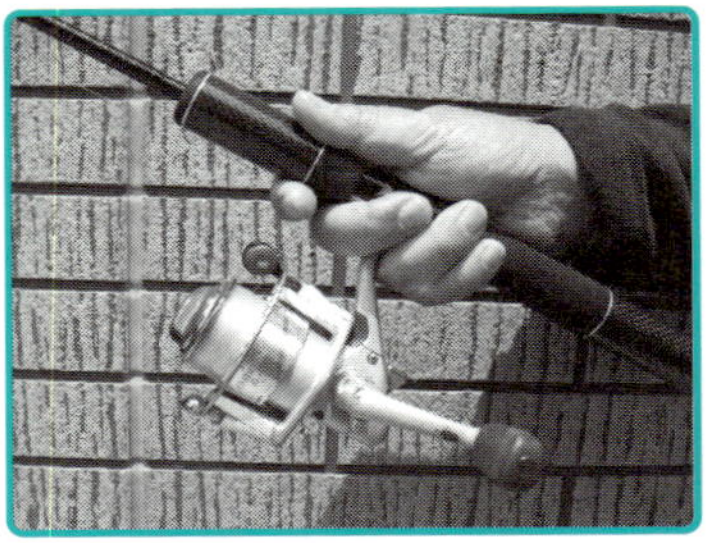

リールフットを中指と薬指の間に挟み、ラインを人差し指で拾う

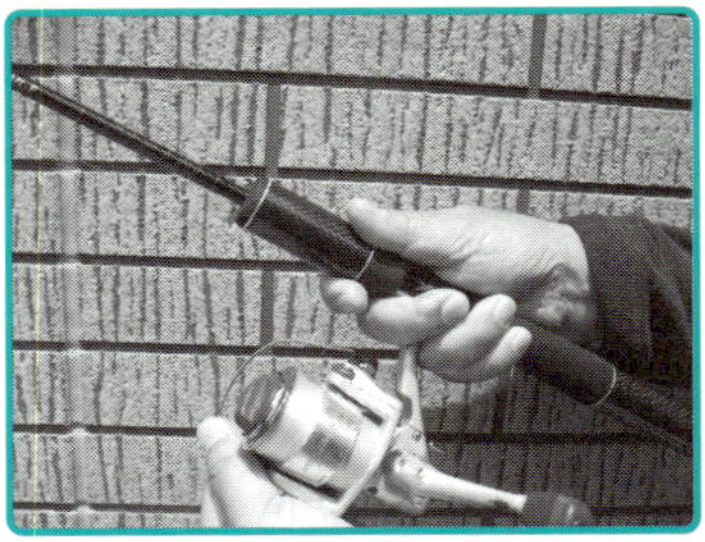

ラインを保持したまま、ベールアームを起こす。これでキャスティングに移る

の距離で左右1メートル以内の誤差であれば、まずまず正確なキャスティングといえる。

バスフィッシングは攻めの釣り。バスがいる場所を想定し、そこに積極的にルアーをキャストしていく。したがって、キャスティングテクニックがうまいかどうかが、重要なカギとなるのである。

狙った所に正確にキャスティングするためには、練習して正しいキャスティングを感覚的に覚えるしか方法はないのだが、とりあえずマスターしたいのはオーバーヘッドキャスト。

オーバーヘッドキャストは、すべてのキャスティングの基本といっていい。方向性が確実だし安全性も高い。オーバーヘッドで、距離や方向が正確になれば、サイドハンドキャストやバックハンドキャストをする際にも、その感覚は簡単に応用できるようになる。

キャスティングフォーム

腕を真っすぐに伸ばした状態から、肘が直角になるまでロッドを振りかぶる

今度は前方に腕を押し出し、ラインをリリースすることでルアーをキャストする

ロッドの力を利用することが重要だ

ロッドはその特性として、曲げる正反対の方向に戻ろうとする。正しいキャスティングというのは、そうしたロッドの特性を十分に生かし、決して腕力に頼らないこと。よく、エイヤッ、とばかりに腕、あるいは体全体を使ってキャストしている人がいるが、あれは大きな間違いなのである。

さて、理屈からいえば、ロッドを真っすぐに振り切り、タイミングよくサミングすればルアーは真っすぐ飛んで、思いどおりのポイントに着水するものだが、現実には右にいったり左にいったり、手前の水面に向かって飛んでしまったり、大きな放物線を描いてしまったり、となってしまうことが多い。

まず、どうしてルアーが真っすぐに飛んでいかないのかについて考えてみると、ロッドを真っすぐに振っているようで実は振っていない、ということが挙げ

ベイトリールのキャスト準備

トリガーに人差し指をかけ、ラインスプールを親指で押さえる

親指をそのままズラしてクラッチを切る。親指でスプールを押さえた状態からキャスティングに移る

キャストするとき、左ハンドルなら下側、右ハンドルなら上側にくる状態から振りかぶる

られる。

ルアーがとんでもない方向に飛んでしまうのは、必ずどこかでロッドをねじってしまっているからなのである。

ロッドがねじれてしまう原因は、あまりにも大きく振ることと、よけいな力が入り過ぎていること、さらにはタラシ（投げる前の竿先からルアーまでの距離）が長すぎることにある。

オーバーヘッドキャストの手順を段階を追って説明すると、

①キャスティングする前にロッドの先端と狙うスポットが一直線になるように合わせる。

②ロッドを前方45度くらいの角度に保ち、ルアーの負荷をかける。このことにより、ロッドは軽く曲がった状態になる。

③ロッドを後ろへ振りかぶる。

④ロッドをほぼ垂直に立てたとき、前方に曲がっていたロッドは自らの反発力で後方に曲がろうとする。そこでほんの一瞬、ロッド操作をストップさせる。

⑤後方に曲がったロッドは、ルアーに引っ張られるようなかたちとなり、その負荷の影響で、再び、前方に曲がろうとする。

⑥その、前方に曲がろうとする力を軽くアシストするつもりで、前方45度の角度まで再びロッドを操作。この直後にロッド操作を止め、ラインをリリースする。

⑦キャスティングは完了。飛んでいくルアーの距離を見計らいながらサミングし、狙ったポイントに着水させる。

ということになるのだが、これらの動作は流れるようにしなければならない。ところが、ビギナーの場合、よく④から⑤の動作に移る時に間があき過ぎてしまうのである。これでは、せっかくのロッドの反発力は消滅してしまう。

キャスティングにおける一連の動作は、あくまでもよどみなく、しかも力を抜いて、ロッドの反発力を実感しながら行うと、ルアーは真っすぐに飛んでいくのである。

オーバーヘッドキャスト

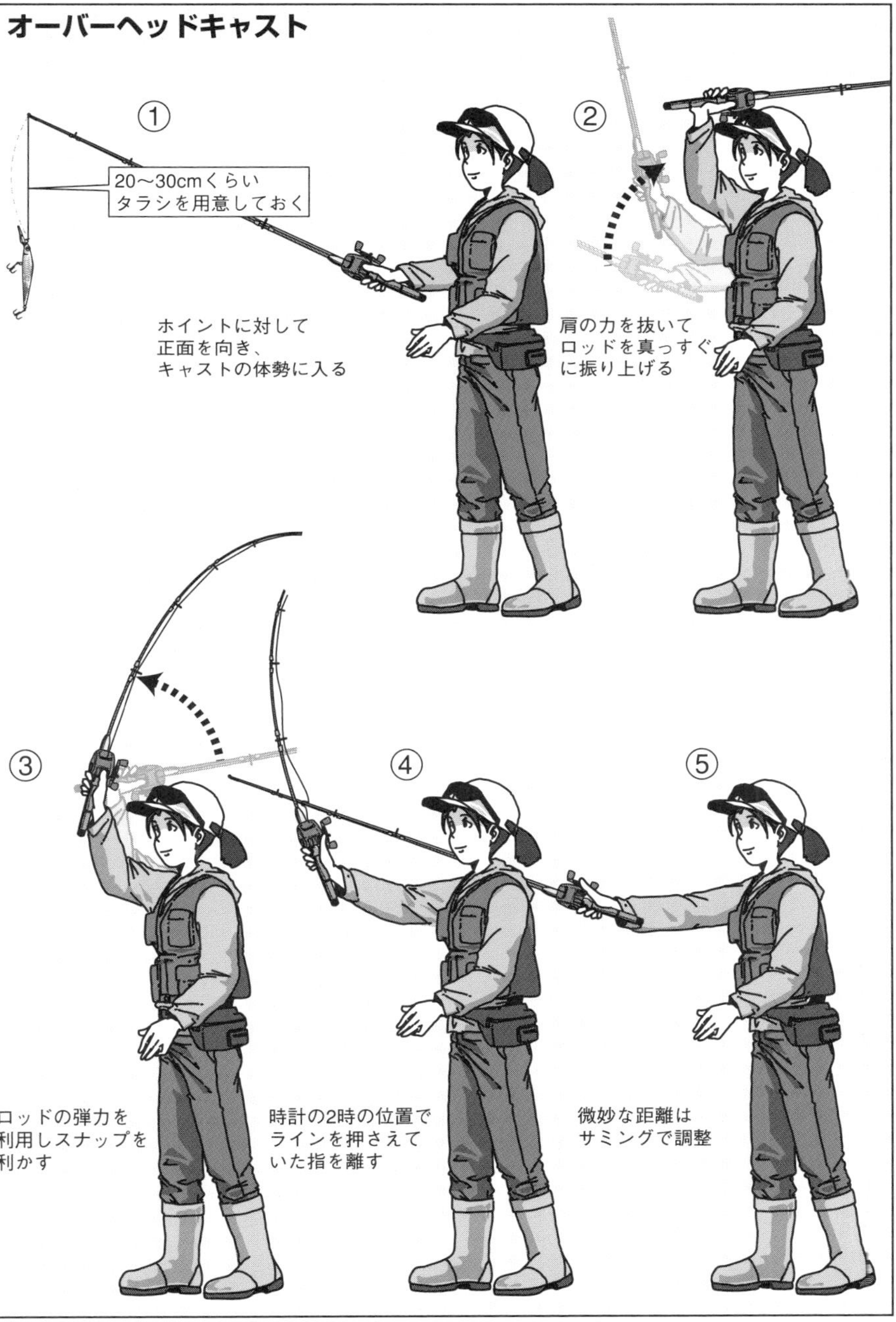
①
20〜30cmくらい
タラシを用意しておく
ホイントに対して
正面を向き、
キャストの体勢に入る
②
肩の力を抜いて
ロッドを真っすぐ
に振り上げる
③
ロッドの弾力を
利用しスナップを
利かす
④
時計の2時の位置で
ラインを押さえて
いた指を離す
⑤
微妙な距離は
サミングで調整

バックラッシュを直す方法

もし、バックラッシュしてしまったら……、これは誰もが思うこと。しかし、バックラッシュが簡単に直せたら、バックラッシュの恐怖心から解き放たれ、それどころか逆にベイトリールを使うことが楽しくもなるだろう。ここで、バックラッシュの直し方を紹介しておこう。あまりにキツいのは無理だけど。

1

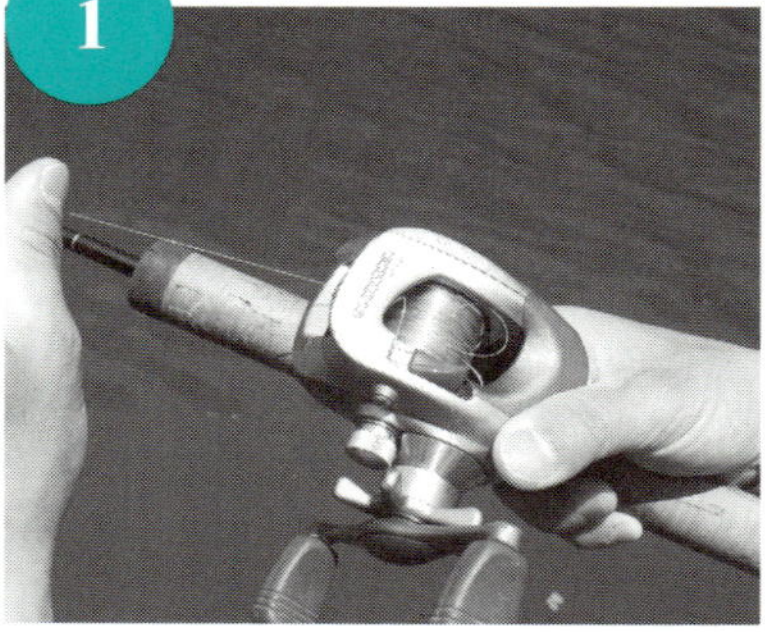

クラッチを切って、ラインをゆっくり引き出す

2

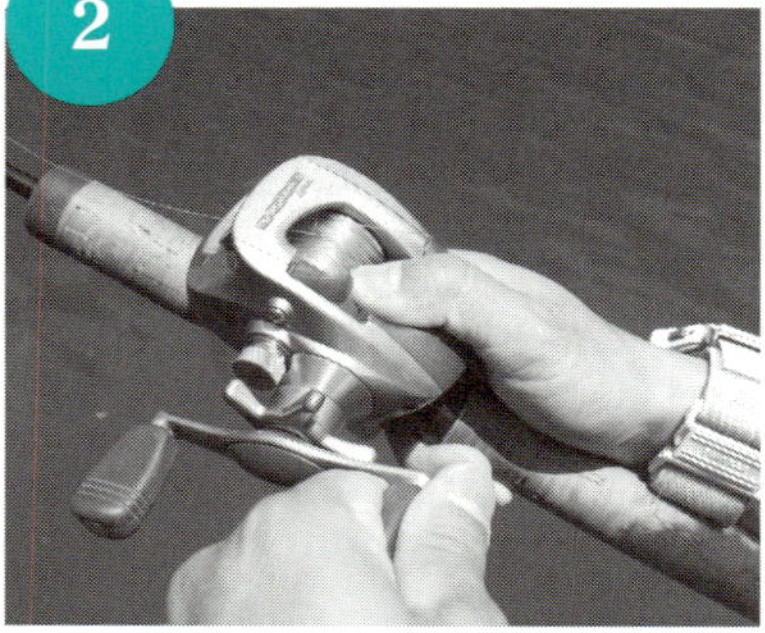

ラインが絡まっていて、その先が出なくなったら、今度は親指でラインを強く押さえて、リールのハンドルを3～4回巻く

3

あとは①、②を根気よく繰り返すのみ。お試しを。

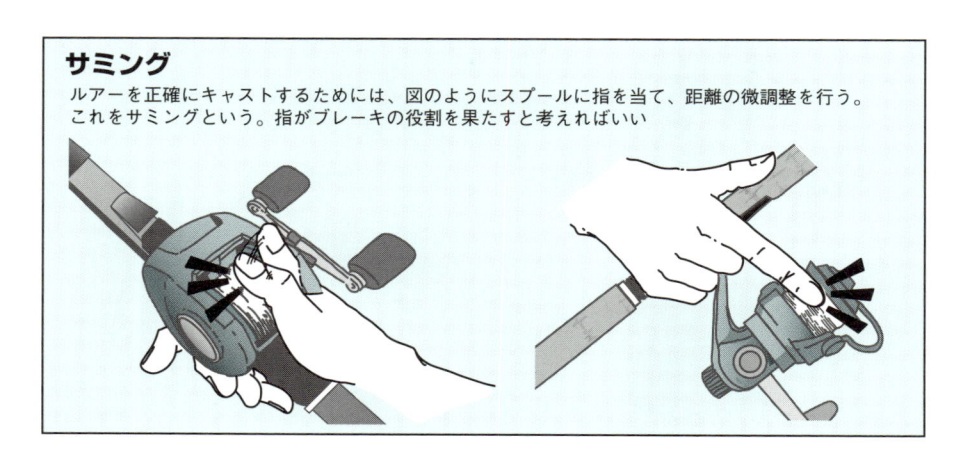

サミング

ルアーを正確にキャストするためには、図のようにスプールに指を当て、距離の微調整を行う。これをサミングという。指がブレーキの役割を果たすと考えればいい

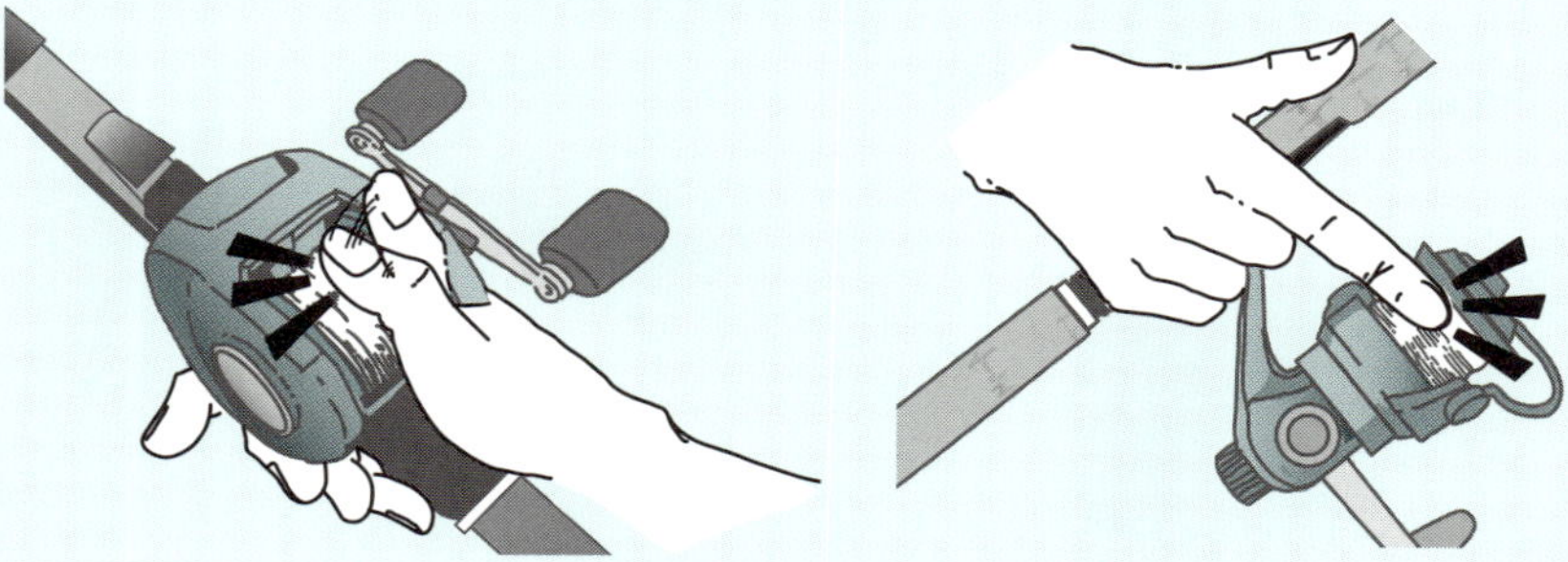

サイドキャスト

ポジションの関係でオーバーヘッドキャストが不可能なときのキャスティング法。
ロッドの弾力を利用する点では、オーバーヘッドキャストと同じ

ピッチング

距離が近いポイントを狙うときに使うキャスティング方法。
ワームやラバージグなどのルアーで行うことが多い

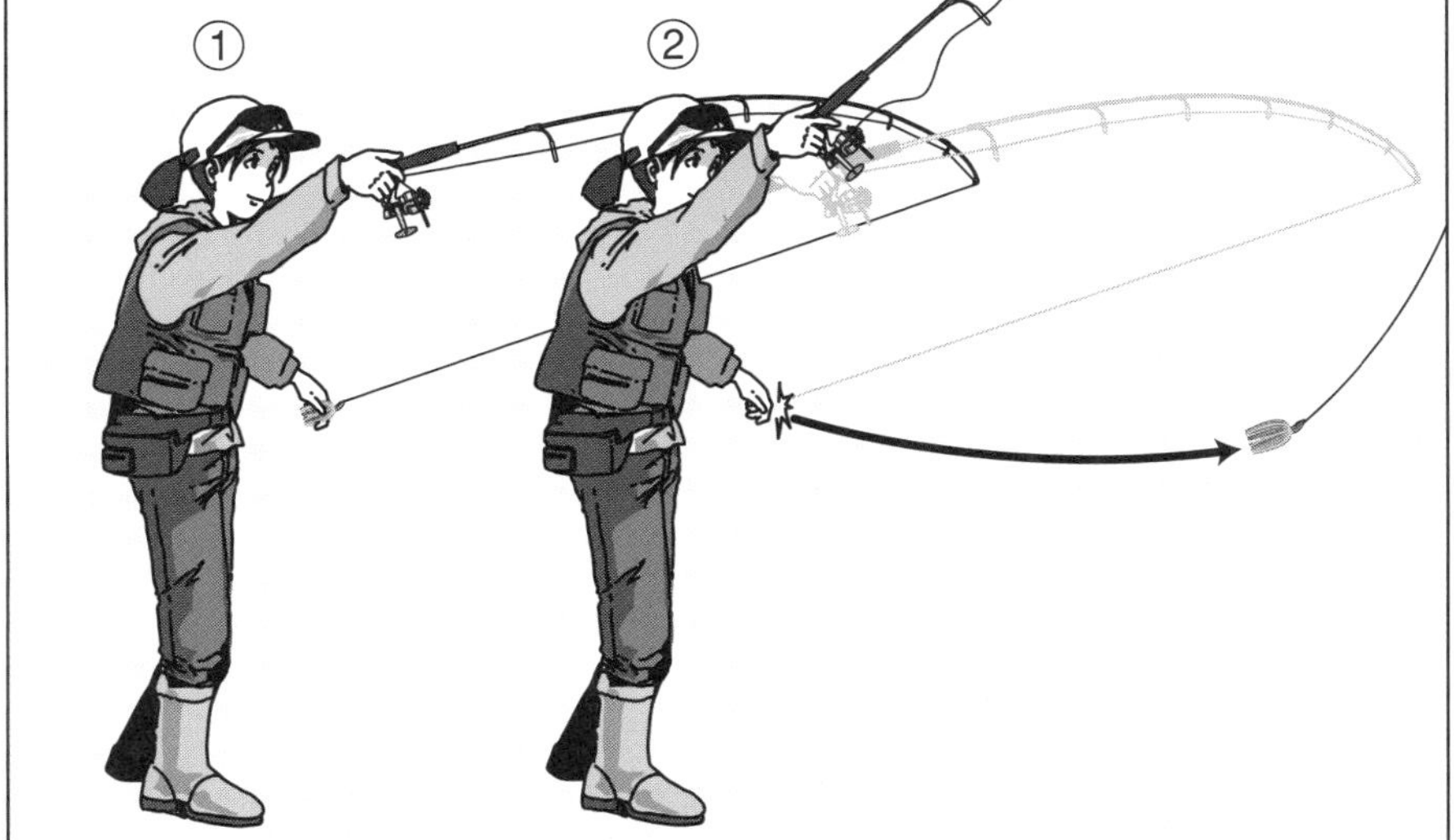

ストレートリトリーブ

ここからは基本的なロッドアクションのつけ方について

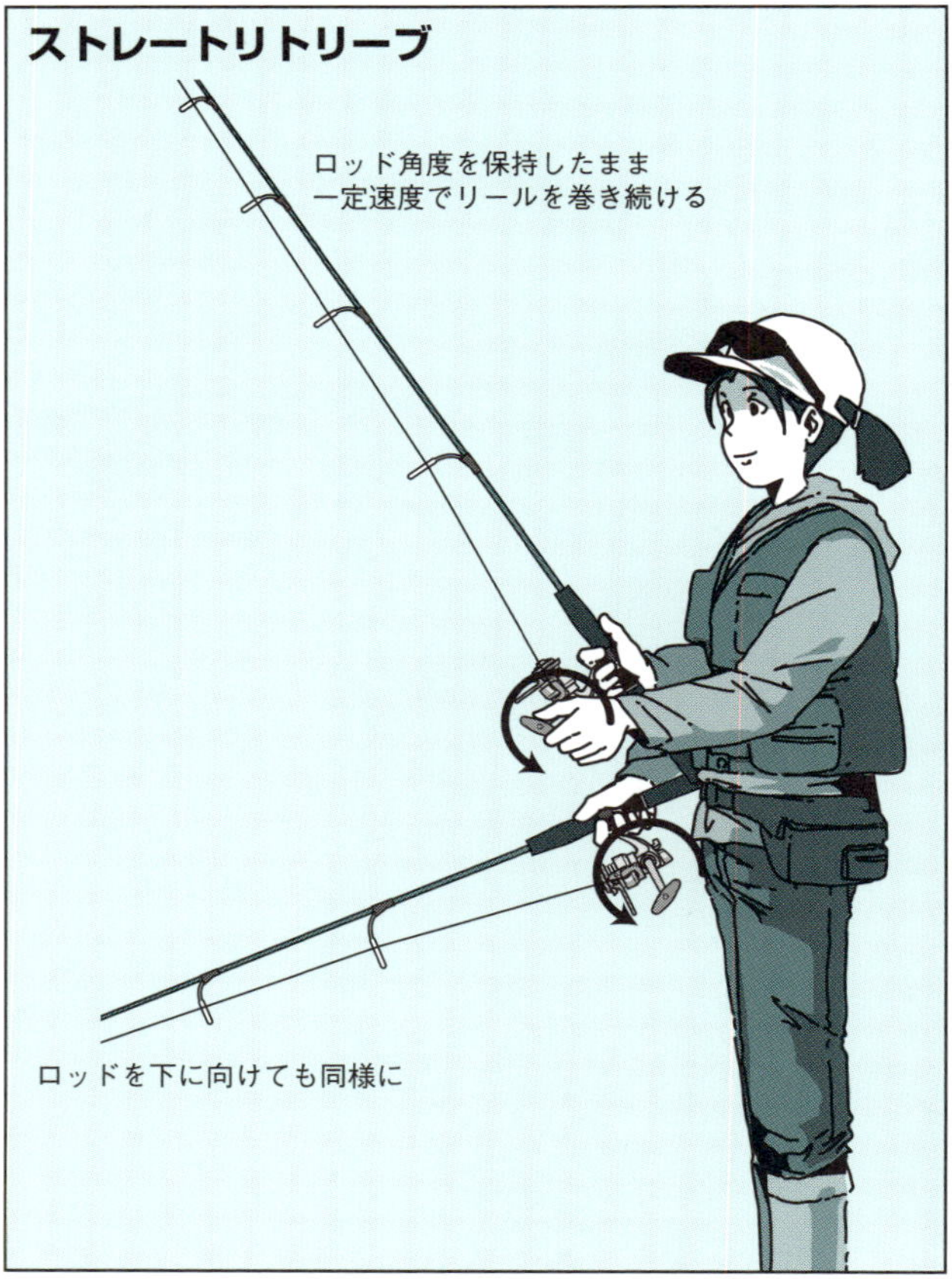
ストレートリトリーブ
ロッド角度を保持したまま
一定速度でリールを巻き続ける
ロッドを下に向けても同様に

ロッドアクションより ルアーの動きを優先

ストレートリトリーブとは、その名のとおり、いわゆる、ただ引きのことである。ロッドでアクションをつけずにそのままリールのハンドルを巻いてルアーを引いてくる。

ルアーアクションをストレートに出したいときに用いる方法だ。この方法を定番とする主なルアーは、バズベイトやスピナーベイト、クランクベイト、ダブルスイッシャーなど。

ロッドでアクションを加えると、ルアーの動きが死んでしまうルアーたち。簡単に言うと、ロッドアクションをつけないほうがよく釣れるルアーたちのことである。

実はこれ、非常に重要なことであり、最近は派手にアピールすると警戒されることが多くなっているから、こういった最低限のアクションが逆に有効になることが多くなる。

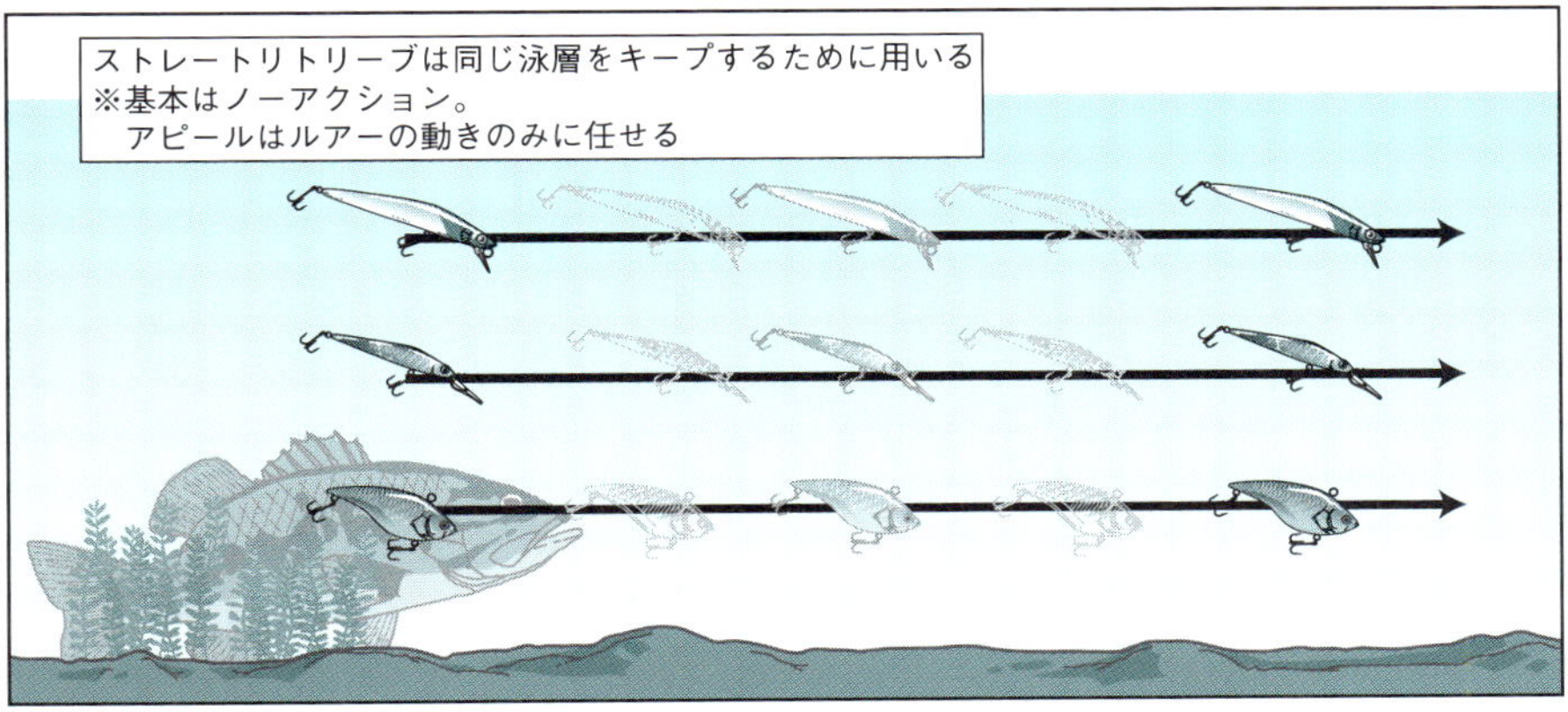
ストレートリトリーブは同じ泳層をキープするために用いる
※基本はノーアクション。
アピールはルアーの動きのみに任せる

一定速度が重要だ

具体的な方法としては、まず、ルアーをキャストしたら狙いたいレンジまで沈め込む(浮いているものならそれでOK)。

ルアーの潜行深度はロッドのティップの高さでも調整できる

それから一定速度でリーリング。ルアーのスイミングレンジが一定になるようにスピード調整することが重要で、ルアーが浮き上がりすぎても、下がっていくようでもよくない。

　これは、ルアーの種類によって適正スピードは異なるものであるから、一個一個、ルアーが変わるごとにスピードは変えていってほしい。

　また、リーリングスピードに緩急をつけることもセオリーのひとつと言われているようだが、それよりも先に、このストレートリトリーブをマスターすることのほうがはるかに重要だ。

　一定速度で巻くだけでも、人が変わればヒット率は変わるもの。何が決め手か分かりにくいテクニックであるからこそ、体にしみ込むまで体得してもらいたい。

　スピナーベイトやバイブレーションを得意とする人は、このストレートリトリーブを完全に体得している人である。巻き物系ルアーに強くなるなら、意識して取り組みたいテクニックである。

トゥイッチング

難度は高いが、マスターすればリトリーブテクニックの幅が広がる

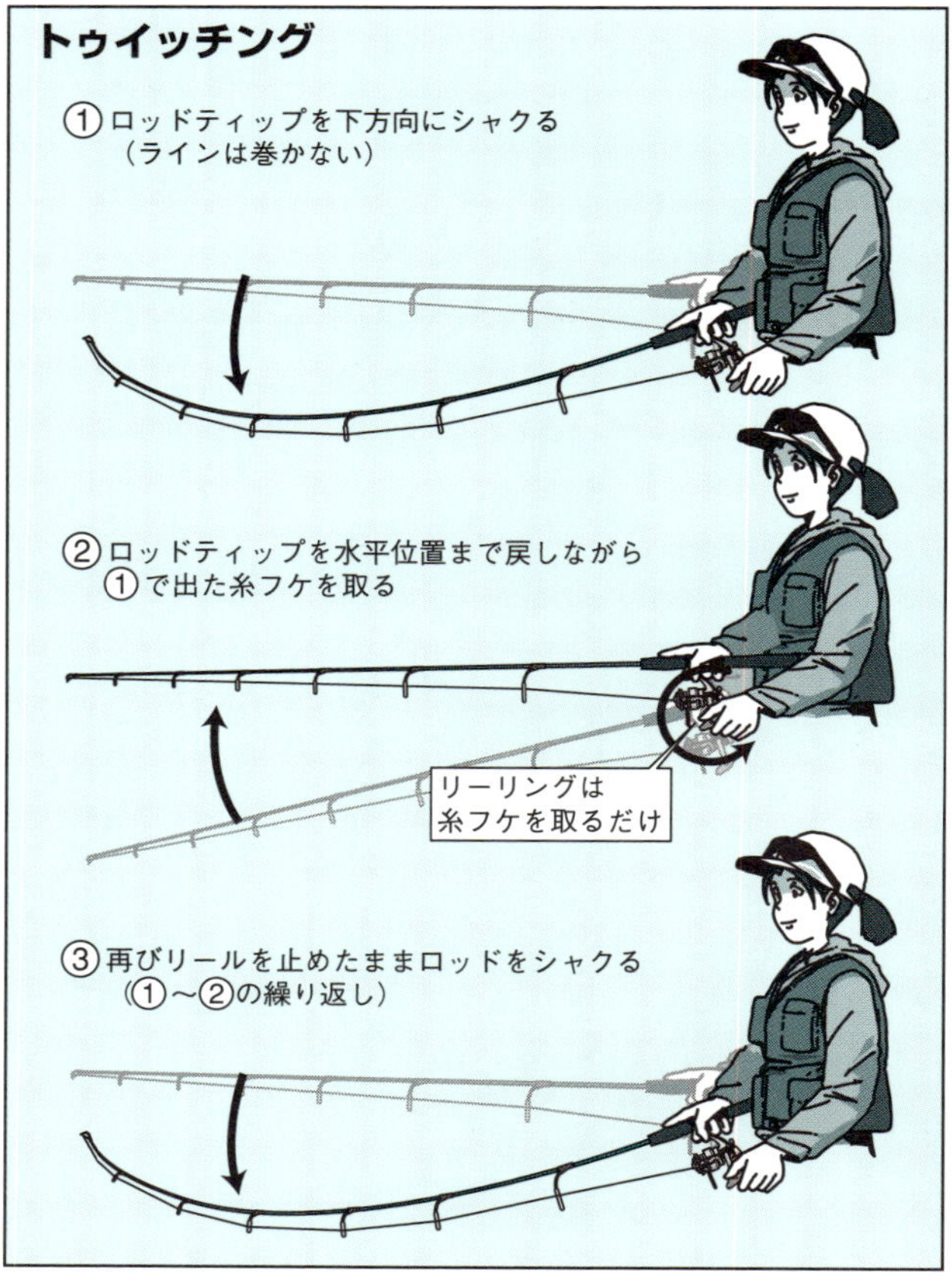
トゥイッチング
①ロッドティップを下方向にシャクる
（ラインは巻かない）
②ロッドティップを水平位置まで戻しながら
①で出た糸フケを取る
リーリングは
糸フケを取るだけ
③再びリールを止めたままロッドをシャクる
（①～②の繰り返し）

サスペンドミノーに効果あり

トゥイッチングとは、ルアーをビュンと急激に動かし、ピタリと止めるテクニック。ここぞというポイントやタイミングで単発的に使ってもよいけれど、一般的にはミノーなどを用いて連続的にトゥイッチさせる方法が最近の主流だ。

特にトゥイッチングアクションに優れたサスペンドミノーの場合は、急激に動かしたときにイレギュラーなダートアクションを起こし、ミノーをピタッと止めたときにバスから何らかのアクションが起きる（これがフローティングタイプなら、止めると浮き上がる）。

このテクニックが効果があるのは、通常のストレートリトリーブには反応しなくなったスレッカラシのバスたちで、最終手段として使うこともあれば、早春の産卵前のバスなど、気が高ぶるバスにも効果があるテクニックだ。

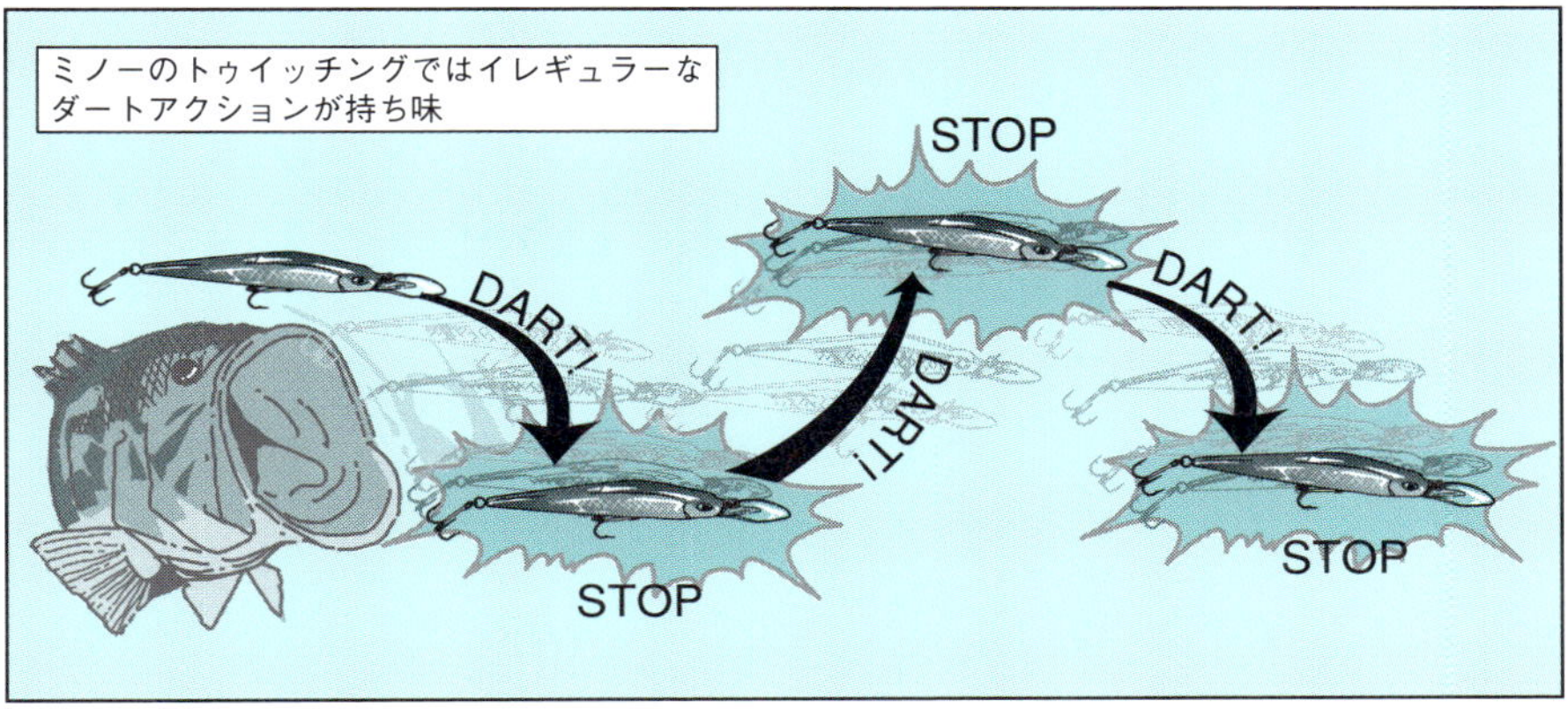
ミノーのトゥイッチングではイレギュラーなダートアクションが持ち味
DART!
STOP
DART!
STOP
DART!
STOP

◀シャローエリアの食い渋るバスにも有効なテクニックだ

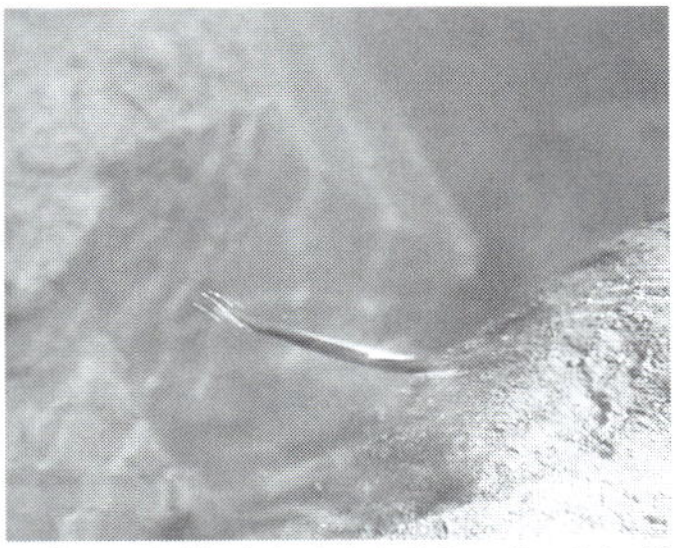
▲ミノーをダートさせたときのフラッシング効果も期待できる

ピタリと止めることが重要だ

具体的なアクションのつけ方としては、まずキャストしたら、トゥイッチングアクションを加えたいレンジまで泳がせる。

そして、トゥイッチングに入る際、ロッドは水平より下向きに構え、竿先はルアーの方向に向けておく。

手首を返す要領で、ロッドを下向きに強くシャクり、ルアーをビュンとダートさせる。このダートさせた直後に、ひと呼吸、間《ま》を取ると従来のトゥイッチングで、間を少ししか取らないと連続トゥイッチと呼ばれるものになる。

この間を取ったら、シャクった分の糸フケをリーリングで回収。ロッドティップの位置を再び水平近くに戻しておく。

この下向きのアクションのつけ方が一般的なトゥイッチングと呼ばれるものだが、使用するルアーやポイントによっては、ロッド角度が水平近くでもいいし、あるいはロッドを立ててもいいだろう。

なお、トゥイッチングとは、この動作を1ストローク中に複数回繰り返すことを言うのだが、一日中やり続けると手首を傷めることがあるので、くれぐれも注意したい。

連続ショートトゥイッチ

トップウォータープラッギングの基本パターン

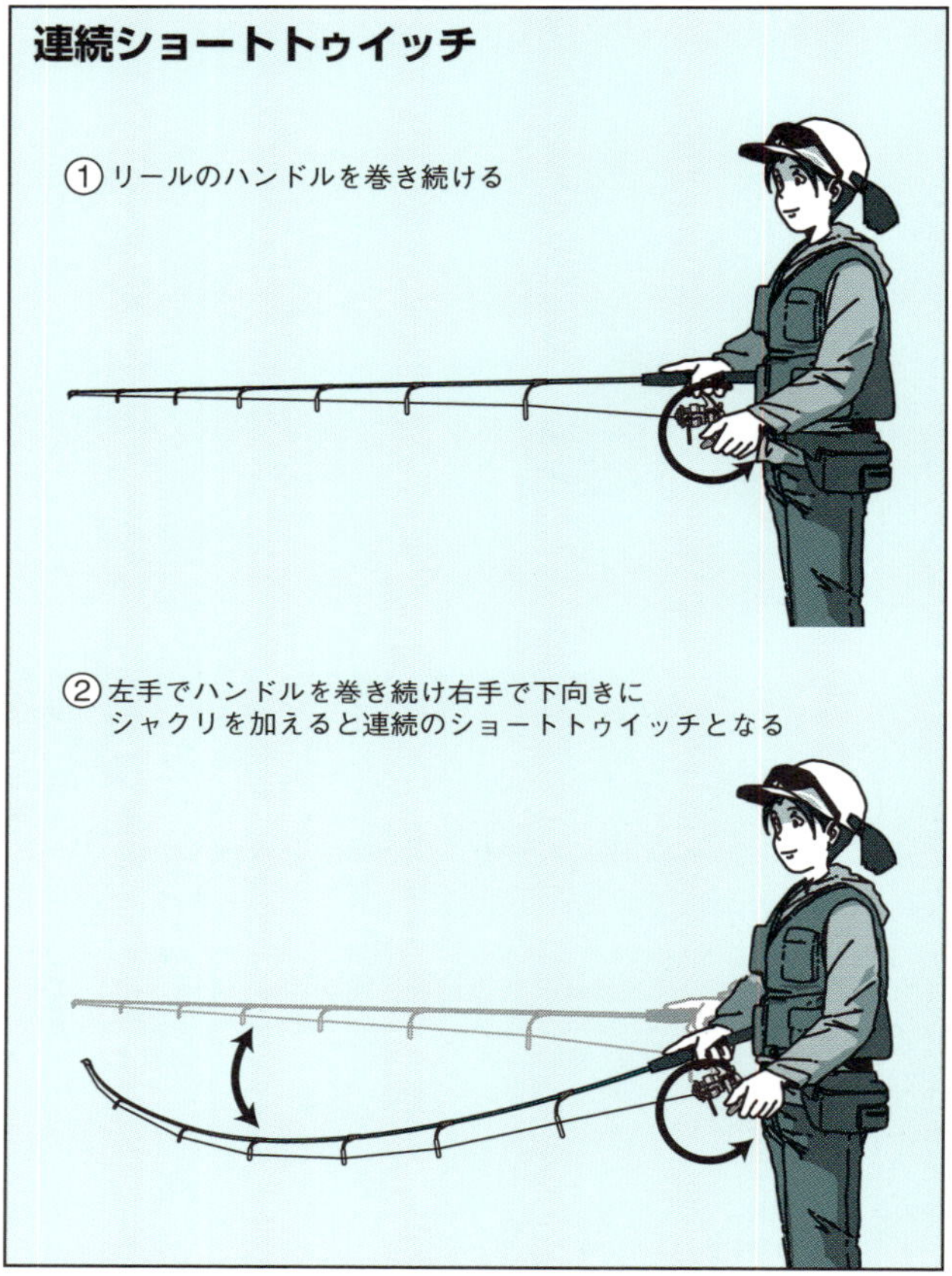
連続ショートトゥイッチ
①リールのハンドルを巻き続ける
②左手でハンドルを巻き続け右手で下向きにシャクリを加えると連続のショートトゥイッチとなる

BASS FISHING

トゥイッチングの進化型

連続ショートトゥイッチとは、その名のとおり、ロッドのシャクリ幅を短くしたトゥイッチングのことである。結果的に、ダートアクションの幅は小さくなるが、その分、回転数を速くすることができる。

つまり、連続でトゥイッチングする場合は、このようなショート気味のトゥイッチのほうがアクションのキレもよく、1ストローク中のダート回数も多くできるというわけ。だから、「連続」と「ショート」はセットにして考えてもよいくらいなのだ。

使用頻度の高いテクニックだ

さて、この連続ショートトゥイッチが使われているのは、どういった釣りだろうか。このアクションでは、基本的にル

水面～表層レンジでトップウォータープラグや
小型ミノーを小刻みにキビキビと泳がせる場合に使用

▲ペンシルベイトにグッドサイズが飛び出した

▶流れ込みを狙うなら、動きを止めないトップの首振りアクションが有効だ

アーを止めることはないから、リールのハンドルは巻きっぱなし。その上で、ロッドティップによるシャクリを入れていく。

そう、これはミノーのパニックアクションであったり、ペンシルベイトやポッパーの首振りアクションなどがその代表例である。

もちろん、ミノーやトップ系ルアーでも、アクション後にポーズ（静止）を取ることは有効である。というより、それが定番テクニックだ。しかし、トップ系ルアーにしろ、ミノーにしろ、このように、間《ま》を取らない連続アクションがよいこともある。

もちろん、一本調子でロッドをシャクり続けるのはいただけない。ペンシルベイトの首振り加減を確認しながら、クイックイッと振り幅に変化をつけたりしてみよう。

活性の高い時期に広範囲をチェックしたり、また、逆に極端に食いが渋いときにリアクションバイトを狙う手段として試してみてほしい。

シェイキング

ソフトルアーを移動させずにアピールするテクニック

BASS FISHING

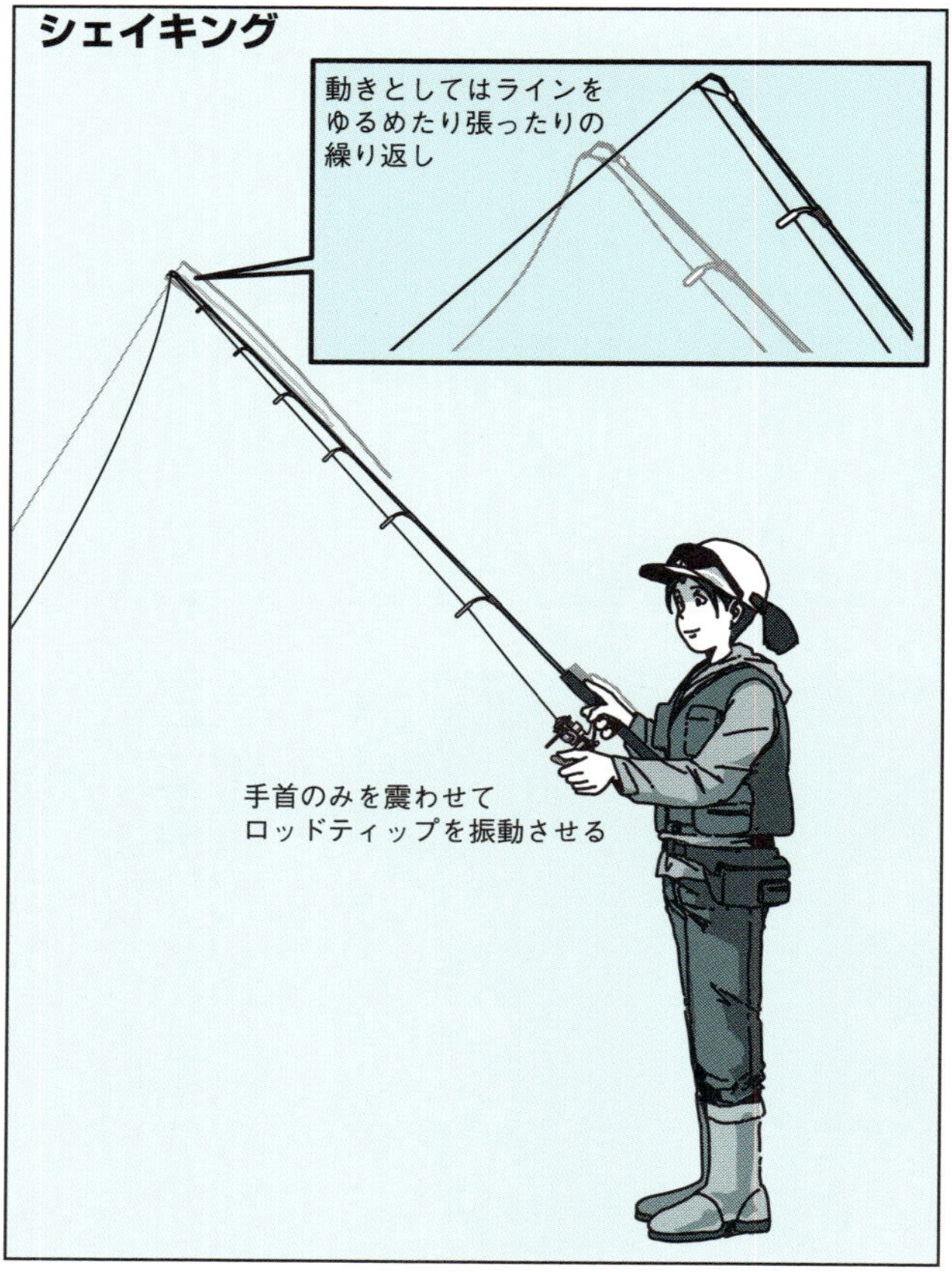

シェイキング
動きとしてはラインを
ゆるめたり張ったりの
繰り返し
手首のみを震わせて
ロッドティップを振動させる

ソフトルアーの定番テク

シェイキングとは、震わせる、振動させるという意味合いそのままのテクニックである。つまり、リールを一切巻かずにロッドティップを小刻みに揺すってルアーを細かく震わせるということだ。

言い換えればルアーをなるべく移動させずにアクションさせたい場合に用いるテクニックということであり、実際にリトリーブしたときに見られるようなルアー本来のアクションではないということでもある。

基本的には、あらゆるルアーでシェイキングはできるだろうが、ハードルアーでこれをしても意味がない。

やはりシェイキングでバスをヒットに持ち込めるのはソフトルアーであり、その中でも、ダウンショットリグやジグヘッドリグ、テキサスリグでのボトムフィッシングで効果があるテクニックといえるだろう。

ダウンショットリグやテキサスリグなどで
できるだけポイントを移動させずにアクションさせたいときに使う

バスが着くポイントが明らかにピンの場合は、魚が見えなくても最初からシェイキングで探ってみよう

ルアーをなるべく動かさずにシェイクさせるのがコツである

ピンスポットで役に立つ

さて、このシェイキングだが、具体的にはどういったシチュエーションで使われるのか？

例えば、ルアーを引くとアッという間に通り過ぎていくようなピンスポットやストラクチャーからバスが離れないとき。

ウイードの隙間を攻めたいけれど、横に引いてはルアーにウイードが掛かって釣りにならないとき。

バスの活性が低く長時間ルアーを見せ続けなければならないとき。

このようなときは、ルアーをバスの目の前にステイさせてから、おもむろにロッドティップを5〜10センチ間隔で小刻みに揺すってみる。バスに食い気があれば一発で食ってくる。ただ、食いが渋い場合、長くシェイキングさせてよい場合もあるし、逆にルアーを警戒される場合もある。最初は勉強のつもりで、色いろと試してみるといいだろう。

ドラッギング

流れ川では、ルアーを流れに乗せるテクニックもある

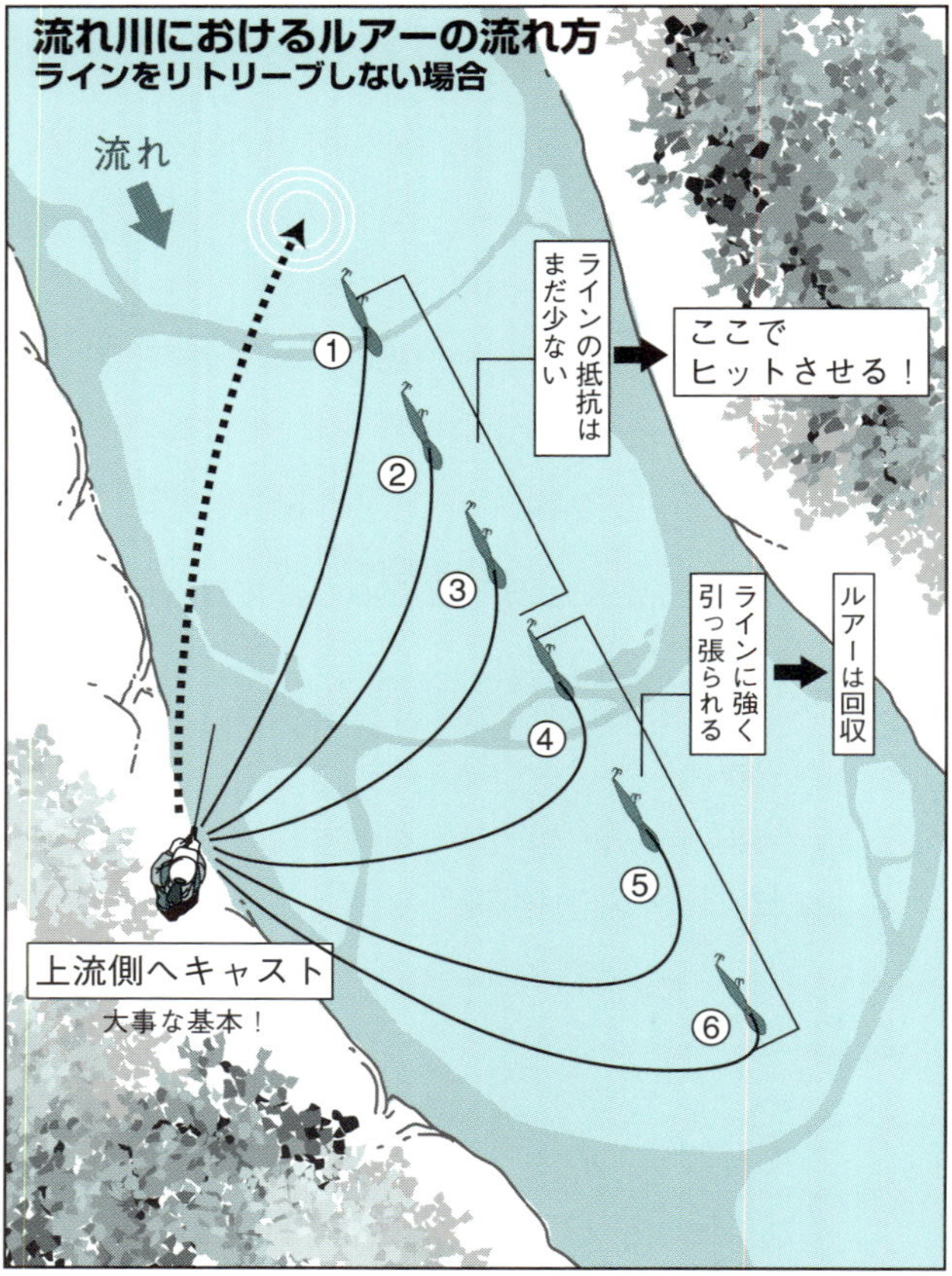
流れ川におけるルアーの流れ方
ラインをリトリーブしない場合
流れ
ラインの抵抗はまだ少ない
ここでヒットさせる！
ラインに強く引っ張られる
ルアーは回収
①
②
③
④
⑤
⑥
上流側へキャスト
大事な基本！

流れにルアーを引かせる

ドラッギングのドラッグとは、引っ張るとか引きずられるといった意味がある。つまり、流れ川でのドラッギング・テクニックというのは、ルアーを流れに乗せるというよりも、流れに引かせるテクニックといったほうが正解なのかもしれない。

ただ、実際はそのとおりかもしれないが、テクニックの完成度としては、できるだけ流れの影響を受けないような流し方がベストだ。

まず本文中のイラストを見ていただきたい。上流側へキャストしたルアーを流した場合の軌道イメージを記してある（ラインは巻き取らない）。

確かにルアー単体なら、ルアーは自然な流れ方をするだろうが、実際はラインがあるから、後半は水圧を受けているラインにルアーが引かれる形となる。つまり、自然に流せるのは前半の1～3にか

流れ川では無理に引くくらいなら流すほうがよいときもある

流れ川での基本はアップストリームキャストだ

ワーム以外でもドラッギングは有効だ

流れの中のバスは非常に活性が高い

けてであり、4〜6にかけてはまったくの望み薄となる。

アップストリームキャストが原則だ

イラストでは上流側にキャストしているが、これは流れ川では基本テクニックのひとつ。アップストリームキャスト（上流に向けてのキャスト）というやつだ。そもそも、キャストの後に流れの影響を受けないのは、ルアーが自分の正面を通るまで。つまり、アップストリームキャストが絶対条件となる。

もし、流れ川で好ポイントを見つけたら、その下流側に回り込んで上流に向けてルアーをキャストしてみたい。ワームなら流しっぱなしでもバイトは得られるし、スピナーベイトなどの巻き物系のルアーでも、下流側から引き上げてくるより、流れを横切るくらいでバイトが出る。

ただ、本当に何もアクションをつけない流し方をするなら、ワームの使用が前提となるだろう。

リフト&フォール

縦型アクションの基本形。レンジを広範囲にチェックできる

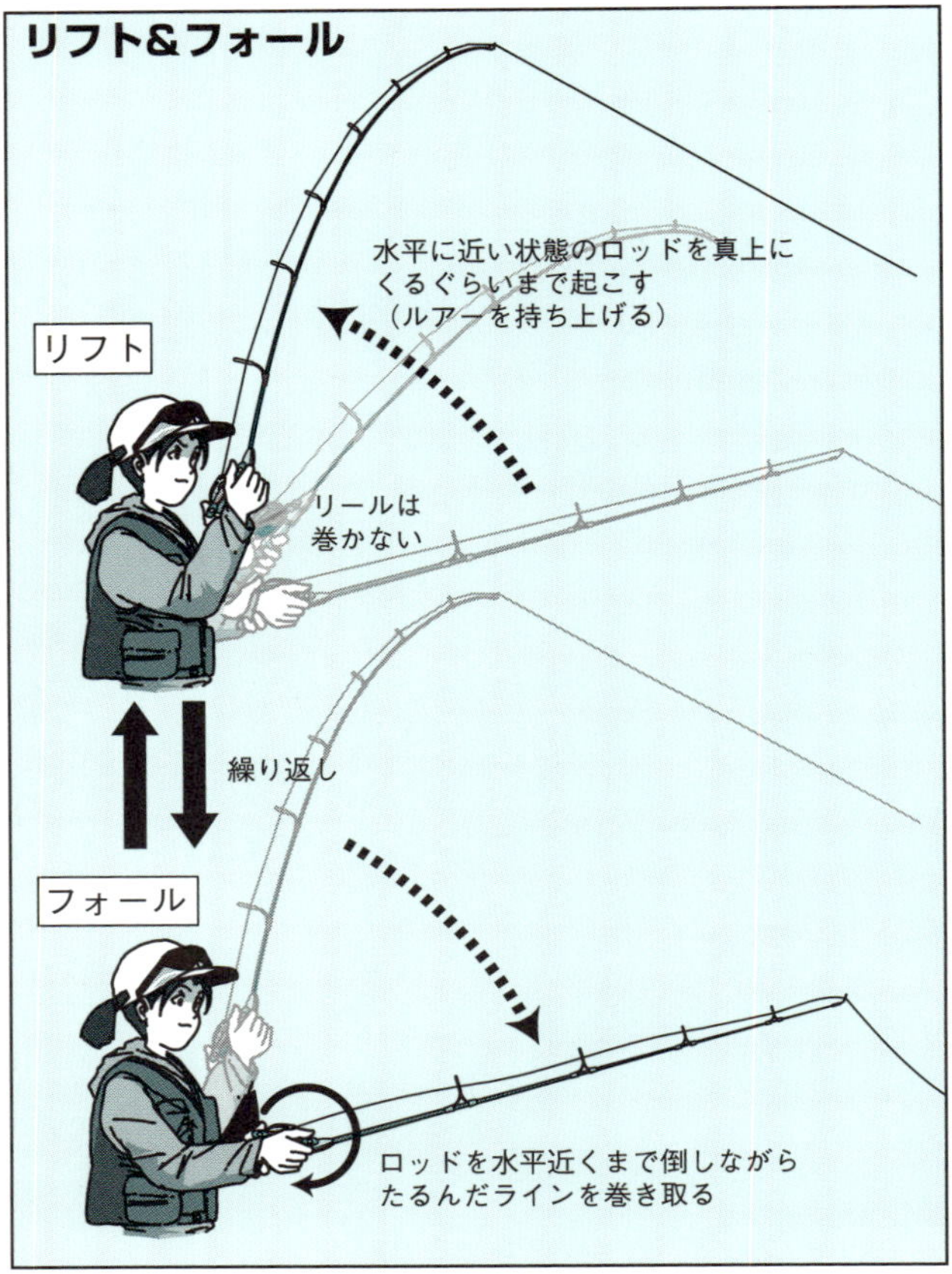
リフト&フォール
水平に近い状態のロッドを真上にくるぐらいまで起こす（ルアーを持ち上げる）
リフト
リールは巻かない
繰り返し
フォール
ロッドを水平近くまで倒しながらたるんだラインを巻き取る

メタル系ならフラッシングも期待

リフト&フォールを直訳すると、持ち上げて、落とすという意味。アクションもルアーを持ち上げて落とす、の繰り返しだ。このアクションは、基本的に食いが渋い場合に用いる。ただ引きなどでは、まったく反応しないような場合に、リトリーブスピードに緩急をつけることで、リアクションバイトを引き出すのだ。

　また、縦のアクションもバスにとっては新鮮だ。エサらしきものがスーッと逃げていくかと思えば、ストンと目の前に落ちてくる。バスは空腹でなくても、つい思わず、口を使ってしまうのではないだろうか。

　スピードの緩急、縦アクション、そしてもうひとつの特徴がフラッシング。スピナーベイトやバイブレーションでのリフト&フォールでは、ブレードやボディの乱反射が生かされるから、視覚効果にも強く訴える。

広範囲のレンジを
スピーディーにチェックできる
ボトム付近で
しつこくアピールしてもよい
リフト
フォール
リフト
フォール
リフト
フォール
リフト
フォール

ボトムが感知できれば、スピニングのライトリグでもOKだ

バスが浮き気味のときは、ワームの場合でも、ボトムを引きずるより縦にアクションさせたほうが断然よい

持ち上げて落とすの繰り返し

このテクニックは、リップが付いたルアー以外の沈むタイプのルアーで試すことができる。

特に知られるルアーはスピナーベイトやバイブレーション、メタルジグ、ラバージグといったところだが、これら以外にもワームのライトリグ全般でもOKだ。

バイブレーションを例にとって具体的なテクニックを述べてみると、まず、キャスト後は着底まで待つ。その後、糸フケを取ってから、ロッドを大きくあおって、ルアーを水底から引き離す。

次にロッドを再び水平くらいまで戻しつつ、リーリングでたるんだ分の糸フケを取る。

このとき、浮かせたルアーの着底を待ってもよいし、中層狙いなら待たずともよい。再びロッドを大きくあおってリフトさせる。

後はこれを手元まで繰り返す。

ボトムバンピング

ボトムをチェックしながらバスを誘うワーム釣りの王道アクション

BASS FISHING

ボトムバンピング
着底の確認
ラインを張って
ルアーをフォール！
ルアーが着底したら
ラインがフッとたるむ
ロッド操作のみで
ルアーをボトムで
跳ねさせる
繰り返し
1〜2mほど移動したら
その分の糸フケを
とっておく

ウエイトのある ワームリグを使用する

ボトムバンピングとは、ボトムで操るワームリグのアクションのことである。主に重量の重いワームリグを使ってボトムを叩くようにアクションさせることからこの名がついた。

主に使用するルアーはラバージグ、テキサスリグなど。ダウンショットリグやジグヘッドリグでも同じアクションをすることができるが、こちらはウエイトが軽いのでボトムバンプというより、ボトムでのリフト&フォールというイメージが強い。

このように、ルアーを引きずるのではなく、跳ねさせるメリットはどこにあるのかというと、引きずることで多発する根掛かりを軽減させたいのと、アクションスピードの緩急をつけることで、ボトムの食い渋るビッグバスをその気にさせようという思惑だ。特にウイードの中にワームが隠れやすいエリアでは、ワームを跳ねさせるメリットも大きいはずだ。

ポイントの近くにフォールして、底に着いたら
ロッドティップを小刻みにあおって「チョン、チョン」と跳ねるように動かす
着底

バスを探すと同時に、ボトムの地形を把握できるメリットもある

ラバージグでグッドサイズを狙う場合の定番テクとしても有名だ

ロッド操作のみでアクションさせる

具体的なテクニックは、まず、キャストしたならルアーの着底を待つ。ルアーの着底は、ラインを張りながらフォールさせているとよく分かる。ロッドティップを注視していると、着底時にフッとラインの張りがとれるのだ。このときが着底のサイン。

それからラインのたるみを取って、ロッドを上方にシャクリ上げるようにしてルアーを跳ね上げる。1～2回、3回でもよい。

自分のリズムで1ストローク分移動させたら、その分の糸フケを取る。

そして、次の跳ね上げに移るというわけだ。

ただ、このテクニックで重要なのは、食わせの間《ま》を作ってやること。単調にボトムで跳ねさせ続けるのではなく、時どきボトムで数秒間止めてみよう。バスがアタリを出すのはこのときに多い。

フッキングのコツ

バスのアタリは千差万別。確実にフッキングさせるコツ

まずはアタリを見極めよう

　バスがルアーに興味を示し、口にするときに感じる様ざまな信号のことを、魚信、アタリ、あるいはバイトという。通常、アタリはロッドティップに伝わる感触を頼りに判断する。バスがルアーを口にくわえたら、大抵の場合はロッドティップが引き込まれたり、ブルブルと震えたりする。これはかなり小さなバスでも感じることができる。

　アタリはロッドで感じとる以外にも、ラインの変化で見分けることもできる。たとえば、それまでテンションがかかっていたラインが急にたるんだり、逆に糸フケ気味だったものがピンと張ったり。こうしたラインの変化は、ワーム釣り特有のアタリであることが多い。

　バスのアタリを感じたらいよいよ合わせに入る。合わせるというのは、バスの口にしっかりとフックを掛けること。この動作をしっかりしないと、たとえバスがルアーをくわえたままの状態でも、その後のヤリトリで簡単に外れてしまうことが多々ある。

　合わせに関して大切なのは、そのタイミング。ハードルアーの場合は、ロッドにグーッと重みがかかることで判断できるから、そのときにタイミングを見て合わせればいい。

　また、ハードルアーをリトリーブしている最中にバスのアタリがあった場合、その時点で軽くフッキングされた状態になってるケースがほとんど（これを向こう合わせという）だから、アタリがあったら、ほぼ間をあけずに合わせるというのが基本である。

聞き合わせで確かめよう

　ビギナーにとって、最もやっかいなのは、ソフトルアーを使っているときの合わせのタイミング。アタリが取りづらいことが多く、そのため、どの時点でフッキングすればいいのか分からない。

　バスが付いているかどうかを確かめるには、まず、微妙な異変があったらとりあえずロッドをゆっくりと立ててみて、ラインをピンと張った状態にすることだ。この時にもしバスが掛かっていれば、ロッドティップには必ずバスの魚信が感じられるはずである（この動作を聞き合わせという）。

　さて、バスのバイトが確認できたら、いよいよ合わせに移るわけだが、バスの

ワーム釣りにおけるフッキングの方法

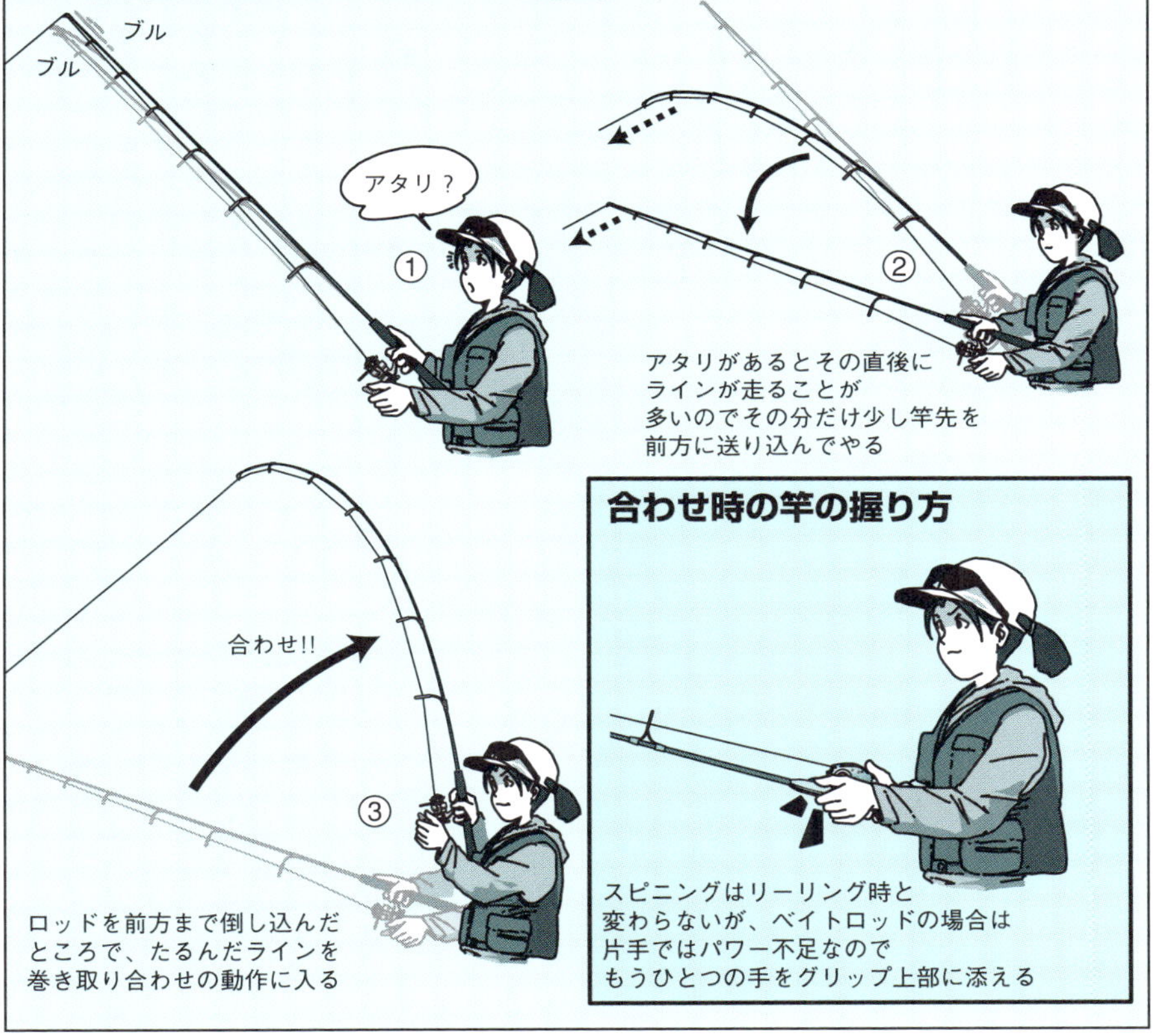
ブル
ブル
アタリ？
①
②
アタリがあるとその直後に
ラインが走ることが
多いのでその分だけ少し竿先を
前方に送り込んでやる
合わせ!!
③
ロッドを前方まで倒し込んだ
ところで、たるんだラインを
巻き取り合わせの動作に入る
合わせ時の竿の握り方
スピニングはリーリング時と
変わらないが、ベイトロッドの場合は
片手ではパワー不足なので
もうひとつの手をグリップ上部に添える

活性が低い場合、いわゆる食いが浅い場合は、送り込みという動作が必要になる。

送り込みというのは、合わせる前に十分にワームを食い込んでもらうために、ロッドを前倒ししてラインを緩めることをいう。ラインをちょっと緩めて違和感を取り去ってやるのである。

合わせは力強くが原則

合わせは、ロッドを反対側に大きくあおるようにして、力強く、しっかりとハリ掛かりさせる。ロッドの反発力を最大限に利用し、思い切り合わせなければ、バスの硬い口にフックを刺すことはできない。

しかし、ライトタックルを使用している場合は、この限りではない。ライトタックルでの合わせは、繊細に、かつ力強く、というのがの鉄則。まず、バスのバイトを感じたら、バスをロッドに乗せるような感じで、ゆっくりと大きくロッドをあおる。ここは、あくまでもバスの重みを感じながら行うのがコツとなる。

COLUMN 2

『根掛かりしたときの対処法』

バス釣りでは根掛かりはつきもの。
ベストは根掛かりしないことだが、もし根掛かりしてしまったら…

いきなり、力任せにしないこと

ボトムやストラクチャーを積極的に攻めていれば、根掛かりは当然起きるもの。キャストする場所によっては、バスが釣れるか根掛かりを起こすかしかないという場所も少なくない。

こういう所での釣りは、当然のことながらルアーの消耗も激しい。しかし、根掛かりを恐れていては、バスフィッシングはできない。なにしろ、バスは根掛かりしないような場所にいることが少ない魚なのだ。

ただ、自然環境保護の見地から言っても根掛かりは決してよいことではない。できるかぎり、根掛かりしないように釣るのが理想である。

しかし、不幸にして根掛かりを起こしてしまった場合、何らかの対処をしなければならない。この場合の最悪の対処法は、力まかせにロッドを立ててルアーを引っぱってしまうこと。これでは、フックがさらに食い込んでしまうし、最悪の場合、ロッドを折ってしまうことにもなる。

根掛かりしたら、ラインを緩め気味にして、まずはチョンチョンと竿先を揺すってみる。これで浅い根掛かりなら外れるのだが、それでもダメなら、根掛かりしている場所から左右に立ち位置をずらす。そうしておいて、もう一度ロッドを小刻みにツンツンとあおってやる。

これでもダメなら最後は力任せ。ロッドを破損しないようにラインと一直線にして真っすぐ後退する。フックが曲がって外れるか、ラインが切れるか。浅い所では外れたルアーが自分を目がけて飛んでくるかもしれないので周辺にも注意しよう。

まずはロッドティップを軽く揺すってみよう

最後はラインとロッドを一直線にしてから後退する（ラインを直接持つとケガをするので要注意）。

BASS FISHING

第4章

ルアー別アクションテクニック

年々膨大な数のバスルアーがリリースされている。
機能性に研ぎすまされた顔もあれば、すこぶる愛嬌のある顔もある。
そして、そのひとつひとつに、作者の熱い思いが込められたアクションが存在する。
できることなら、ルアーの潜在能力をフルに引き出してみようではないか。

CATEGORY 1

PENCIL BAIT

『ペンシルベイト』

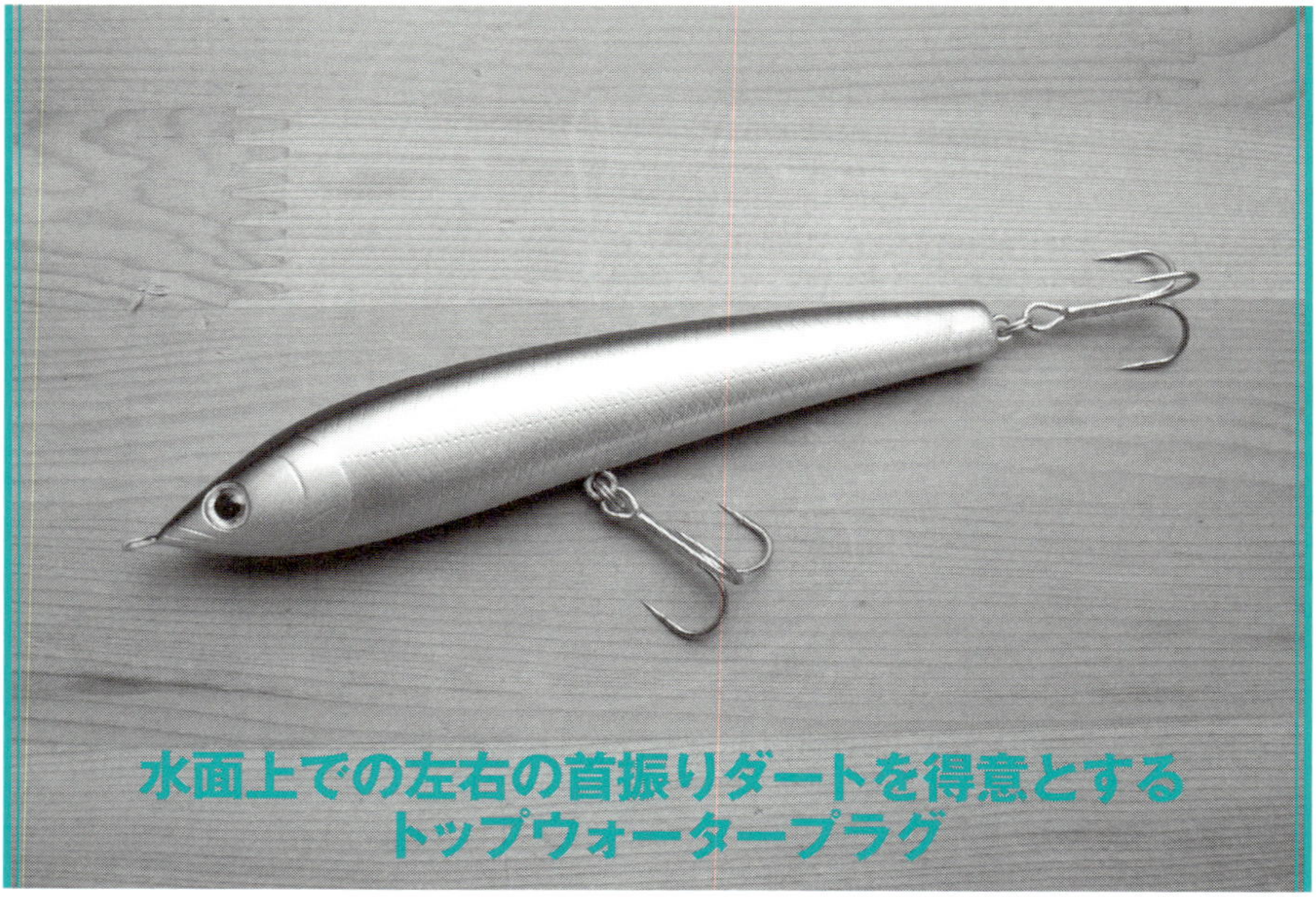

水面上での左右の首振りダートを得意とする
トップウォータープラグ

バスが水面を意識しているときに

トップウォータープラグは水面上でしかアクションさせられないから、時合が朝夕に集中するなど、条件的にはかなり制約を受けている。それでもなお、トップウォーターファンが多いのは、水面を打ち破るド派手なアタックシーンを見られるからにほかならない。

そういったトップウォータープラグの中でも、このペンシルベイトは最もバスを引きだす力に優れたルアーである。トップウォーターの醍醐味を知りたいのなら、まずはペンシルベイトからマスターすべきだろう。ポッパーのような派手な音や水しぶきを上げるでもなく、スイー、スイーと首を振りながら水面を滑り泳ぐ様はまさに小魚。水面上の小魚を最もナチュラルに演出してくれるはず。

バスの活性が高く、小魚を追って水面でライズしているようなら、まさにペンシルベイト日和。一日をトップでゆっくりと楽しめることだろう。

ペンシルベイトならトップといえどもヒット率は高い

ブッシュの陰もまたトップゲームの好ポイントのひとつ

ウォーキング・ザ・ドッグ（直立タイプ）

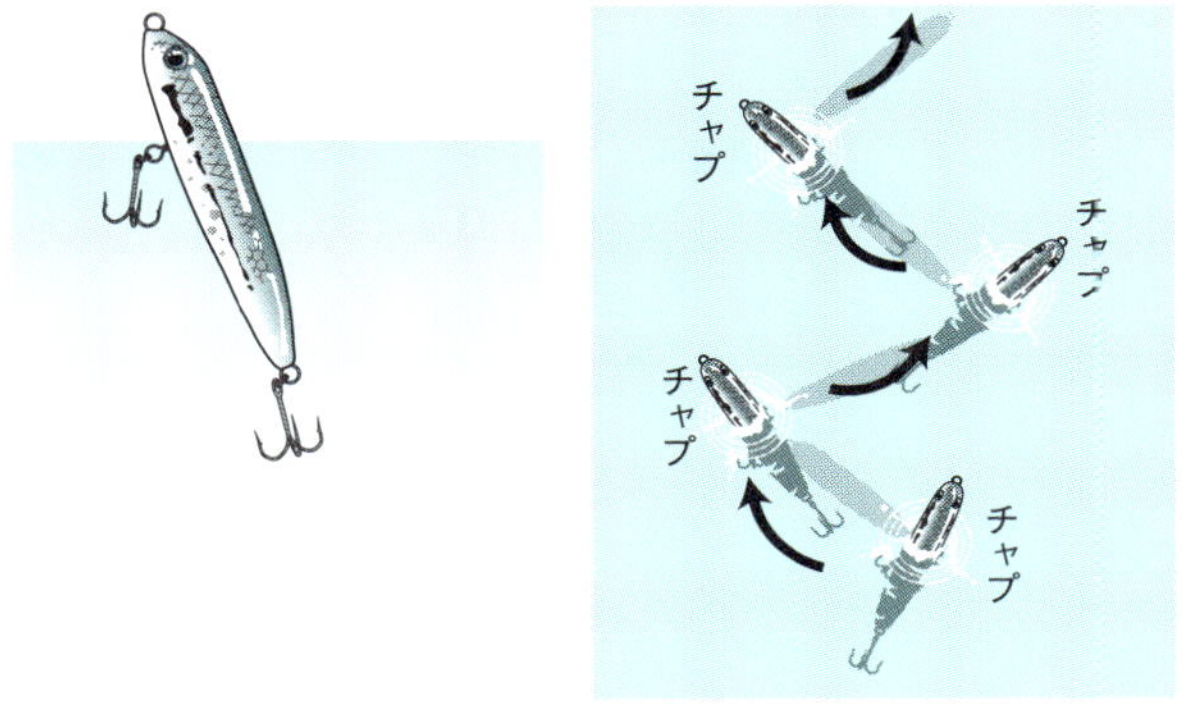

スキーイング（斜め立ちタイプ）

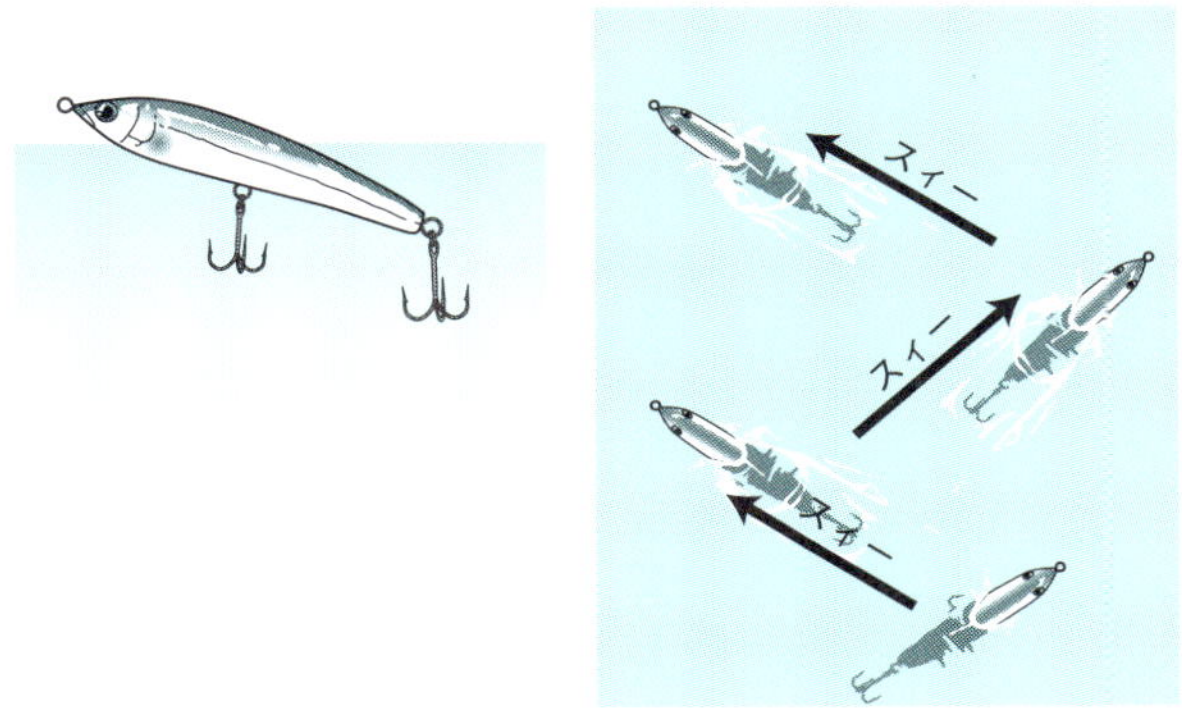

ウォーキング・ザ・ドッグとスキーイング

ペンシルベイトのアクションは大きく分けて2つある。ひとつはウォーキング・ザ・ドッグというもので、犬が散歩するとき、首を左右に振りながら歩く様をイメージしたもの。リズムは比較的ゆっくりで、トゥイッチングのようにロッドアクションのみで操作する。

ロッドをシャクって、首を振らせて、次のシャクリで反対側にも首を振らせる。これの繰り返し。時折ストップさせてバイトチャンスを作ってやることも必要だ。直立タイプのペンシルベイトが得意とする。

もうひとつのスキーイングは、斜め立ちタイプのペンシルベイトが得意とするもので、比較的早いテンポで首を振らせるアクションだ。

ロッド操作的には、連続のショートトウイッチをイメージすればよく、止めたときよりもアクション中のバイトに期待する。

CATEGORY 2

POPPER

『ポッパー』

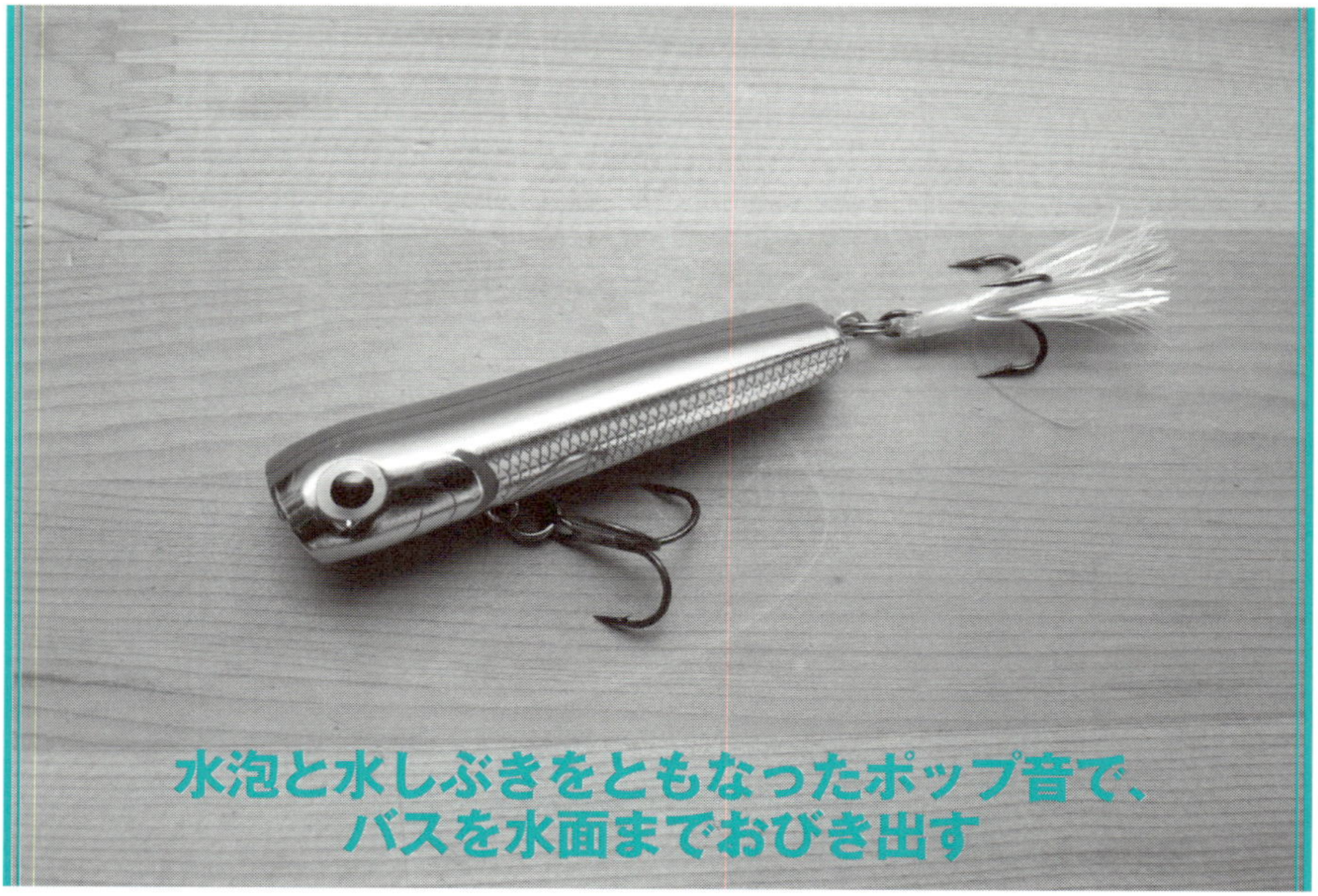

水泡と水しぶきをともなったポップ音で、バスを水面までおびき出す

ポップ音は捕食音

ポッパーを水面でアクションさせると、えぐられたマウスカップから、ポコッというポップ音が発せられる。しかも、このときには水泡や水しぶきやらもともなっており、いったいどういった生物をイミテートしてアクションさせてよいのか判断が難しい（特定する必要はないのだが）。

一般的には水面でもがくセミやバッタ、小魚などとも言われているが、それとは別に、バスの捕食音そのものを真似ているのでは、という説もある。

バスは頭のよい魚であるから、他の仲間がエサを取っていると割り込んでくる習性がある。ポップ音を捕食音と思わせることができれば、かなり強烈なアピールになるだろう。

見上げた水面に、ベイトサイズの何かが浮かんでいたら……。バスは自分もまだエサにありつけると猛然とアタックしてくるのではないだろうか。

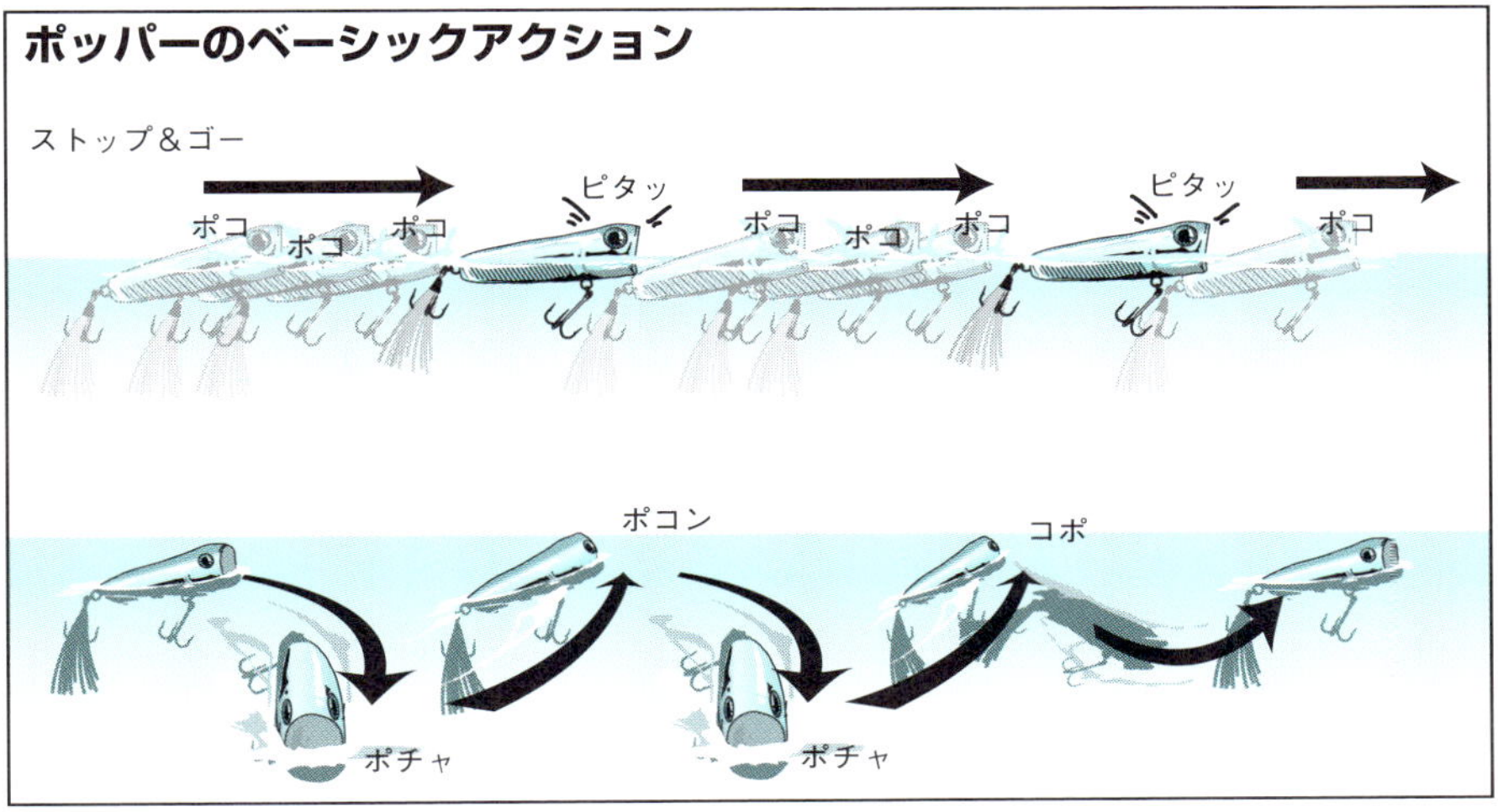
ポッパーのベーシックアクション
ストップ＆ゴー
ポコ
ポコ
ポコ
ピタッ
ポコ
ポコ
ポコ
ピタッ
ポコ
ポコン
コポ
ポチャ
ポチャ

ポッパーに反応するバスは活性が高い

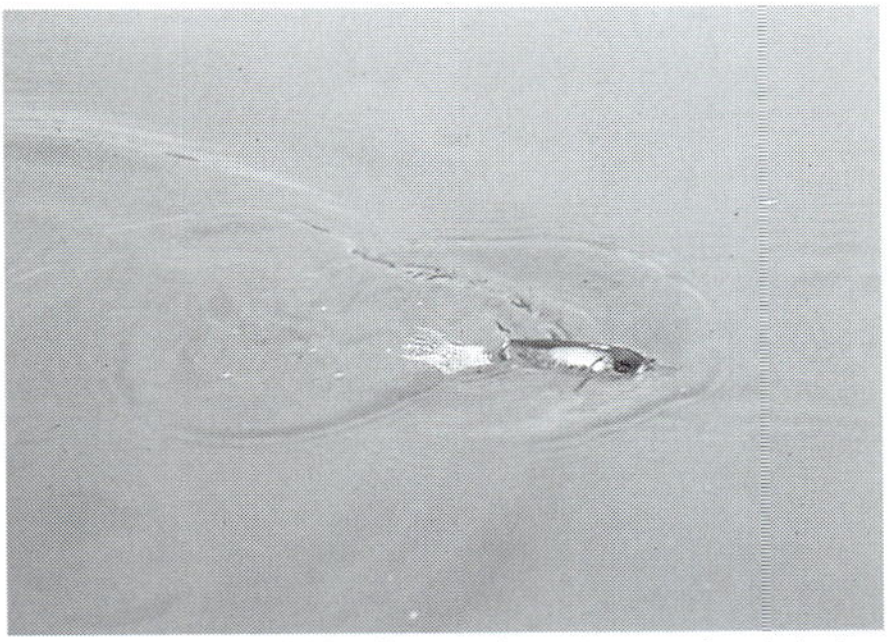
水面でどのような波紋を作るかがアクションのキーとなる

ストップの間《ま》が大事

　ポッパーを浮かべて、ロッドティップでチョンと進ませるとポコッとポップ音を出す。強く引けば強い音となるし、弱くすれば相応になる。これがポッパーの基本アクション。力加減でポップ音の強弱を使い分ける。

　次に考えるのが、ポッピングとポッピングの間《ま》。ポコッ、ポコッと続けてもよいし、ポコッと強く引いたら、水面の波紋が完全に消えるまで待ってもよい。

　バスの活性が高いときは連続のポッピングアクションで、ポーズの間も短めでよいのだが、バスが注意深かったり、活性が低い場合は、ポーズの間を長めに取ることが重要だ。

　ちなみに、一番のヒットタイミングは、着水直後のワンアクション。そもそもトップに反応するバスは、最初の着水からルアーの存在を気にしていることが多いもの。ファーストキャストは慎重に行いたい。

CATEGORY 3

NOISY

『ノイジー』

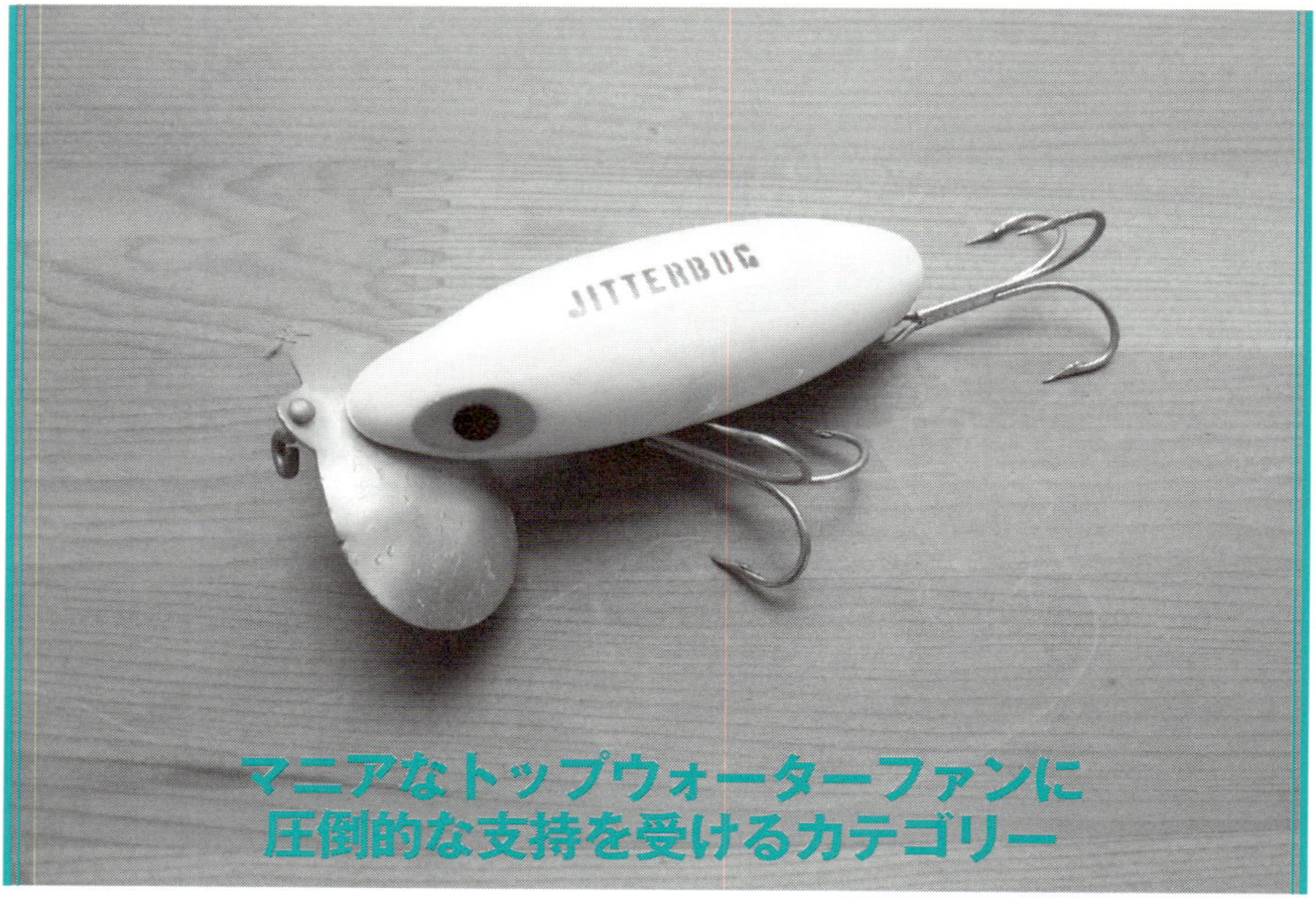

**マニアなトップウォーターファンに
圧倒的な支持を受けるカテゴリー**

バスにスイッチが入るルアー

ノイジーというカテゴリーは古くから存在していたのだが、トーナメントがブームとなっていた時期には、あまり多くは語られなかった。これは、バスを必ず釣らねばならないという部分で、他のルアーにその役目を託していたからだ。

しかし、トップウォーターのコアなファンはこのカテゴリーのルアーを決して手放すことはなかった。水面が炸裂したときの、その大きな波紋を知っているからだ。

バスはこのルアーをエサと思っていないフシがある。その激しすぎるバイトにバスの苛《いら》つきを感じてしまうのだ。

実はノイジールアーには、様ざまな形態のものがある。水をかき回すタイプのものから、ポップ音に近いタイプのものまで。ノイジールアーは、基本的にオリジナリティが強すぎるのだが、それだけに個々の主張が明確でいて使いこなしがいがあるというものだ。

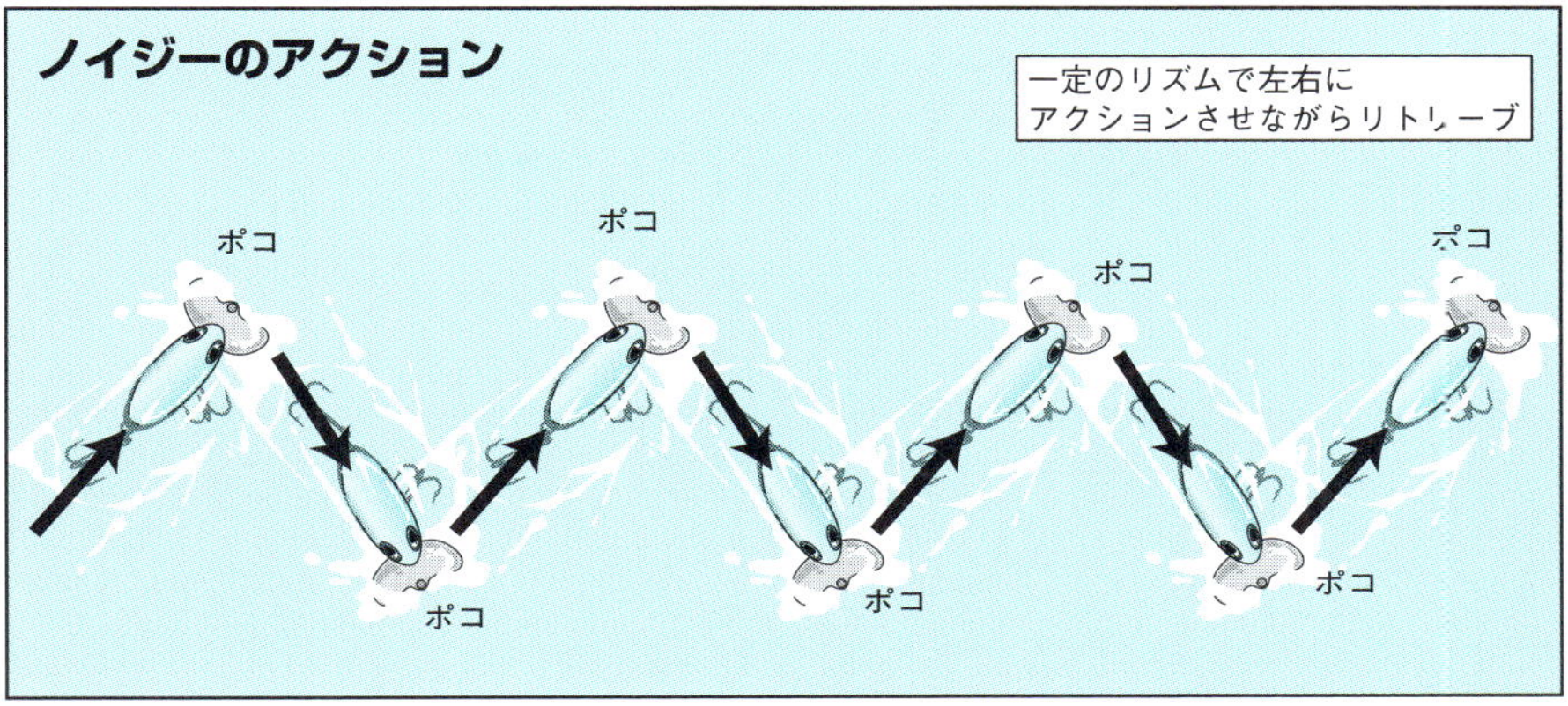
ノイジーのアクション
一定のリズムで左右に
アクションさせながらリトリーブ
ポコ
ポコ
ポコ
ポコ
ポコ
ポコ
ポコ

ジッターバグなら、きれいな三角の引き波が作れればよい

ジッターバグに並ぶノイジーの名作クレイジークロウラー

基本はストレートリトリーブ

実は個性が強いという割には使い方は非常にシンプルで簡単だ。

このカテゴリーの多くのルアーすべてをひとことで現すことはできないが、写真のジッターバグ（タイトル写真）やクレイジークロウラーなどは、基本的にストレートリトリーブが最も効果的なアクションだ。

ロッドを一定の角度に保持して、リールのハンドルのみを回すノンストップのストレートリトリーブのみ。

ロッドの角度は、カップが水をうまくつかむように、もしくはウイング（羽根）がスムーズに動くように、頃合の角度を探しだす。

しかし、この手のルアーを好きな人の多くは、あまりリトリーブアクションを好まない。それよりもピンスポットにキャストして、わずかなヒットゾーンの中で1アクション、2アクションでバイトに持ち込むのがたまらないらしい。

CATEGORY 4

DARTER

『ダーター』

水面直下でダートさせては、水面上にエスケープ。好奇心でバスを誘う

虫が水面に落ちる時期がよい

ダーターは基本的にポッパーのようなノイジーのような使い方をする。水面上で何かがもがくようなアクションをさせておいて、ピタッと止めてから広がる波紋にバイトさせるのだ。

だから、季節的には初夏から秋のころがよい。木から虫が落ちたりするときは、バスもまた水面の波紋を気にしているときだ。

このとき、ポッパーほど強くはなく、ノイジーほど移動距離を要しないダーターは、まさに玄人好みのトップウォータールアーといえるだろう。

水面に覆いかぶさるブッシュの下にルアーを送り込み、シェードの中で、身悶えするようにアクションさせてみる。ここで水面がドンッと割れたら勝負あり。フッキングしようがしまいが、キャッチできようができまいが、水面が割れた時点でかなり満足してしまう。ダーターはいわばそんなルアーなのである。

これで釣れたらサイズを問わず嬉しいものだ

水面に覆いかぶさるブッシュの下を狙いたい

ピンスポットでいかに踊らせられるか？

ダーターとはノンリップミノーやポッパーのような特徴をあわせ持ったデザインのトップウォータープラグだ。

そのため、ストレートリトリーブでは腰を振りながら泳いでくれるし、静止時からロッドをチョンとシャクると小さなポップ音を発する。

しかし、実はダーターの基本アクションはまた別にある。

ダーターは基本的に水面に浮かせておいて、ロッドの操作でクイン、クインと水面直下でダートさせるのが一般的な使い方。1〜2度腰を振らせたら、再び浮上させてやる。ダートで注意を引きつけて、浮上のときにできる水面の波紋でバイトを誘うのだ。

実はダーターというカテゴリーのルアーは、非常に釣ることの難しいカテゴリーとされている。しかし、だからこそコレで釣りたいというアングラーが多いのも事実なのである。

CATEGORY 5

SINGLE SWISHER

『シングルスイッシャー』

プロペラが発生するスイッシュサウンドや
水しぶきがバスに対してアピール

風のある日に効果的！

ルアーの前後やリアフックの付け根に、プロペラの付いたスティックベイトをスイッシャーと呼ぶ。

リーリングやロッドアクションを加えるとプロペラが回り、水しぶきを上げる。ペンシルベイトよりもアピールが強く、風で水面が多少波立っているようなときに効果的だ。

ボディの前後にプロペラがあるものをダブルスイッシャーと呼び、リアにプロペラがひとつしかないものをシングルスイッシャーと呼んでいる。

シングルスイッシャーのよさは、何といってもアクションの軽快さにある。プロペラで水しぶきを上げながらも、ペンシルベイトのごとく左右に首を振る。これはダブルスイッシャーには難しい芸当だ。

風波の強い日に、ピンスポットでしっかりアクションさせたいなら、このシングルスイッシャーがおすすめである。

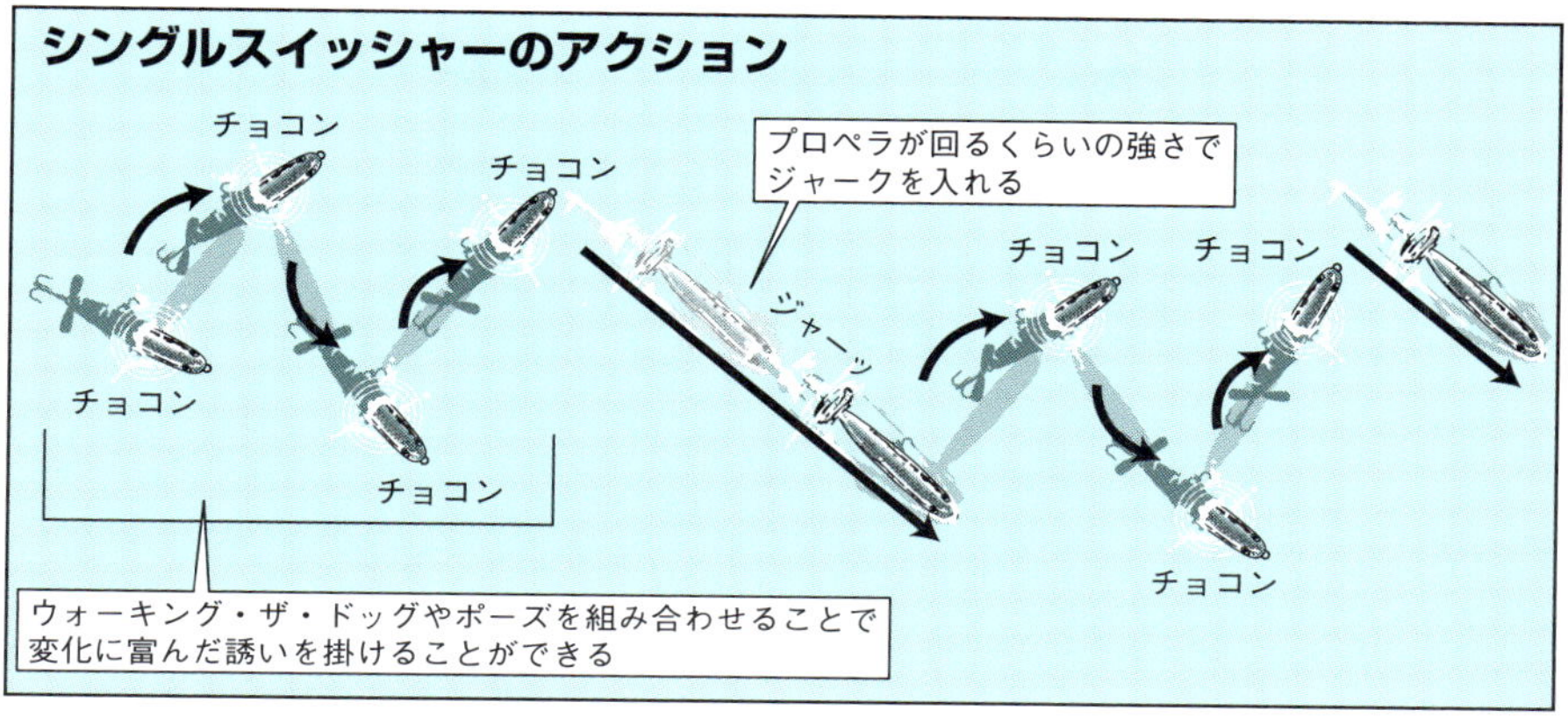
シングルスイッシャーのアクション
チョコン
チョコン
チョコン
チョコン
プロペラが回るくらいの強さで
ジャークを入れる
ジャーッ
チョコン
チョコン
チョコン
ウォーキング・ザ・ドッグやポーズを組み合わせることで
変化に富んだ誘いを掛けることができる

流れ川はスイッシャーの好ポイント。ピンスポットを丹念にチェックしていこう

小型のシングルスイッシャーならヒット率も高くなるだろう

ペンシルベイトをアクションさせる要領で

基本的にスイッシャーは、プロペラが調子よく回るスピードでリトリーブするだけでも十分効果的である。ストップ&ゴー、もしくはストレートリトリーブのみでも十分だ。

しかし、この方法でバスの反応がよくないときはアクションを加えたほうがいい。

特にシングルスイッシャーの場合は、元もとアクションパフォーマンスが高いルアーであるから、軽くプロペラが回らない程度に首を振らせたり、強くジャークしたり、ポーズを取るなど、通常のスイッシュアクション以外に、変化をつけるのも思いのままだ。

スイッシュさせることばかり考えずに、ペンシルベイトを動かす要領でアクションさせてみるといいだろう。スイッシュサウンドが二次的なアクションとしてアシストしてくれるくらいがちょうどいいのだ。

CATEGORY

6

DOUBLE SWISHER

『ダブルスイッシャー』

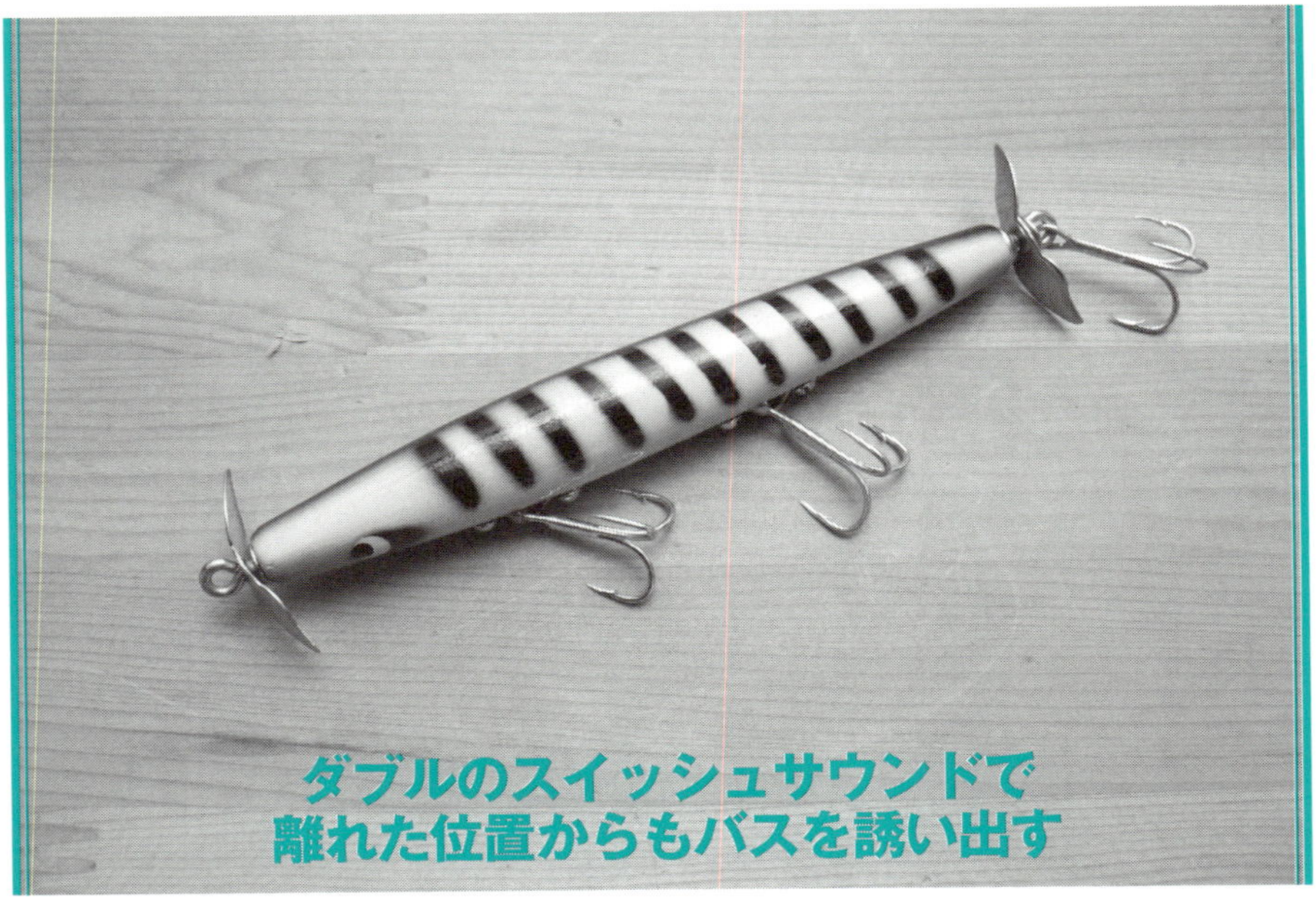

ダブルのスイッシュサウンドで
離れた位置からもバスを誘い出す

風波に負けないダブルのスイッシュサウンド

ダブルスイッシャーもまた、なかなか簡単に釣らせてくれないルアーの仲間である。

大きなボディに、これでもかというダブルのスイッシュサウンド。バスに警戒されそうな音を発しているようにも思えるが、ところが、このスイッシュサウンドは、バスは嫌いではない。

もちろん、いつでもどこでも飛びかかってくれるわけではないけれど、この音というのか振動というのか、スイッシュアクションに、ときとしてバスは異常なまでの高反応を示す。

スイッシャーが威力を発揮するのは、他のトップウォータープラグ同様、バスが水面を意識しており、かつ活性が高いときだ。特にダブルスイッシャーの場合は、水面が波立つくらいのときでも有効であり、他のルアーではまったくアピールできないときに、その威力をみせつける。

ダブルスイッシャーのアクション

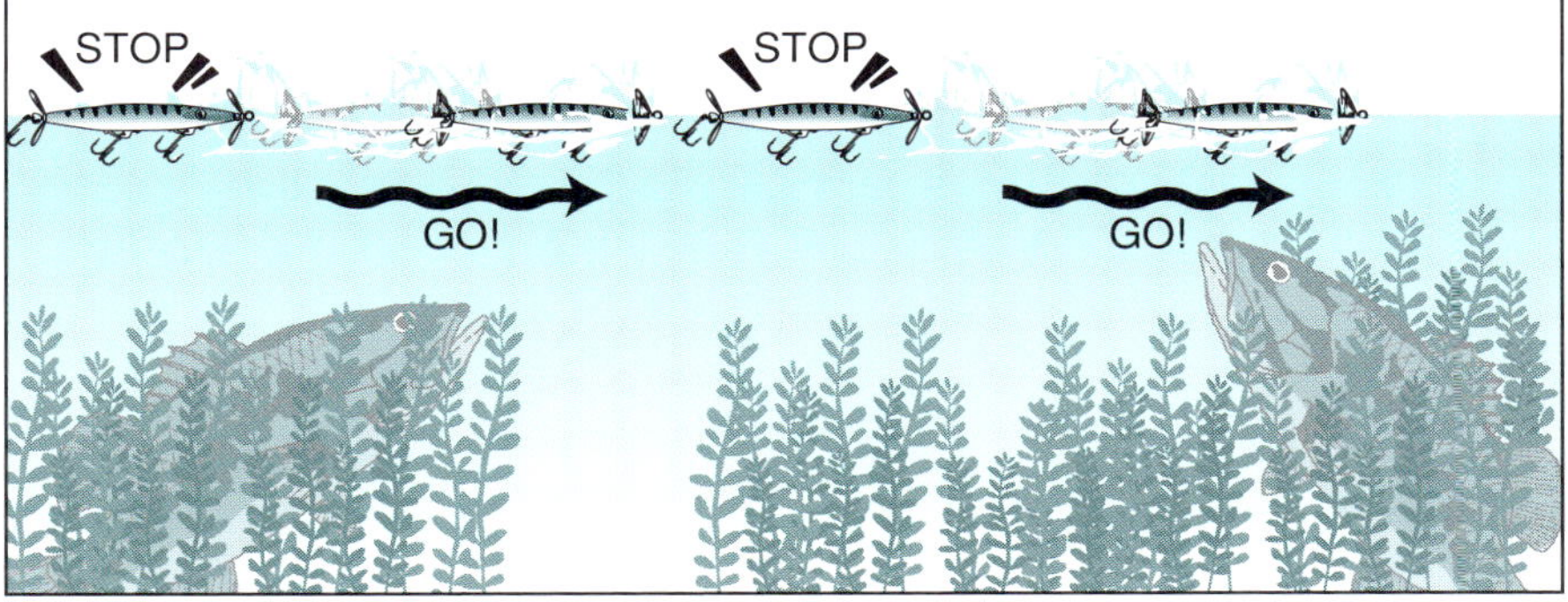

出れば大きいダブルスイッシャー

ルアーそれぞれにプロペラの大きさや形が異なる。ここがスイッシュサウンドを奏でる要

バズベイト感覚で釣ってもよいだろう

基本的にダブルスイッシャーの多くは、静止時には水面に水平の状態で浮いている。

そこから、おもむろに引きはじめてもボディを大きくくねらせることはなく、前後のプロペラが回転するのみだ。つまり、ボディそのものはスムーズに回転させるための軸であることが理解できる。

つまり、ダブルスイッシャーの多くはスイッシュサウンド以外のアクションを大きく期待してはならないのだ。

だから、基本アクションはストップ&ゴー。ジャーッと水しぶきを上げて、ストップ。ジャーッと水しぶきを上げて、ストップの繰り返し。

このストップの間《ま》でドカンと出ればベストタイミング。

もしくはバズベイトと同様に、スローリトリーブでジャージャージャーと水面を引き続けるのである。これが意外にバスが飛び出してくれるのだ。

CATEGORY 7

SINKING PENCIL

『シンキングペンシル』

物静かなハードルアー。警戒されにくいアクションがスレバスに効く

パイロットルアーとして使ってみたい

シンキングペンシルのアクションは、頭部を支点にしてユラユラとボディを揺らすだけ。決してアピールの強いアクションでもなければ、ワームのように極めてナチュラルというわけではない。

しかし、他のルアーには決して見られない弱波動系アクションが、バスを強く引きつけることがある。

例えば、強いアクションを持つルアーでは、1投目にチェイスがあっても、そのときにバイトがなければ、その後は追うことさえしなくなる。

しかし、このシンキングペンシルなら、何度も何度もバスが追ってくることがあるのだ。

これこそ、弱波動系ルアーの真骨頂。スレたバスが何度もチェイスしてくれるのである。

こういったルアーをパイロットルアーにすれば、最初に魚がいるかどうかの確認もできるだろう。

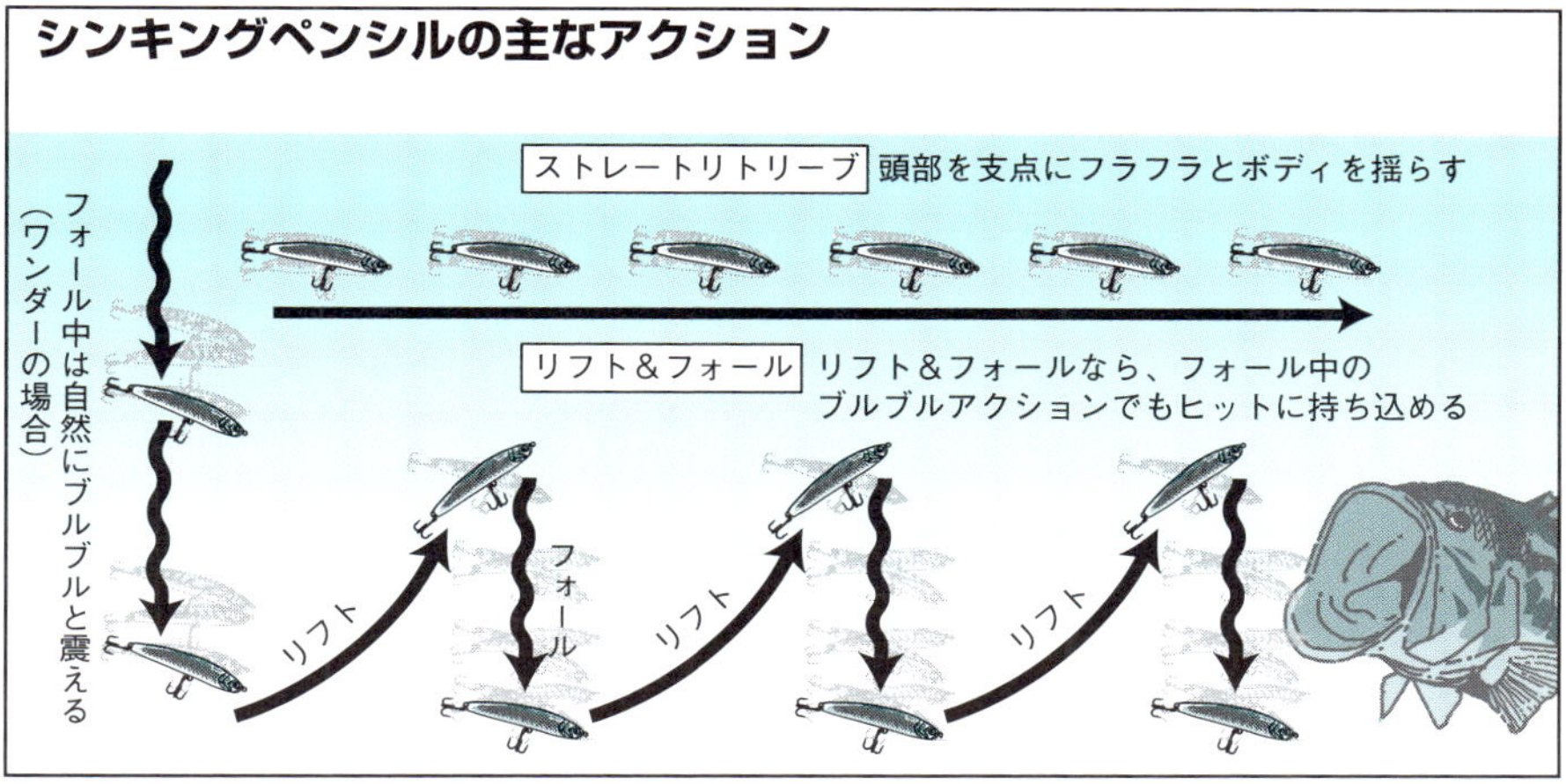
シンキングペンシルの主なアクション
ストレートリトリーブ
頭部を支点にフラフラとボディを揺らす
リフト＆フォール
リフト＆フォールなら、フォール中の
ブルブルアクションでもヒットに持ち込める
フォール中は自然にブルブルと震える
（ワンダーの場合）
リフト
フォール
リフト
リフト

透明度が高く、水深が浅い場所では弱波動系のルアーが有効だ

初めてのポイントではパイロットルアーとして使用してみたい

スローリトリーブが基本

シンキングペンシルのアクションは、スローリトリーブでこそ真価が発揮されるもの。速いスピードのリトリーブでは、このルアーの持ち味は出ない。

できるだけレンジキープを心がけ、ゆっくりとリールのハンドルを巻いてやるのだが、ルアーに引き抵抗が少ないものだから、ついついハンドルを速く回してしまうことになる。

だがしかし、ここで、しっかりスロースピードを維持することが、このルアーを扱ううえで最も重要な部分となることを肝に銘じておこう。

また、スローリトリーブ以外には、リフト&フォールも意外に効果的。写真のワンダーなどは、フォール中にブルブルと震えてくれるから、これだけでもバスを誘ってくれるのだ。

このときのリフトもリトリーブで持ち上げてもよいし、ロッドのシャクリで入れても動きにメリハリが出る。

CATEGORY

8

FLOATING MINNOW

『フローティングミノー』

ミノーは小魚の意。本物のベイトフィッシュに同化させよう

ベイトフィッシュのカラーに合わせよう

ミノープラグは、バスがエサにしている小魚を模したルアーだ。バスが小魚を追っている場合は、その小魚に似たカラーを使う。ただ、濁っている場所や反射食いを誘う場合には、金やチャートリュースなど、アピール系のカラーを使うと効果的だ。

ちなみに、ミノーには浮力の違いによる3つのタイプがあり、攻めたい水深や、バスが反応するルアーの動きに合わせて使い分ける。

着水後、リトリーブしない状態で浮くものがフローティングタイプ。沈んでいくものがシンキングタイプ。いったんリトリーブで潜らせて止めると、浮きも沈みもしないものをサスペンドタイプと呼ぶ。

基本的にミノーはリトリーブするだけで、いかにも小魚らしい動きをするようにできているが、ロッドアクションを加えるとさらによくなる。

バスが捕食しているベイトにルアーカラーを合わせることも重要だ

野池なら、ストップ&ゴーのトップウォーターテクで楽しもう

2つの基本パターン

フローティングミノーの場合は、リトリーブスピードに変化をつけるアクションが効果的である。

例えば、ステディリトリーブ。ルアー着水後、何のアクションもつけずに、一定のスピードで引いてくる。

バスの反応を見ながら、速くしたり遅くしたりするだけでヒットに持ち込める場合もある。

もうひとつの定番テクニックは、ストップ&ゴー。フローティングミノーはリトリーブすると潜るが、リトリーブを止めるとゆっくりと浮いてくる。ステディリトリーブの間に、リーリングを止めて、フラフラと浮き上がる動きを交ぜると、弱った小魚の動きを演出できる。

また、根掛かりしそうな障害物の周辺を攻めるときは、ルアーが浮くことを利用して、根掛かりしそうになったらリーリングを即ストップ。根掛かりを回避することもできる。

CATEGORY
9

DIVING MINNOW

『ダイビングミノー』

急潜行でボトムストラクチャーを直撃。
大型バスにアピールできる

ストレートリトリーブで、ボトムまで一直線

ダイビングミノーの持ち味は何といっても、ロングリップによる急潜行と、根掛かり回避率の高さ。リップが長い分だけ、フックが底に掛かりにくくなっており、ボトムにガリガリと当たっていても、意外に根掛かりしにくいものだ。これは、通常のショートリップのミノーよりも断然根掛かりには強いだろう。

こういった特徴を生かせば、ダイビングミノーはストレートリトリーブだけでも十分な武器になる。

水深が2メートルあってもミノーをボトムまで到達させられるし、ボトムでの強いアピールとフラッシングがあれば、それ以上のアクションはいらないかもしれない。

ストレートリトリーブで狙うなら、狙いのレンジでリーリングスピードを落とすこと。多くのバイトを得るには、ボトムに軽くコンタクトさせることが重要になるからだ。

ダイビングミノーのジャーキングアクション

サスペンドミノーの場合は
ジャークさせてからポーズ
ジャーク！
ストップ
ジャーク！
ストップ

足場が高かったり、水深がある所では、オカッパリでもダイビングミノーの出番はあるだろう

ストレートリトリーブならフローティングタイプが使いやすい

ジャーキングで食い渋るバスをゲット！

ストレートリトリーブ以外の主力となるアクションとしては、ジャーキングがある。

ジャーキングとは、リールをゆっくり巻きながら、一定の間隔でロッドを大きくあおり、ルアーにトリッキーな動きをさせてバスにアピールする方法だ。

これは、ウイードの上など、任意の中層で行うテクニックだが、あまりにもアピール度の高いアクションなので、食いの渋いバスを引き込む力がある一方で、逆に周辺のバスをスレさせてしまう恐れもある。

しかしながら、この釣りは早春の産卵前（プリスポーンバス）にも非常に効果的な方法で、サスペンドタイプのダイビングミノーで数かずのビッグバスが仕留められている。ジャーク直後にバスの目の前でピタリと止めてやると、これに、ビッグバスがもんどりうつようにヒットしてくれるのだ。

CATEGORY

10

SUSPEND MINNOW

『サスペンドミノー』

リトリーブを止めれば、水中で浮かず沈まず、
ピタリと止まる！

ルアーが動かないから バスが食う

サスペンドミノーとは、比重が水と同じになっており、ルアーの動きを止めるとその場に漂う性質がある。この性質は、何といってもステディリトリーブとトゥイッチングアクションにさらなるキレをもたらしてくれた。

　ステディリトリーブでブルブルブルと走らせてピタリと止める。ルアーは浮きも沈みもせずに漂っている。トウイッチングでビュンビュンとシャクって、ピタッと止める。すると、そこにミノーが漂っているのである。

　バスは勢いをつけてルアーを追いかけたものの、もしかするとジャレついていただけかもしれない。しかし、そこでルアーが目の前にジッとしていたら、バスにその気がなくても、つい口を使いたくなるではないか。サスペンドミノーは、そういった食い渋りのバスや、チェイスはするがヒットに至らないバスを狙う場合に最適のルアーといえるだろう。

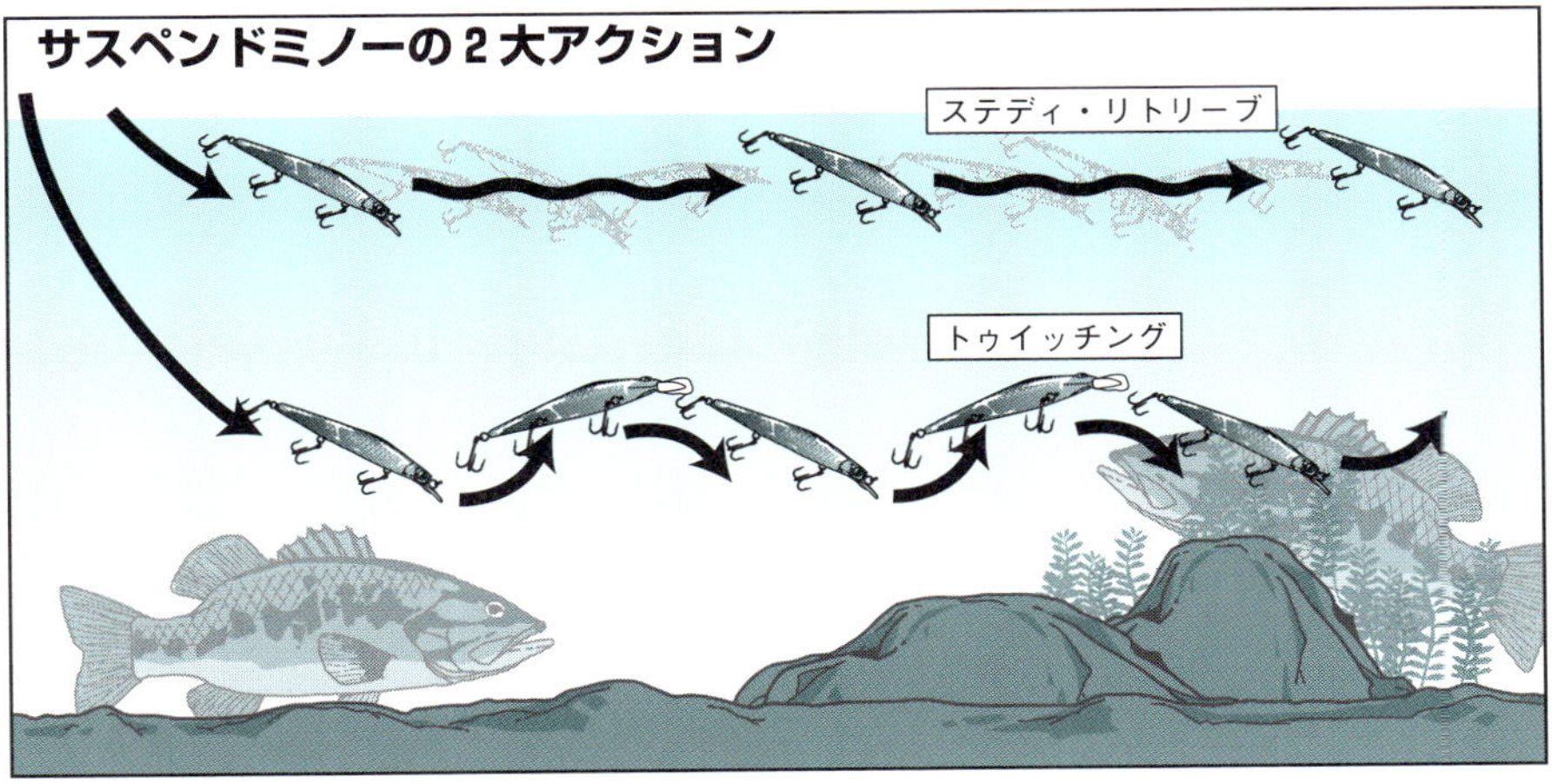

流れ川ならステディリトリーブも非常に有効なテクニックだ

サスペンドミノーなら、少々食い渋るバスさえも攻略してしまう

トゥイッチングの実際

トゥイッチングというのは、リールを巻きながらロッドの先端を10～20センチほど小刻みにあおるように動かして、ルアーが不規則に泳ぐようにするミノーの代表的なテクニックだ。

ルアーに上下左右の不規則な動きを与えることによって、息も絶え絶えのベイトフィッシュを演出するのである。バスは、基本的に弱っているベイトフィッシュから捕食する。その弱り切ったベイトフィッシュのヨタヨタ感をトゥイッチングで表現するわけだ。

ただ、注意したいのは、バスの食いが渋っているときほど、ポーズの時間を長めにとるということ。時間にして30秒以上待つこともある。アタリの出方は、ラインが「ツツツッ」と動くだけのこともある。このような状況下では、ラインにたるみがあるとアタリが伝わらないから、常にラインのたるみは取るようにしておきたい。

CATEGORY 11

SHAD

『シャッド』

一撃必釣のスモールルアー、シャッド。扁平な小魚という意味だ

パイロットルアーとしても秀逸だ

近年、主流となっているシャッドは、全長5〜7センチサイズのスモールタイプのものだ。タイプ別には、フローティングとサスペンドの2種類がある。

いずれのタイプもリザーバー、野池、河川などあらゆるフィールドで活躍するルアーであり、四季を通じて使用することができる。

シャッドの主なアクションは、小刻みに震えるウォブリング（腰を振る動き）。ステディリトリーブでの規則正しいウォブリングが持ち味で、広範囲をスピーディーにチェック。パイロットルアーとしての役目を果たす。

パイロットルアーとは偵察用ルアーという意味で、バスの居場所を即座に見つけられる決定力の高さが求められる。その点、シャッドならサイズ、アクションともにうってつけであり、これでバイトがなければ、そこにはバスがいないと判断してもよいだろう。

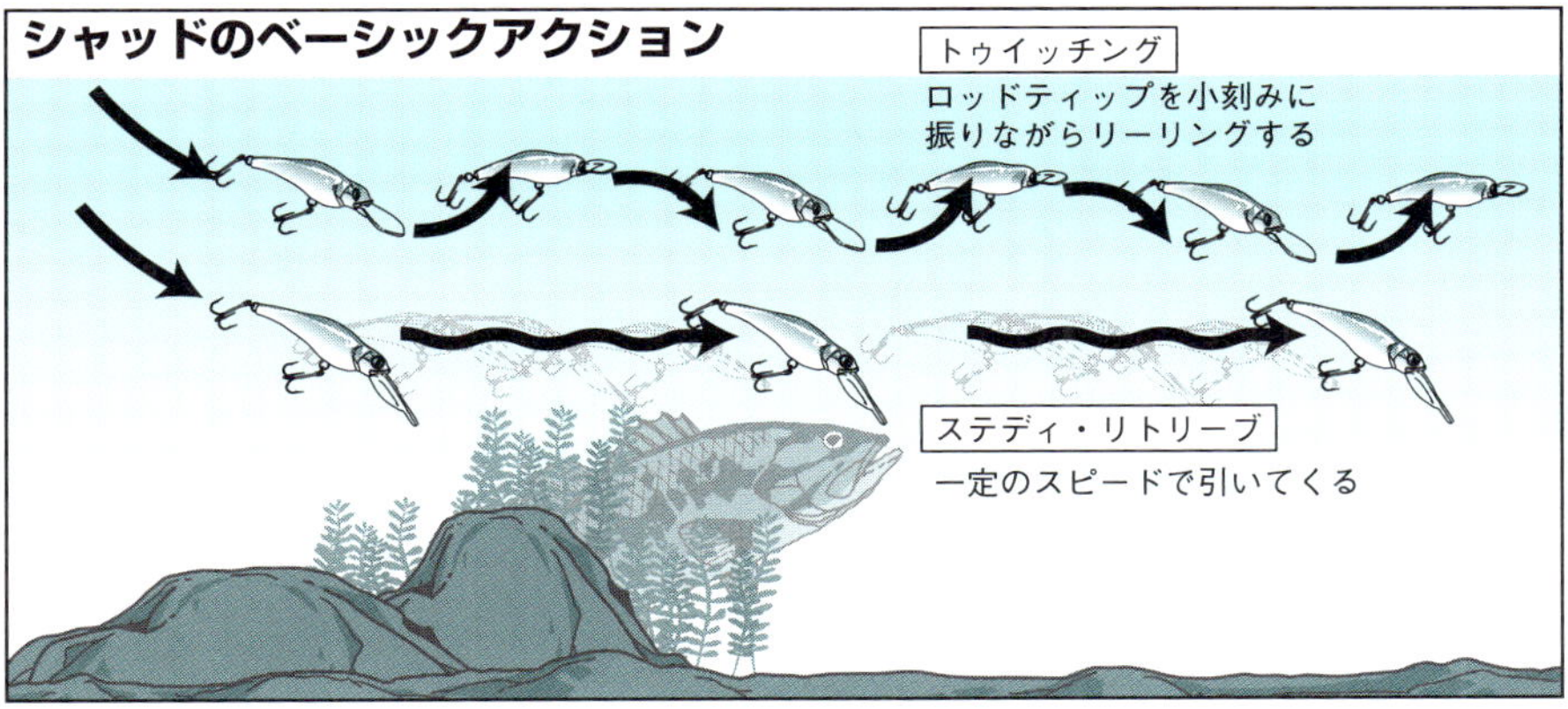
シャッドのベーシックアクション
トゥイッチング
ロッドティップを小刻みに
振りながらリーリングする
ステディ・リトリーブ
一定のスピードで引いてくる

スモールシャッドは野池でも十分に活躍してくれることだろう

早春のシャローエリアはサスペンドシャッドが決め手となるだろう

サスペンドタイプは早春の切り札

また、シャッドのもうひとつの得意とするアクションはトゥイッチングによるイレギュラーダート。

通常のステディリトリーブにおいても、トゥイッチングを挟むことによって、メリハリのあるダートアクションを交えることが可能となり、ギラッギラッと視覚的にも激しくアピールしてくれる。

また、サスペンドシャッドによるトゥイッチングは、早春のプリスポーン（産卵前）バスに非常に効果的で、ワームでアタリが出ないようなときでさえ、コンスタントにバイトを引き出してくれるのだ。

これは、抱卵中のメスのバスが卵を守ろうという習性から、威嚇するためにルアーにアタックしてくると言われており、食欲に訴えるワームでアタリがなくても、シャッドを外敵と思わせることができれば、食欲がないバスからでもアタリを引き出せるのだ。

CATEGORY

12

SHALLOW CRANK

『シャロークランク』

潜行深度が浅く、オカッパリでも使いやすいクランキングの入門ルアー

レンジを考えルアーをセレクト

　クランクベイトというのは、その構造上、アングラーが故意にアクションを加えなくても、リトリーブするだけで狙いたいレンジに到達し、バスを誘うような動きをしてくれる。

　だから、ロッドアクションなどのテクニックよりも、その日のバスのコンディションに合わせたルアーセレクトこそが、一番のポイントとなってくる。

　ひとくちにクランクベイトといっても、ボディの形状やリップの形、あるいは材質の違いなどによって、ずいぶん性格が変わってくる。

　大切なのは、そのクランクベイトが、どの層をカバーできるかということを、はっきりと知っておくこと。バスはちょっとでも違うレンジを泳いでいるルアーに反応しないこともある。

　できれば、同じクランクベイトをレンジ別にそろえ、状況に応じて細かく使い分けたい。

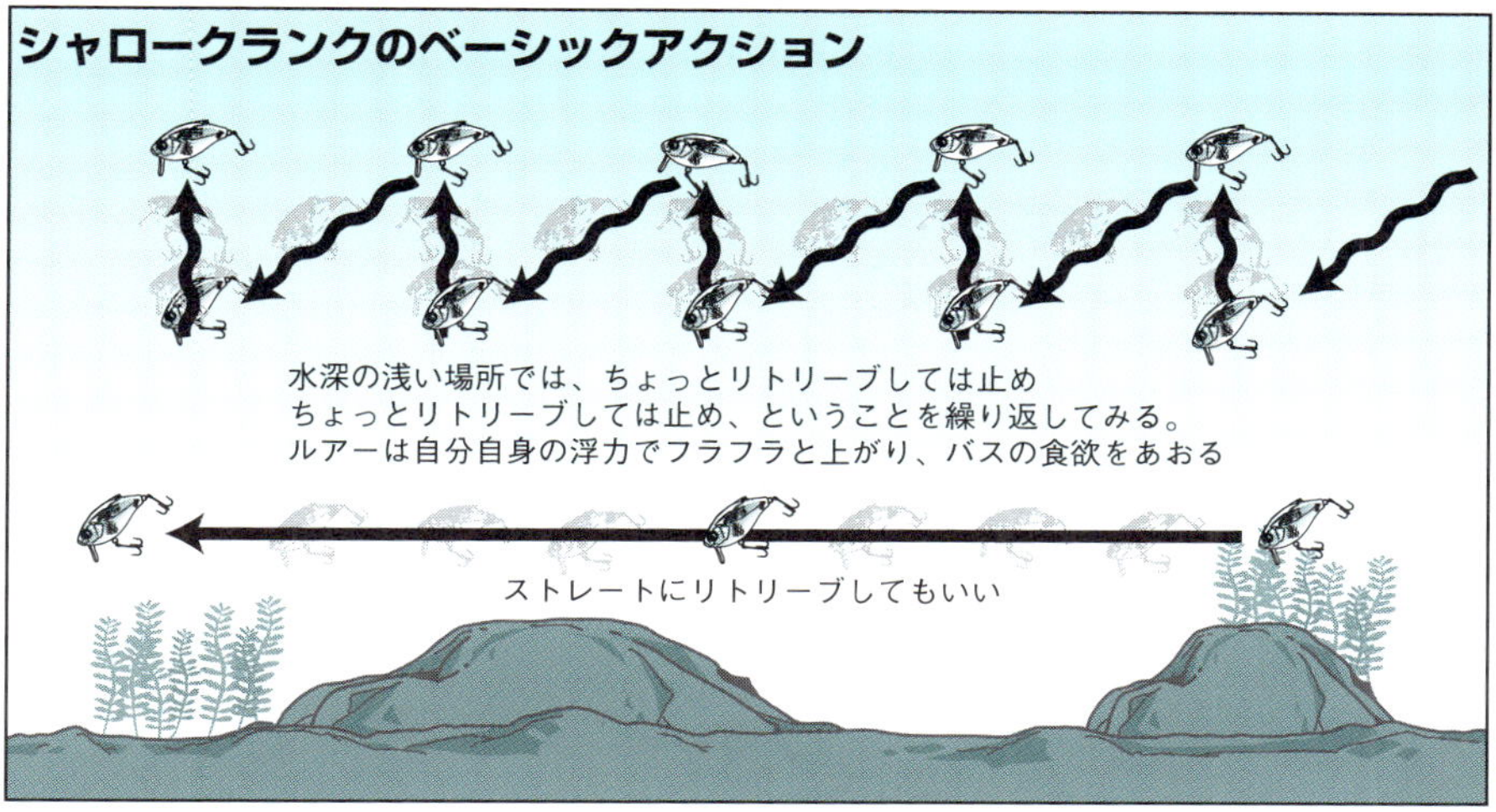
シャロークランクのベーシックアクション
水深の浅い場所では、ちょっとリトリーブしては止め
ちょっとリトリーブしては止め、ということを繰り返してみる。
ルアーは自分自身の浮力でフラフラと上がり、バスの食欲をあおる
ストレートにリトリーブしてもいい

春、シャローでグッドサイズが姿を見せる

シャロークランクはオカッパリの強い味方だ

根掛かりが多いエリアでも大丈夫

先に述べたように、クランクベイトは潜行深度別に分けただけでも非常に多くの種類がある。中には水深3メートル以上も潜るタイプのものがあるが、実際にオカッパリで出番はあるかと考えると、ほとんどない。

オカッパリなら、シャロークランクを中心にそろえればいいだろう。一般的にシャロークランクと呼ばれるものは、リトリーブすると水面直下〜水深1.5メートルあたりまで潜るタイプ。クランクベイトは浮力が強いから、ボトムストラクチャーにコンタクトしたときにリーリングを止めると根掛かりを回避して浮き上がる。

主なアクションはステディリトリーブとストップ&ゴー。基本はステディリトリーブだが、ボトムストラクチャーが接近している所では、ストップ&ゴーによる、潜らせて、浮かせてを繰り返すジグザグアクションもおもしろい。

CATEGORY 13

DEEP CRANK

『ディープクランク』

根掛かり少ないディープクランクで
ボトムをトレースしてみよう

ミディアムディープがシャローに効くぞ

ひとことでディープクランクと言っても、水深1.5～2.5メートルまで潜るミディアムディープのものから、水深4メートル以上も潜る通常のディープと呼ばれるものがある。

オカッパリでは、シャロークランクの次に出番があるのがミディアムディープクランクだ。水深2メートル前後まで潜るクランクベイトというのは意外に使いやすい設定であり、水深の浅い野池などでは楽にボトムをトレースすることができる。

もちろん、クランクベイトは中層のリトリーブ用ルアーであるから、立ち枯れ木など、中層のストラクチャーにコンタクトさせてもよいし、コンタクトさせなくてもよい。

とにかく、クランクベイトを使いこなすには、個々のルアーがもつ潜行深度をしっかりと把握しておくことが大切である。

ドン深ポイントではディープクランクの出番となる

ミディアムディープなら、あらゆるフィールドで活躍してくれることだろう

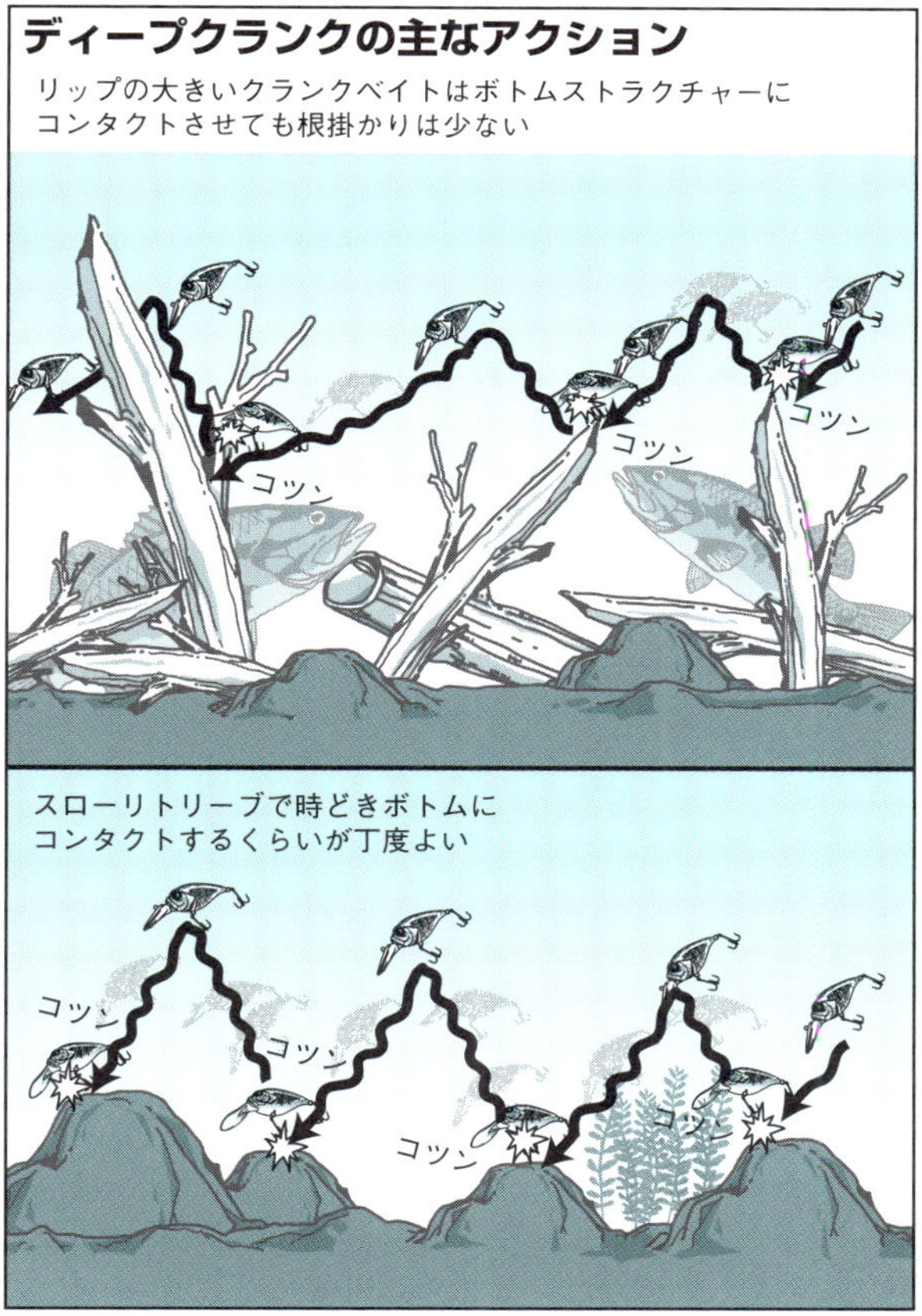
ディープクランクの主なアクション
リップの大きいクランクベイトはボトムストラクチャーにコンタクトさせても根掛かりは少ない
コツン
コツン
コツン
スローリトリーブで時どきボトムにコンタクトするくらいが丁度よい
コツン
コツン
コツン
コツン

ステディリトリーブが基本

クランクベイトというのは、通常、一定のスピードでリトリーブするだけでよいルアー。テクニック的に難しいところはなにもない。とはいうものの、ただやみくもにルアーをキャストしても、バスは釣れない。基本はやはりストラクチャー狙いだ。橋脚や立ち木などの縦型ストラクチャーは、中層リトリーブで狙う場合の絶対的好ポイント。

また、ボトムスレスレを狙う場合でも、できればボトムストラクチャーが豊富なエリアを狙うこと。このとき、水深より深く潜るタイプのクランクベイトをチョイスし、リップをコツコツと当てながらリトリーブする。多少余裕をもって潜るルアーをチョイスしておくと、スローに引いてもボトムをトレースし続けることができるだろう。

なお、バスの活性が高いときには、リトリーブのスピードを速めに、逆に活性が低い場合は遅めにするとよい。

CATEGORY

14

VIBRATION

『バイブレーション』

遠投性能に優れており、
小刻みな振動とフラッシングでバスを誘う

ラトルサウンドが強烈アピール

バイブレーションプラグは、リトリーブするとヘッドの上面で水の抵抗を受け、ボディを小刻みに激しく揺らしながら泳ぐ。

シンキング、サスペンド、フローティングの3タイプがあり、さらに、それぞれ音を出す玉（ラトル）を内蔵したサウンドタイプと音の出ないサイレントタイプがある。最近ではラトルの素材にもいくつかの種類があり、ブラス（真鍮）を使ったものも発売されている。

ブラスはテキサスリグ用のシンカーとしても使われ、乾いた独特の音がバスによくアピールすると言われている。ラトルサウンドはかなり離れた所にいるバスも引きつけるほどのアピール力があり、バスの活性が高いと次つぎにヒットしてくる場合もある。

ただし、バスがスレてしまっている場合には、サイレントタイプを使ったほうがヒットする可能性がある。

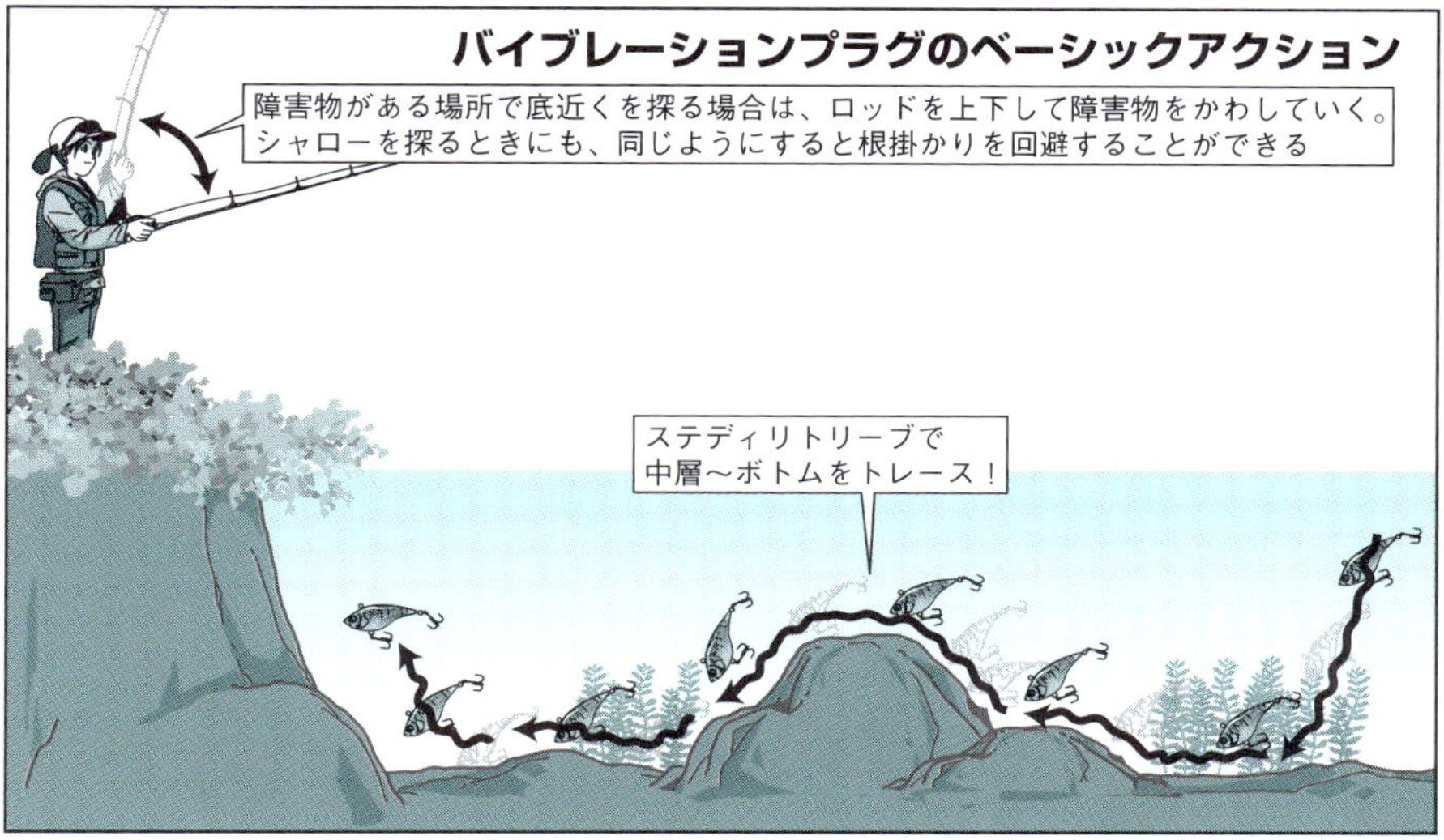
バイブレーションプラグのベーシックアクション
障害物がある場所で底近くを探る場合は、ロッドを上下して障害物をかわしていく。シャローを探るときにも、同じようにすると根掛かりを回避することができる
ステディリトリーブで中層〜ボトムをトレース！

バイブレーションは活性の高いバスに非常に効果的なルアーだ

小型のメタルバイブは冬の必殺ルアーとして人気が高い

タイプ別に使い分けてみよう

●シンキングタイプ

リトリーブスピードを変えることで、表層から底近くまでを探ることができる。リトリーブを遅くすると底近く、ややゆっくりめで中層、速くすると表層を探れる。また、重量があるため飛距離が出せて、多少の向かい風でもキャストすることができる。

●サスペンドタイプ

シンキングタイプより軽いため、飛距離や探れる深度はシンキングタイプより落ちるが、リーリングを止めるとサスペンドさせることができる。ミノー的にトウイッチングやストップ&ゴーなど変化のある動きで誘うこともできる。

●フローティングタイプ

シンキングタイプでは探れないようなシャローエリアで威力を発揮する。水深50センチほどしかない浅場にあるアシや杭、ウイードのすぐ上を通すときに効果的だ。

CATEGORY

15

FROG

『フロッグ』

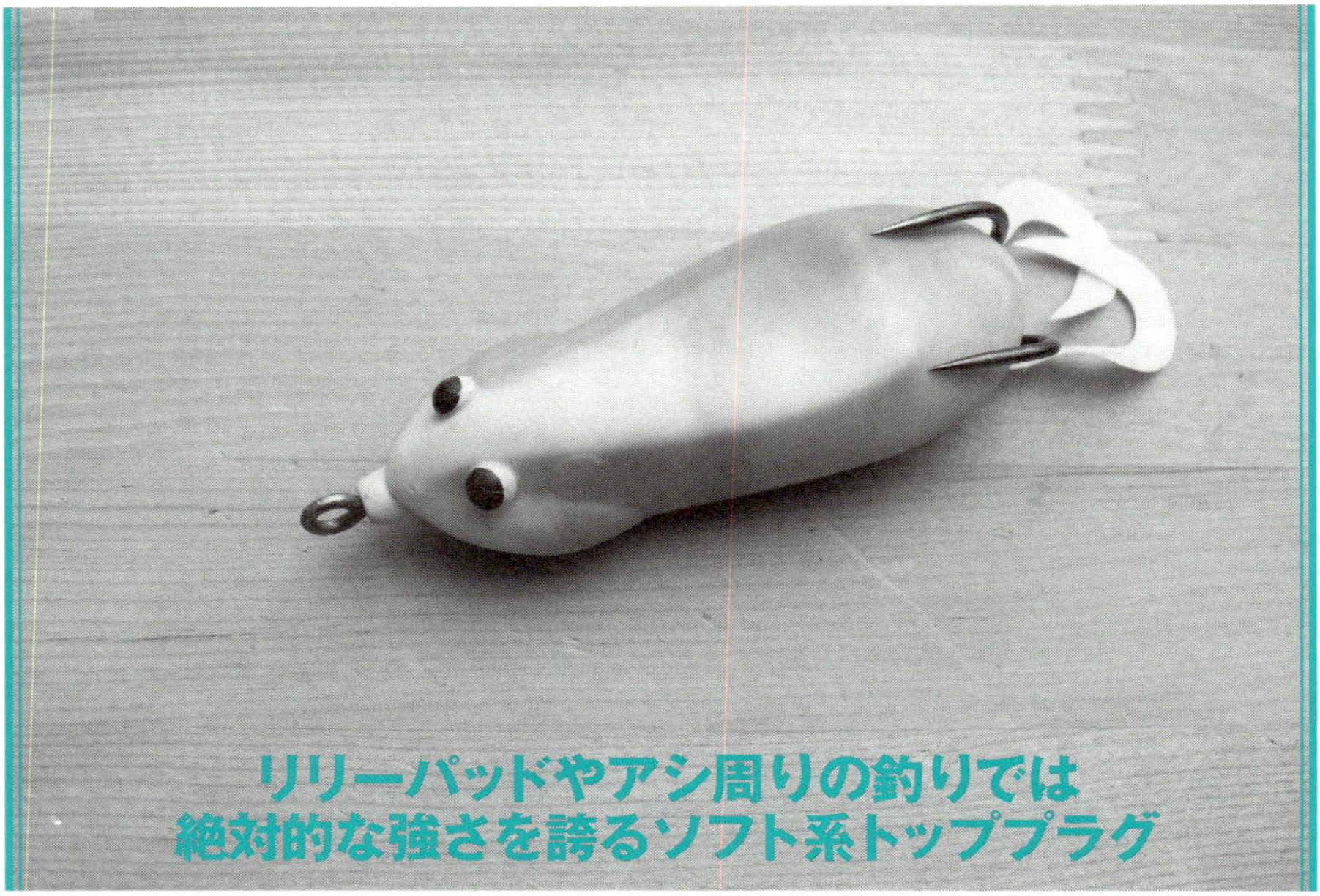

リリーパッドやアシ周りの釣りでは
絶対的な強さを誇るソフト系トッププラグ

フロッグは意外に（？）釣れるルアーである

フロッグは、ソフトマテリアルを用いたトップウォータープラグである。まさにカエルのイミテーションルアーとして、リリーパッドやウイードベッドで使用する。

ただ、実際のところ、フロッグを使っている人は非常に少ないだろう。フロッグを持っている人でも、普段はタックルボックスの片隅に追いやってはいないだろうか。

しかし、夏の盛りにリリーパッドで釣りをすることがあったら、ぜひトップウォーターで使ってみてほしい。

こういったポイントにはランカーバスが潜んでいることが多いもの。それにもかかわらず、釣り辛さが幸いして狙う人はごくわずか。

プレッシャーのかかっていないビッグバスが、浮き草の間からガバッと飛び出す迫力は、リリーパッドのフロッグゲームならではのものがある。

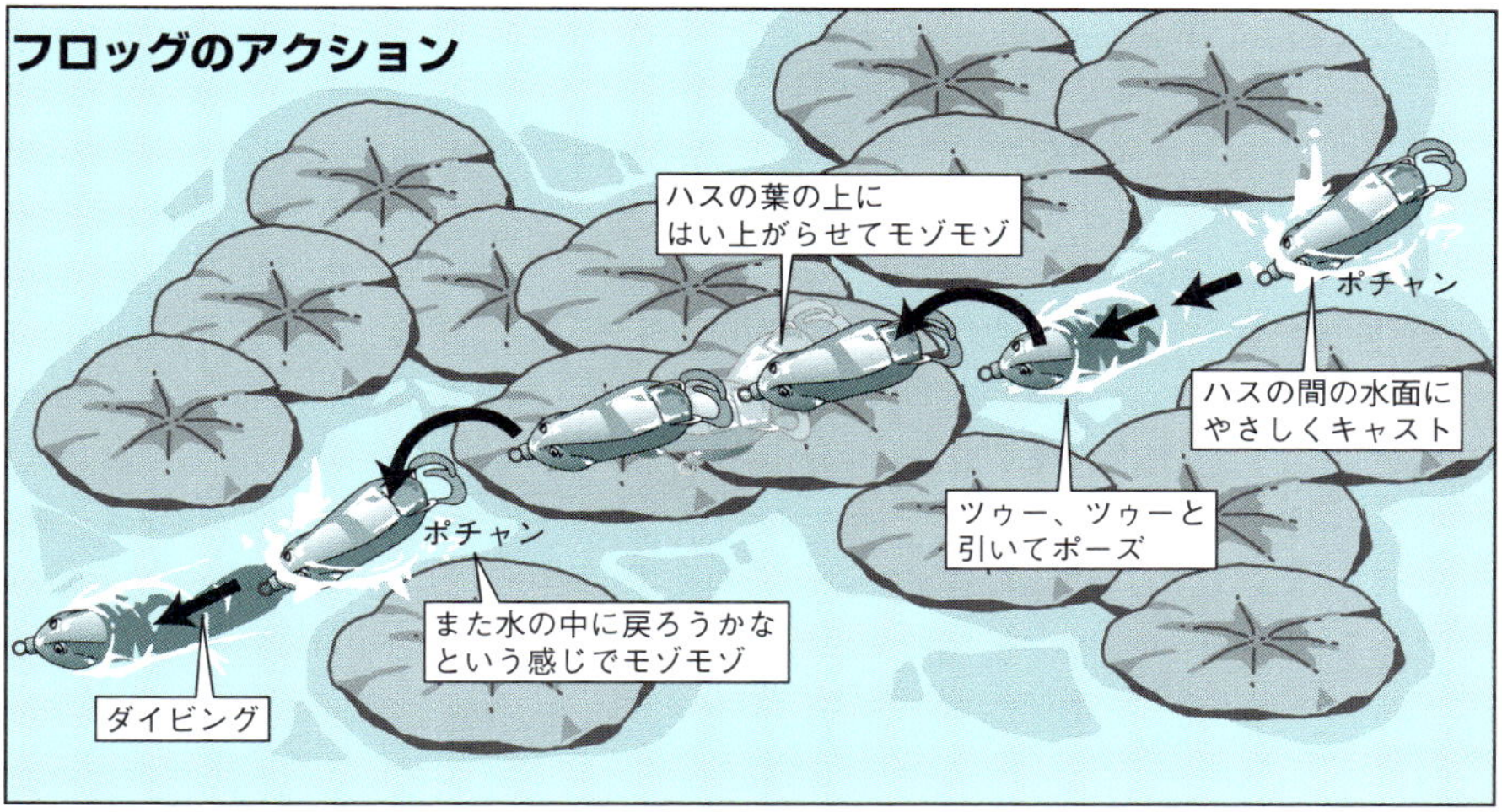
フロッグのアクション
ハスの葉の上に
はい上がらせてモゾモゾ
ポチャン
ハスの間の水面に
やさしくキャスト
ツゥー、ツゥーと
引いてポーズ
ポチャン
また水の中に戻ろうかな
という感じでモゾモゾ
ダイビング

アシとハスの葉が混生している所なども、フロッグの好ポイントだ

フロッグの色いろ。マウスも同じ要領で使用する

フロッグは、リリーパッドを積極的に攻めるルアーだ

フロッグは非常に根掛かりしにくい構造になっている。

それは、リリーパッドにルアーを掛けたら、なかなか外れないばかりか、ポイントを潰しかねないからである。そのため、ウイードレス性能をとことんまで追求しているのだ。

基本的にダブルフックやシングルフックを上向きにセットしてあり、ハリ先をボディに沿わせているので、魚が口の中に入れない限りはハリが立たなくなっている。密生したリリーパッドの中でもストレスなく引いてくることができるのだ。

アクションはストップ&ゴー、もしくはシェイキング。葉の上や隙間にルアーを通し、ときにスーッと泳がせ、ときに葉の上で身悶えさせてみる。

ここぞというポイントでは、一度水中にフロッグを落とし、食わせるタイミングを作ってやるのもよいだろう。

CATEGORY

16

BUZZ BAIT

『バズベイト』

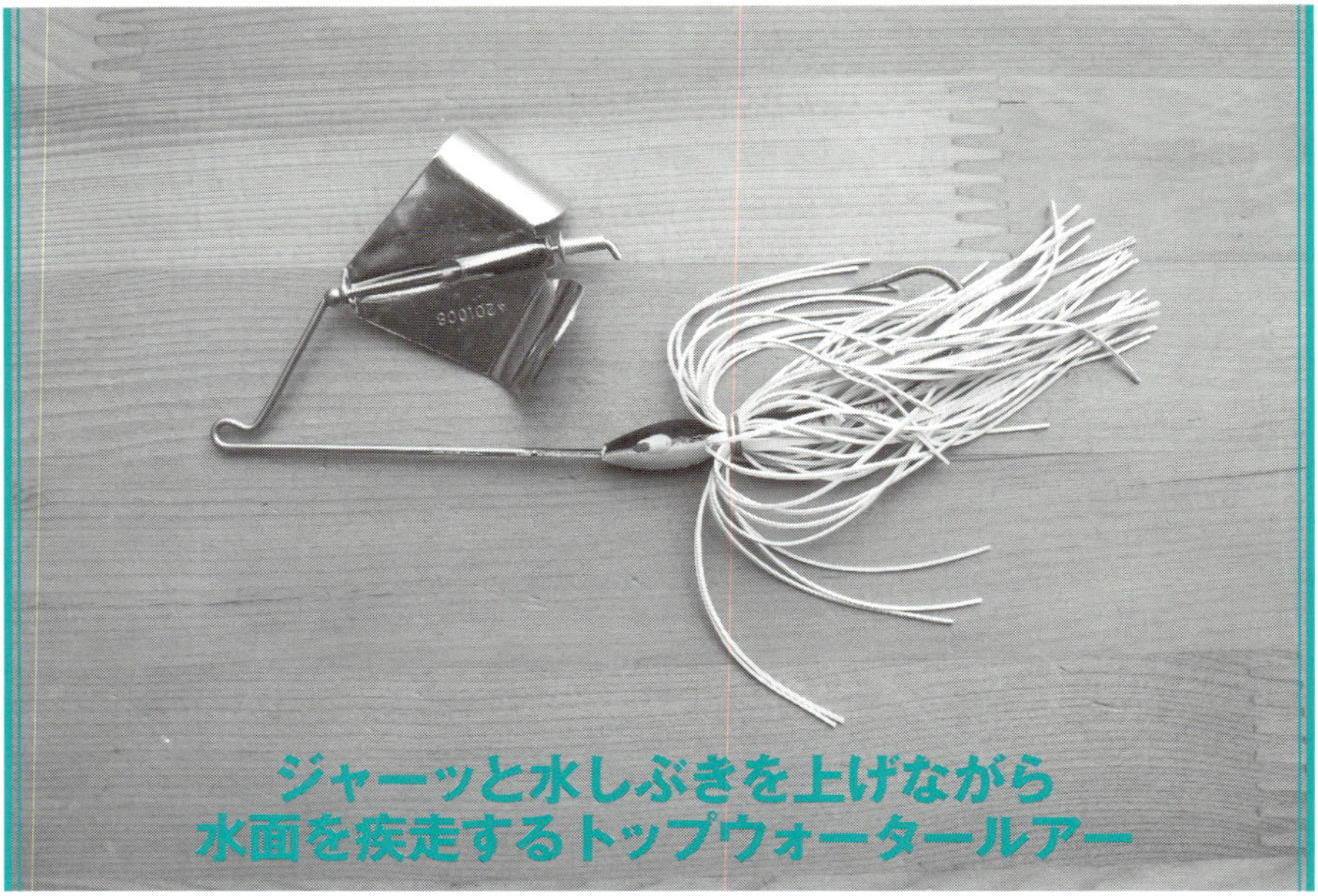

ジャーッと水しぶきを上げながら
水面を疾走するトップウォータールアー

活性の高いバスを強力に引き寄せる

スピナーベイトから発展して生まれたバズベイトは、プロペラの回転で大きな音と、水しぶきを上げるトップウォータールアーだ。

使えるシーズンは初夏から晩秋までと長く、釣り方もごく簡単。投げて巻くだけなので手返しも早く、シャローエリアに散らばっているバスをテンポよく探ることができる。

回転翼には2枚、3枚、4枚のタイプがある。数が多いほどリーリング後の立ち上がりがよく、滑らかに回転する。

逆に回転翼が少ないものは、やや立ち上がりは遅いが、派手な水しぶきと大きな音を立てて、バスに強力にアピールする。

主なポイントは、ストラクチャーに隣接したオープンウォーター。ストラクチャーに着いているバスをイメージできたら、そのバスを苛《いら》つかせるように、静かな水面を激しくかき回すのだ。

バズベイトのベーシックアクション
ストラクチャーの
向こう側にキャスト
あとは一定のスピードで
リーリング
着水後はすぐに
リーリングを開始
キャストは
できるだけ静かに

活性の高いバスなら第1投からアタックが見られることだろう

4インチグラブをトレーラーとしてセットしたところ

一定速度のリトリーブが最強だ

バズベイトの使い方はいたって簡単で、回転翼が回転する最低限のスピードで水面上を引いてくるだけでよい。

キャスト後は、着水寸前に必ずサミングして、ムダなラインが出ないようにしておくことが重要だ。着水したらすぐにリトリーブを開始して、ルアーが水面下に沈まないように素早く回転翼を回転させるのがコツである。

リトリーブ中は一定の速度で巻き続ければよく、あまり、スピード変化や水しぶきに強弱はつけないほうがよい。

また、アタリに関しては、バズベイトの場合もトップウォータープラグと同様に、バスはガバッとアタックしてくるので、決して早合わせすることなく、手元にグンッと重みを感じてから合わせるとよい。

なお、バズベイトが沈みにくいように、ボリュームのあるグラブなどをトレーラーとしてセットする人も多い。

CATEGORY 17

SPINNER BAIT

『スピナーベイト』

障害物回避能力を生かして、
ストラクチャーを超タイトに狙ってみよう

シャローからディープまで

初めて釣りをする人が見ると、「なんだこれは？」と思う形状をしているが、しばらくバスフィッシングを続けるうちに、スピナーベイトの存在意義が理解できるようになる。

バスを釣るために開発されたといわれるスピナーベイトは、他のルアーにはない障害物回避能力を備えている。立ち木、倒木、アシやウイードの中でも根掛かりすることなくリトリーブできるスグレモノだ。そのうえ、速く引いても、遅く引いても、フォーリングでもバスを誘うことができる。ほとんどのポイントで、バスの活性に合わせた動きができ、万能ともいえる性能がある。

ブレードが1枚のものは抵抗が小さく、リトリーブしても浮き上がりにくいので底近くを探りやすい。ブレードが2枚のものは引き抵抗が大きく、リトリーブすると浮き上がりやすいので、シャローを探るのに適している。

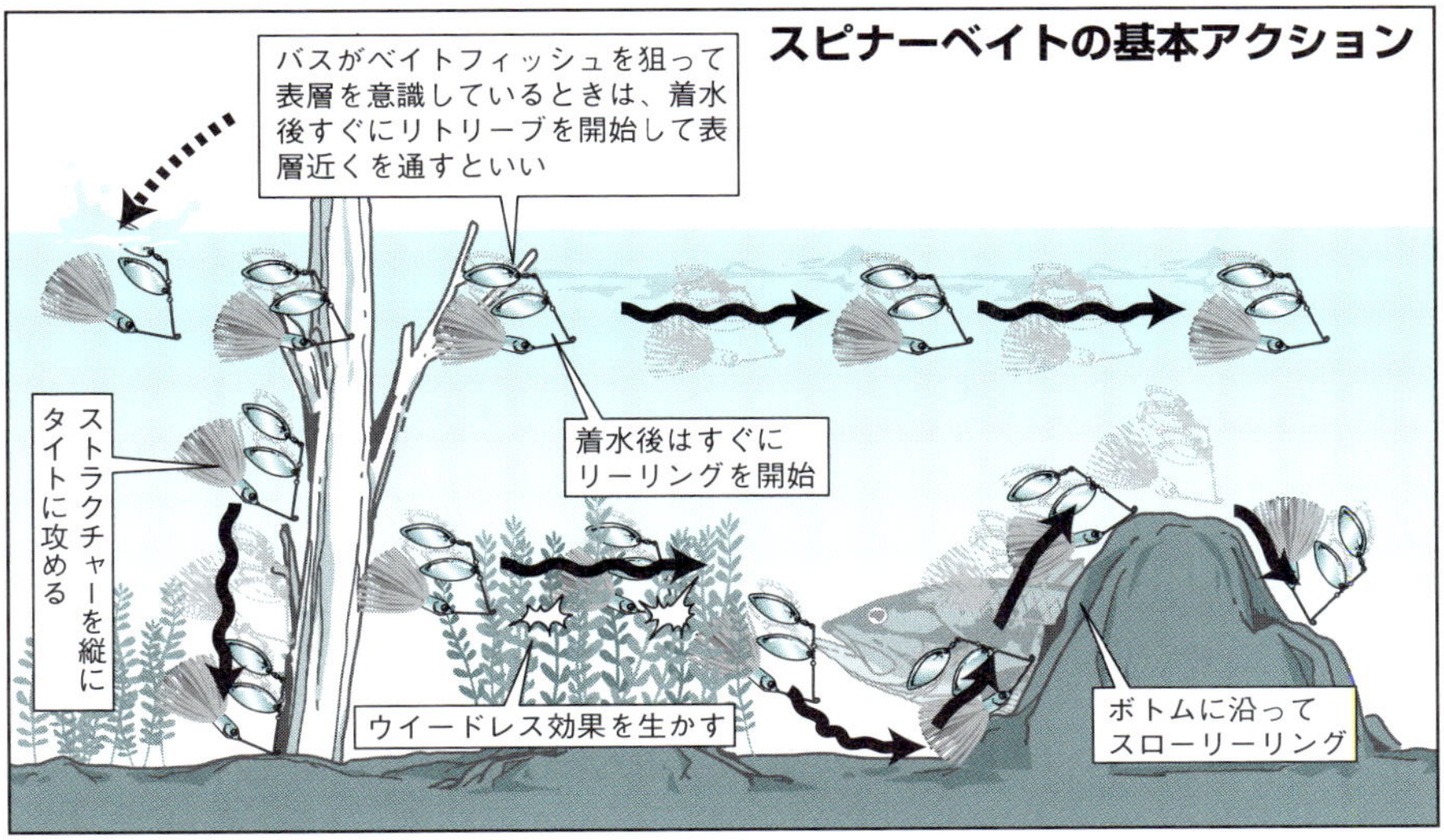
スピナーベイトの基本アクション
バスがベイトフィッシュを狙って表層を意識しているときは、着水後すぐにリトリーブを開始して表層近くを通すといい
着水後はすぐにリーリングを開始
ストラクチャーを縦にタイトに攻める
ウイードレス効果を生かす
ボトムに沿ってスローリーリング

スピナーベイトはビッグフィッシュゲッターでもある

4インチグラブをトレーラーとしてセットしたところ。これで揚力が若干アップする

スピナーベイトはこう使う

スピナーベイトの基本テクニックは、中層でのステディリトリーブだ。ただ、水面直下を引くこともあれば、ボトムをなめるように引くこともある。要は、あらゆるレンジに対応できるルアーであるということだ。

スピードに関しても速く巻いてよいときもあれば超スローリトリーブが有効なときもある。ただ、基本的にはスローからミディアムスピードといったところがよいだろう。

また、ステディリトリーブのほかに、アシや立ち木、底に沈んでいる岩、杭などにわざと当てたりする方法もある。この瞬間にルアーは姿勢を崩してヒラを打つことがあり、それがバイトを促すきっかけになることもあるからだ。

また、リトリーブの途中でフォールさせたりしてバランスを崩すと、ブレードの乱反射が、バスの反射食いを誘うこともある。

CATEGORY

18

METAL JIG

『メタルジグ』

ボトムに集結するウインターバスを
バーチカルに直撃せよ

メタルジグの有効性

バスフィッシングにおいて、メタルジグは、今まであまり使われるルアーではなかった。この点については、今もそうであろう。

しかし、特定の条件下においてメタルジグが圧倒的に強力な武器になることがある。それは、厳寒期。水温が極限まで下がり、バスが身を寄せ合ってディープエリアに密集しているときである。

元もとこの釣りはボートからのものだった。

バーチカルに落とし込み、ポイントと思われるピンスポット上でネチネチとシャクリ続けるのである。すると、ワームでさえ反応しなかったバスたちが、メタルジグの素早い動きとフラッシングにはアタックしてくるのだ。

これはボート釣りのみならず、陸からでも可能性大である。そして、一部のコアなアングラーはキャスティングでも狙いだしたのである。

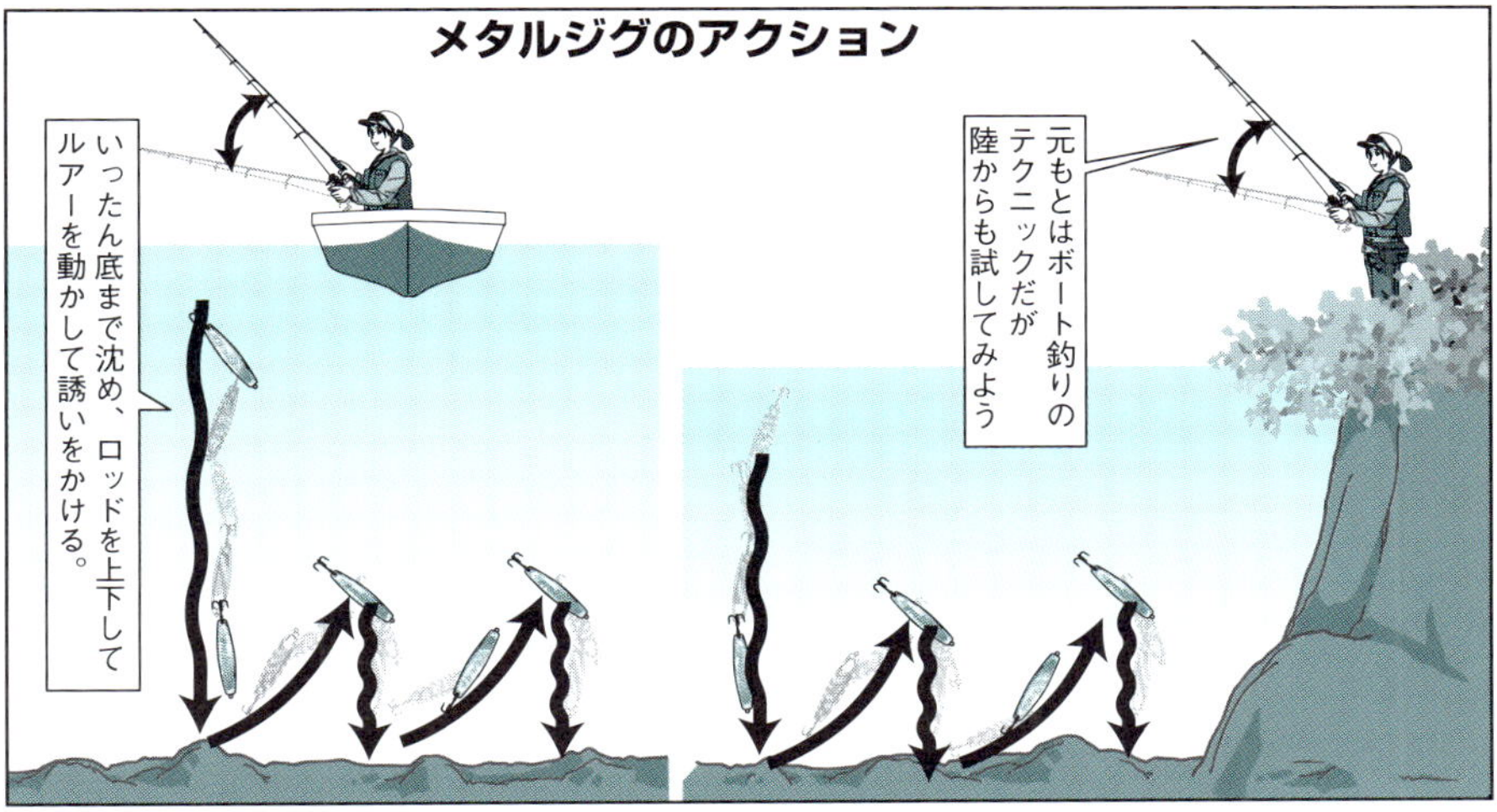
メタルジグのアクション
いったん底まで沈め、ロッドを上下してルアーを動かして誘いをかける。
元もとはボート釣りのテクニックだが陸からも試してみよう

通常の野池や河川でもメタルジグゲームは成立するものだ

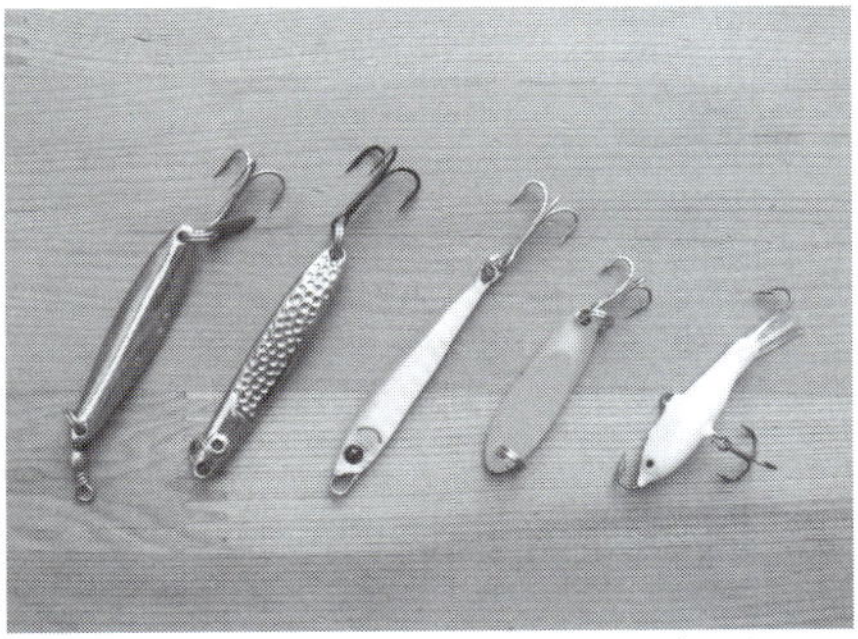

メタルジグの色いろ。小型のものがバスの食いもよい

オカッパリで楽しむメタルジグ・テクニック

さて、このボートからのバーチカルジギングをオカッパリで試すには、まず、ジグに関して7グラム以下の小型のものをチョイスしておこう。ラインもナイロン6ポンドクラスで、スピニングタックルを使用する。

本来なら足元から水深がある堤防などが釣りやすい。こういった所なら、真下へ落とし込むだけでメタルジグゲームがスタートできる。

しかし、実際にはこういった場所以外のポイントのほうが多いはず。こういった所は、ロングキャストは必要ないので、軽いキャストでほどほどの水深がある所に入るべし。

キャスト後、一度着底させたら、ロッドでフワリとジグを持ち上げ、再び着底させてみる。これを繰り返しながら、ラインを常に張り気味にして、フォール中のバイトを待てばよい。冬以外でもきっとバイトが得られるはずだ。

CATEGORY

19

SPOON

『スプーン』

一片の金属片に命を吹き込めば、
キラキラ輝くバスルアーに変身するだろう

流れ川に強いスプーン

スプーンとは、皆さんもご存じのトラウトを釣ったりするスプーンである。今さらスプーンを使う人は少なくなったと思うが、やっぱりスプーンの釣りはおもしろい。

決してスプーンを使えば簡単に釣れるというわけではないけれど、毎回同じように動かすことが簡単ではないスプーンこそ、テクニカルなおもしろさが凝縮されたルアーといっていいだろう。

もちろん、スプーンは止水域にも強いルアーであるから、リザーバーでも野池でもバスが釣れることは間違いない。ただ、それよりも試していただきたいのが流れ川。ゆったりとした流れに潜むバスは、ことのほかスプーンが大好きだ。

元もとスプーン自体も流れに強いルアーである。アクションも崩れることなく、流れの中を見事に泳ぎきる。水中でもんどりうってバイトするバス。これがたまらないのだ。

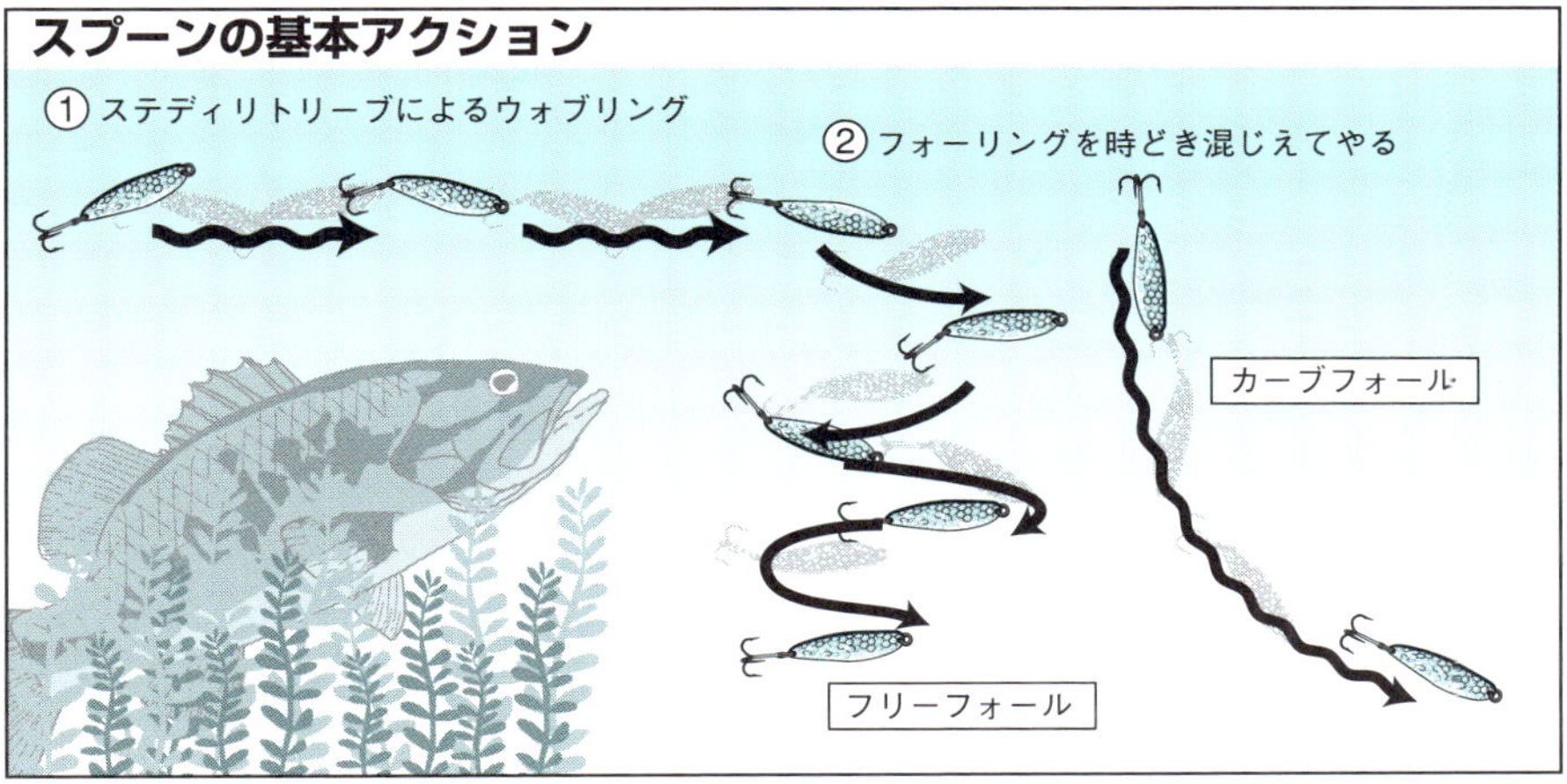
スプーンの基本アクション
①ステディリトリーブによるウォブリング
②フォーリングを時どき混じえてやる
カーブフォール
フリーフォール

流れ川でスプーンにヒットした良型のバス

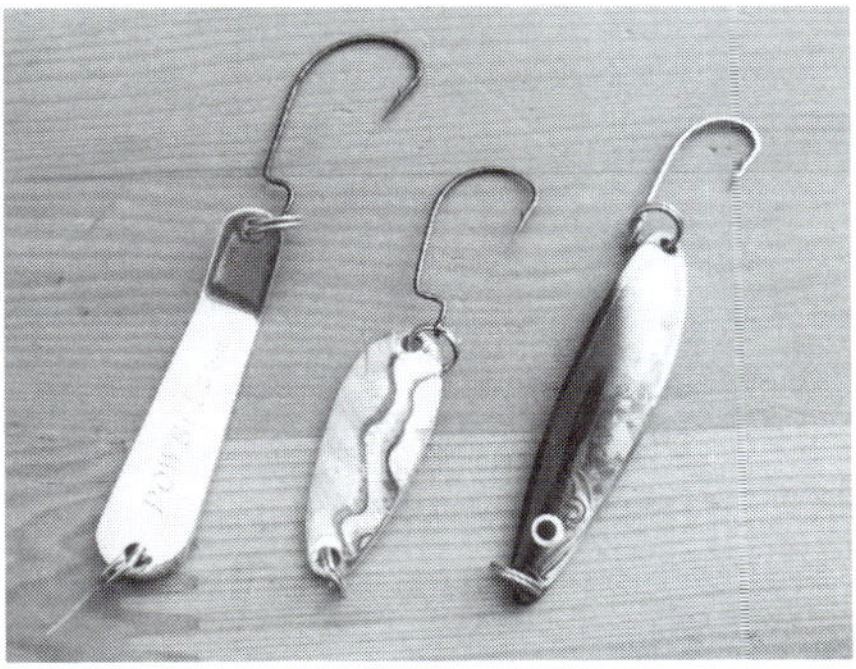

フックチューンしたスプーン。これが意外と好結果がでている

フォールアクションを多用する

スプーンの主なアクションはステディリトリーブによるウォブリングと、フォーリング。

バスに関しても、基本はステディリトリーブのみでよいのだが、時どきリーリングをストップさせて、ヒラヒラとフォールさせるのもよい方法だ。

スプーンは、フリーフォールならヒラヒラと木の葉のように舞い落ち、カーブフォールならブルブルと回転しながらゆっくり落ちていく。

アタリが取りやすいのは断然カーブフォールだが、バスが好奇心を示すのはフリーフォールだ。ここが痛し痒しなのだが、こういったフォールアクションが非常に効果的であるのも、フラッシング効果が高い金属片のスプーンならではだ。

また、フックをワーム用のオフセットフックに交換すると、根掛かりが軽減されるし、フッキング率もアップ。ワームをコンビネーションさせることもできる。

CATEGORY

20

SPINNER

『スピナー』

スピニングタックル限定の
ウルトラライト・バスフィッシング

スピナーは釣れる！

まず最初にスピナーはバスルアーか否か？　テールスピンジグやスピナーミノーなど、バスを意識したスピナーもあるのだが、純粋なスピナーがバスルアーかと聞かれればノーだろう。

しかし、ここであえて言わせてもらうなら「スピナーでバスは釣れる」。それもよく釣れる。

釣り場は問わない。リザーバーだって、野池だって、河川だって、スピナーの届く距離にバスがいるなら、きっと高反応を期待できるはず。

スピナーの主なアクションは、ブレード回転によるフラッシングと振動によるもの。そういった意味では、バイブレーションにも似た効果があり、これは決してスプーンにはないものだ。

スピナーは、小粒ながらアピールの強さは絶大だ。バス用としては、3〜7グラム前後のものをチョイスするといいだろう。

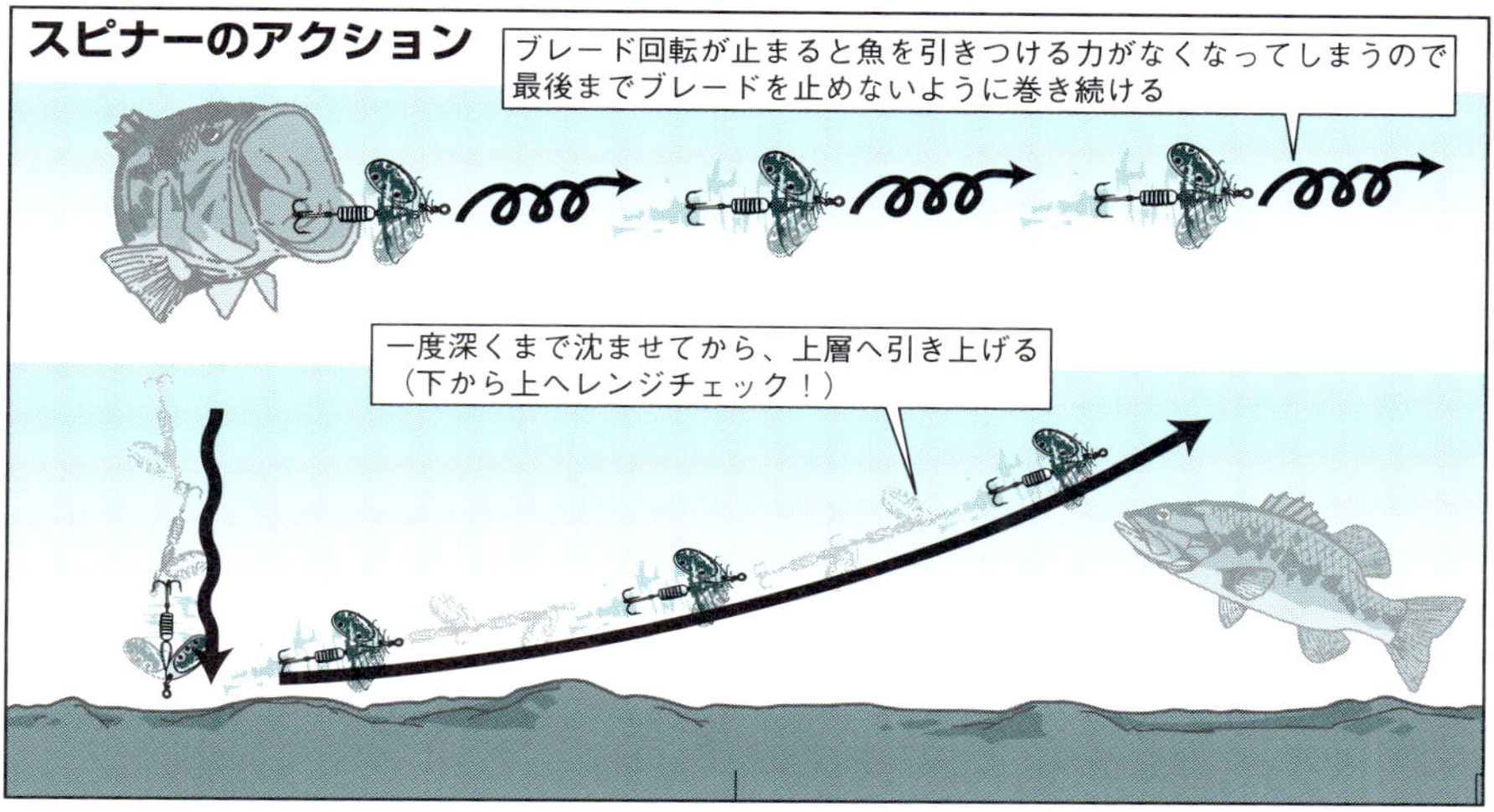
スピナーのアクション
ブレード回転が止まると魚を引きつける力がなくなってしまうので最後までブレードを止めないように巻き続ける
一度深くまで沈ませてから、上層へ引き上げる（下から上へレンジチェック！）

あえてライトタックルで楽しむのもよいだろう

バスはスピナーが大好きだ

基本はステディリトリーブ

タックルは、バス用スピニングで十分だ。ベイトでもできないことはないが、スピナーゲームならではの弱々しい危うさが味わえない。

ラインはナイロン4ポンド（約1号）くらいがいいだろう。スピナーは非常に糸ヨレが出やすいルアーであるから、太すぎるとライントラブルばかりだし、細すぎるとラインブレイクの危険性もある。ただ、あくまで4ポンドラインだから、大物と渡り合うにも限度がある。タックル相応のバスがいるフィールドで試していただきたい。

また、アクションの付け方というほどのものもなく、要はブレード回転を止めないように、ステディリトリーブで各レンジをチェックするだけだ。ただ、スプーンのように途中でフォールさせられないから、キャスト後に一度着底させて、そこから引き上げてくるようにすると、各レンジをチェックすることができる。

CATEGORY 21

RUBBER JIG

『ラバージグ』

ハードストラクチャーに潜む ビッグバスを狙い撃つ

ワームをトレーラーにしよう

ラバージグは、バスがストラクチャーに身を寄せている場合やアシの中に入っている場合など、特にヘビーカバーの攻略に威力を発揮する。さらには、ボトムのブレイクや底に沈んでいる岩の周辺なども根掛かりを恐れず積極的に探ることができるだろう。これは、ブラシガードと呼ばれるウイードレス機能が備わっているからで、ヘビーカバーへねじ込むような強引な釣りも可能になった。

このように、ラバージグはあらゆるポイントで使用できるが、スピナーベイトやクランクベイトのようにリトリーブしながら探るのではなく、ポイントを絞り込んで点を釣るルアーといえる。その特性を生かして使い方を工夫すれば、大型を狙い撃ちできる力も秘めたルアーだ。

以前はポークなどのトレーラーをセットして使うのが一般的だったが、現在では扱いが楽なソフトベイトをトレーラーに使う人が多くなっている。

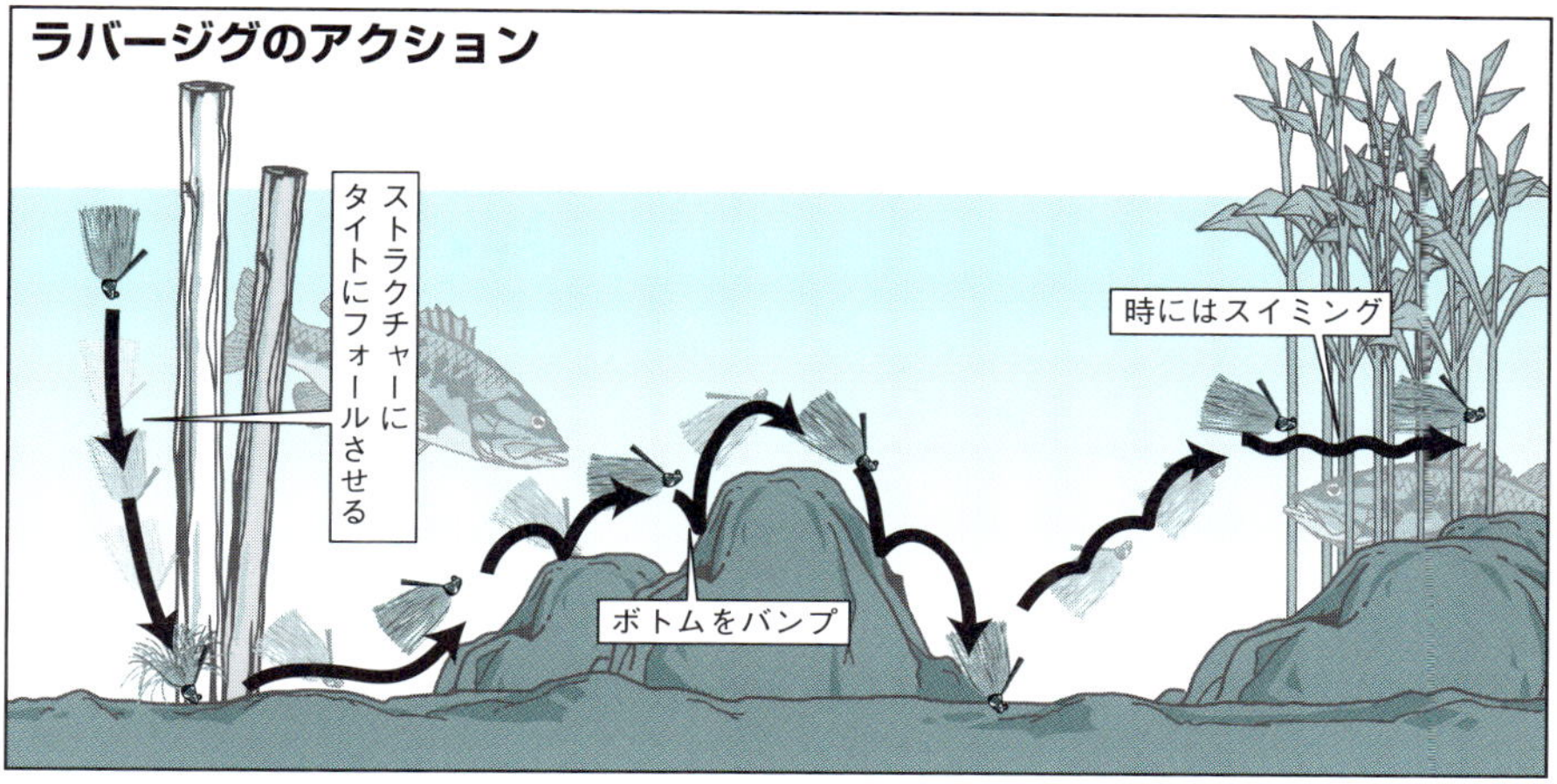
ラバージグのアクション
ストラクチャーにタイトにフォールさせる
ボトムをバンプ
時にはスイミング

ラバージグにはグッドサイズがよく掛かる

ラバージグにパドルテールワームやグラブをトレーラーとしてセットしたところ

ラバージグの基本操作

バスは縦に動くものに反応するときと、横に動くものに反応するときがある。これは季節や状況によって変わるが、ラバージグの基本は縦の動きでバスを誘うこと。

フリーフォール、ボトムバンピング、リフト&フォール、この3つがラバージグの基本操作である。

具体的にはラバージグがボトムに着底したら、まずポーズをとる（ラバージグは静止させると、スカートが開いて微妙な動きでバスを誘う）。

次にラインを張ってロッドティップでジグがトントンと跳ねるようなアクションを与える。

シャクリ幅は50センチ以下でよく、ボトムで小刻みにシェイクさせてもいいだろう。

バイトはフォール中にくることが多いので、コツンとラインが張ったり、手元に重量感が乗ってきたら即合わせることだ。

CATEGORY

22

NO SINKER RIG

『ノーシンカーリグ』

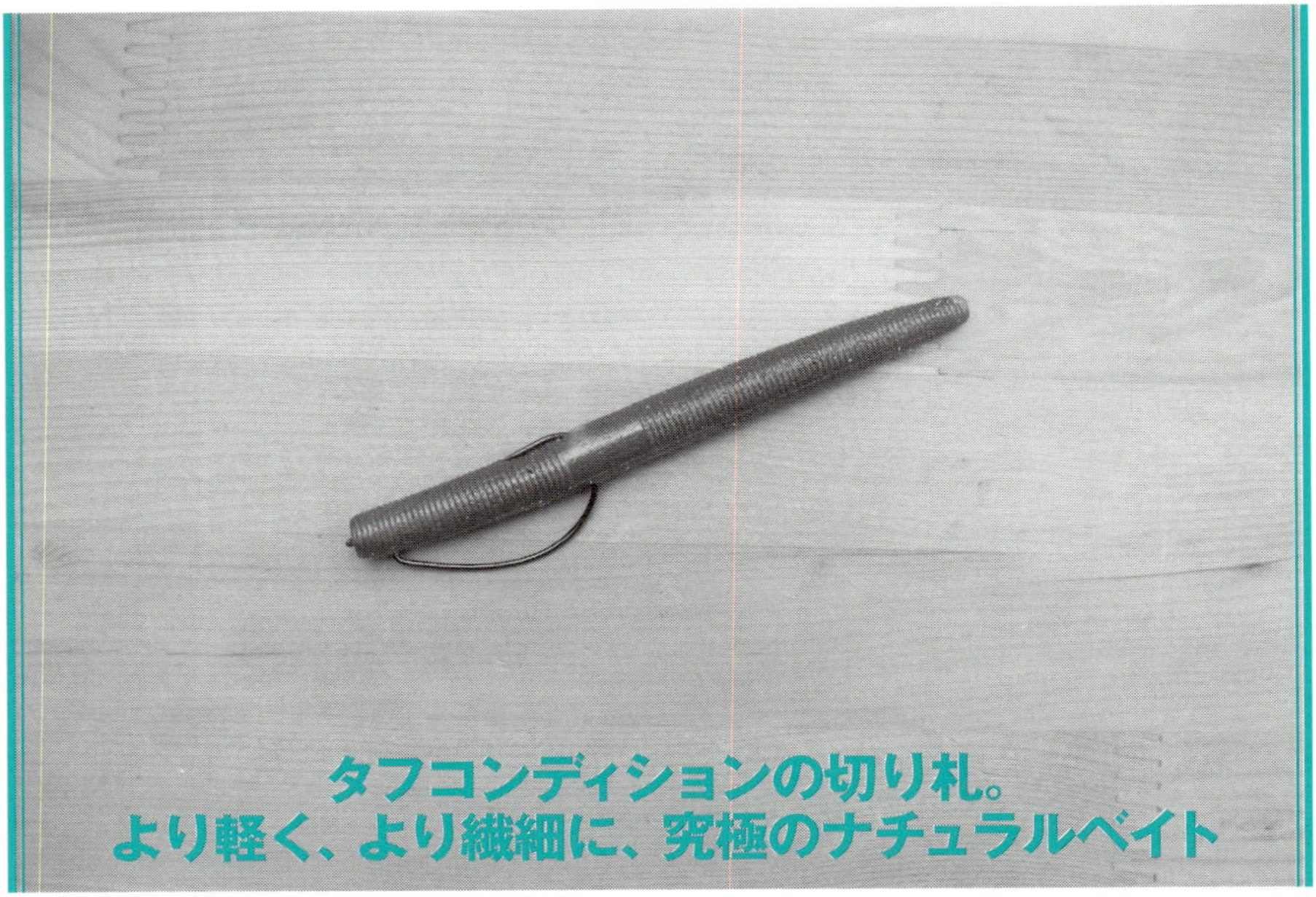
タフコンディションの切り札。
より軽く、より繊細に、究極のナチュラルベイト

シンプル・イズ・ベスト！

シンカーも何も使わない超シンプルなリグ。それがノーシンカーリグだ。ワームとフックの重さだけが沈下速度を決定するため、非常にタックルバランスが重要になるが、サーフェイスからボトムまで思いのままのレンジを探ることが可能。

その他のメリットとしては、

- **スローフォーリング**
- **スナッグレス効果が高く根掛かりしにくい**
- **ルアーを任意のレンジで操れる**
- **プレッシャーが高いエリアでもヒット率が高い**

というものである。

しかし、弱点もある。ウエイトがないからボトムまで到達するのに時間がかかる、向かい風では飛距離が出ないなど。それでもノーシンカーリグは無敵である。ハイプレッシャーエリアが急増している現在、ぜひともマスターしたいメソッドのひとつである。

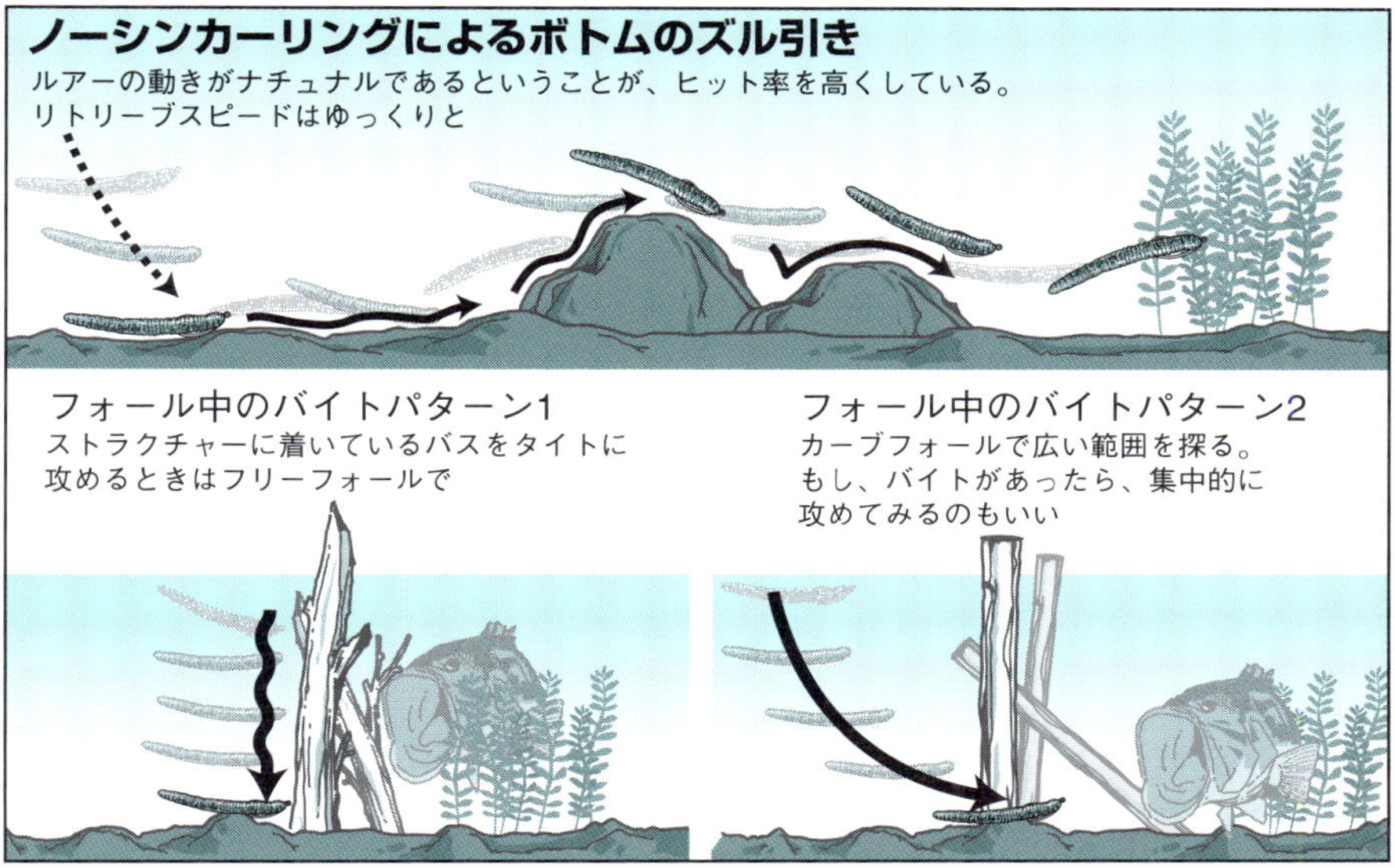
ノーシンカーリングによるボトムのズル引き
ルアーの動きがナチュナルであるということが、ヒット率を高くしている。
リトリーブスピードはゆっくりと
フォール中のバイトパターン1
ストラクチャーに着いているバスをタイトに
攻めるときはフリーフォールで
フォール中のバイトパターン2
カーブフォールで広い範囲を探る。
もし、バイトがあったら、集中的に
攻めてみるのもいい

6インチのスティックベイトならベイトタックルを用意しておきたい

見えバス狙いもノーシンカーリグで狙うのが最適だ

トップウォーターワーミングを楽しもう

ソフトルアーは、なにもボトムフィッシング専用ルアーというわけではない。バスの活性が高い夏の朝夕のマヅメ時などは、ノーシンカーリグで、トップウォーターゲームにもチャレンジしてみよう。バスが水面にガバッと飛び出す迫力は、プラッギングゲームにも負けないくらいだ。

トップウォーターのワーミングで使うのは、フローティングワームと呼ばれる浮力の強いものが便利だが、ノーマルのワームでもぜんぜん問題なく使うことができる。

スティックベイトタイプのストレート系を中心に取りそろえ、ステディリトリーブで水面に引き波を立てるか、もしくはトゥイッチングによるダートアクションで水面をかき乱す。

後はトップウォータープラグのように、ロッドを上手に利用して様ざまなアクションを加えてみてもいいだろう。

CATEGORY 23

TEXAS RIG

『テキサスリグ』

ボトム感知能力に優れたセッティング法。シンプルなリグだけにトラブルも少ない

テキサスリグはオールマイティ

ソフトルアーは基本的にはボトムフィッシングで多用されるが、使い方次第では、サーフェイスやミドルレンジでも効果を発揮できる、オールマイティなルアーである。

特にテキサスリグの場合は、ウエイトサイズ次第（一般に1.8～7グラムくらいを使用）では表層からボトムまで広範囲に泳がせることが可能であり、タックルバランスをとることでウイードの上面スレスレを泳がせることも可能となる。

また、このテキサスリグの最大のメリットは、砲弾型のシンカーとワームにフックを埋め込んだ形状的な特徴からくるウイードレス性能の高さ。

バスはアシ際や岩陰、ウイードの中といったストラクチャーに着く性質を持っている。そうしたエリアの中で、根掛かりを回避しながらいかに積極的にバスを探ることができるかが、何より重要なことなのである。

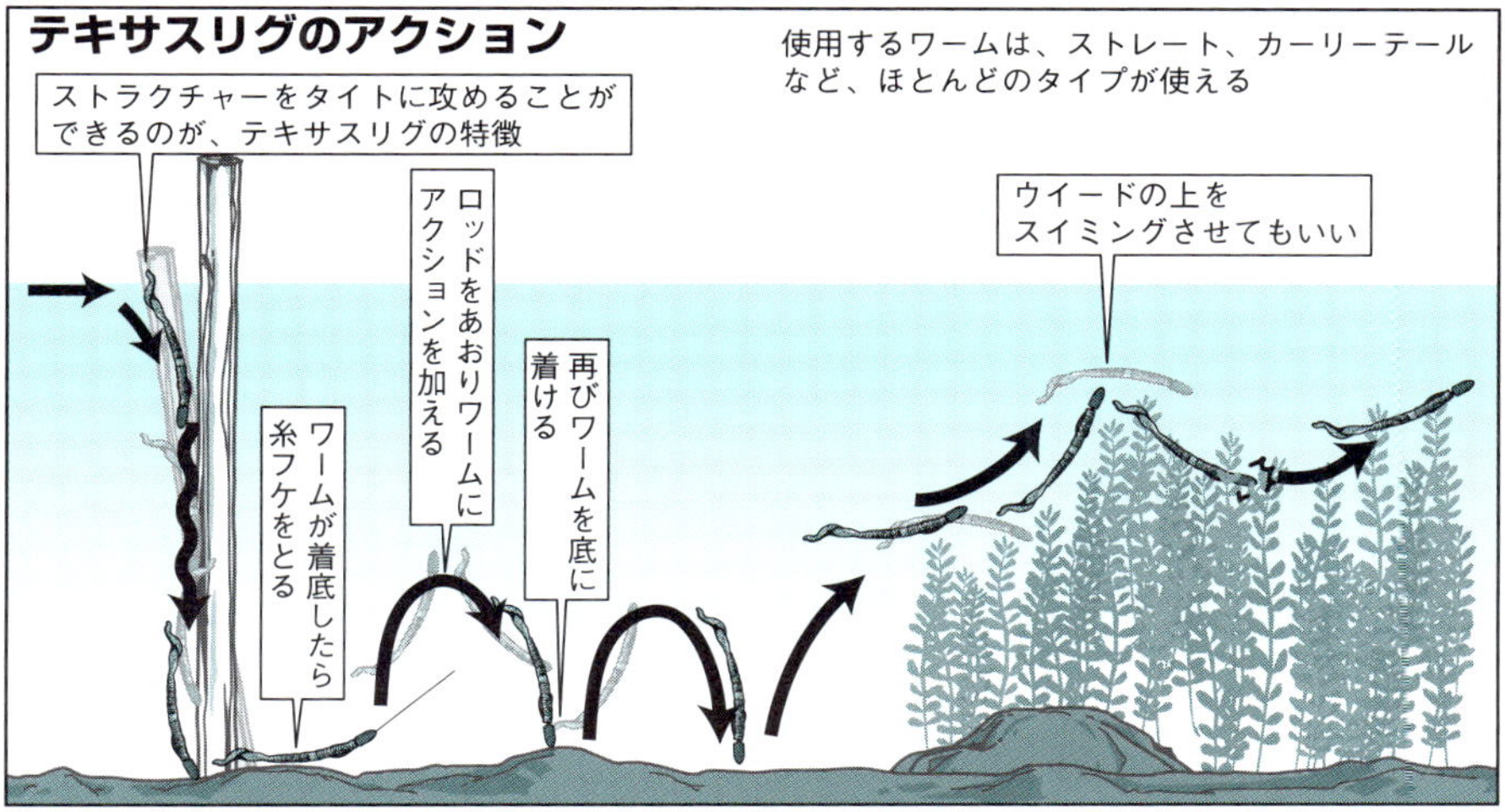
テキサスリグのアクション
ストラクチャーをタイトに攻めることができるのが、テキサスリグの特徴
使用するワームは、ストレート、カーリーテールなど、ほとんどのタイプが使える
ワームが着底したら糸フケをとる
ロッドをあおりワームにアクションを加える
再びワームを底に着ける
ウイードの上をスイミングさせてもいい

ダム湖の流れ込みは足場が高い。テキサスリグで真上から釣ることもある

クローワームのテキサスリグに大型がヒット

テキサスリグの基本アクション

一般的に、テキサスリグはボトム狙いのリグである。狙うポイントにキャストしたなら、まずはルアーが着底するのを待つ。

ルアーが着底したかどうかは、ラインの出方で判断。ラインの出が止まったら着底と判断し、糸フケを取り、アクションを開始する。

テキサスリグの基本アクションは、ルアーが水底でピョンピョンと飛び跳ねるボトムバンピング。もしくは、ボトムをズルズルと引きずるボトムトレースである。

バスはボトムで動くものに非常に興味を示すから、バスの活性が低い場合でも何とかアタリを見ることができるだろう。

また、ここぞというポイントでは、ストラクチャーに沿ってフォーリングさせてもいい。ストラクチャーにサスペンドしているバスが追ってくることも多い。

CATEGORY

24

SPRIT SHOT RIG

『スプリットショットリグ』

ワームが水中で自然に漂う。
ハイプレッシャーエリアの基本リグ

ワームの動きはあくまでナチュラル

スプリットショットリグは、スプリットショット（ガン玉）と呼ばれるカミツブシオモリをフックの手前に取り付けただけの非常にシンプルなリグである。

しかし、このスプリットショットの取り付け位置を変えることで、リグの性質や使い方にバリエーションを持たせることができる。

スプリットショットからフックまでの位置、すなわちリーダー部分は短くて10センチ、長ければ1メートル以上取ることもある。

短ければキビキビとしたアクションになり、長ければナチュラルなアクションになる。

このリーダーの長さを調節したり、シンカーのウエイトを変更することで、シャローからディープまであらゆるエリアを攻めることができるというのは、まさにスプリットショットリグならではのメリットだろう。

小さな野池では軽いシンカーと3インチワームの組み合わせが最強となるだろう

ボトムを狙えばこのサイズも姿を見せる

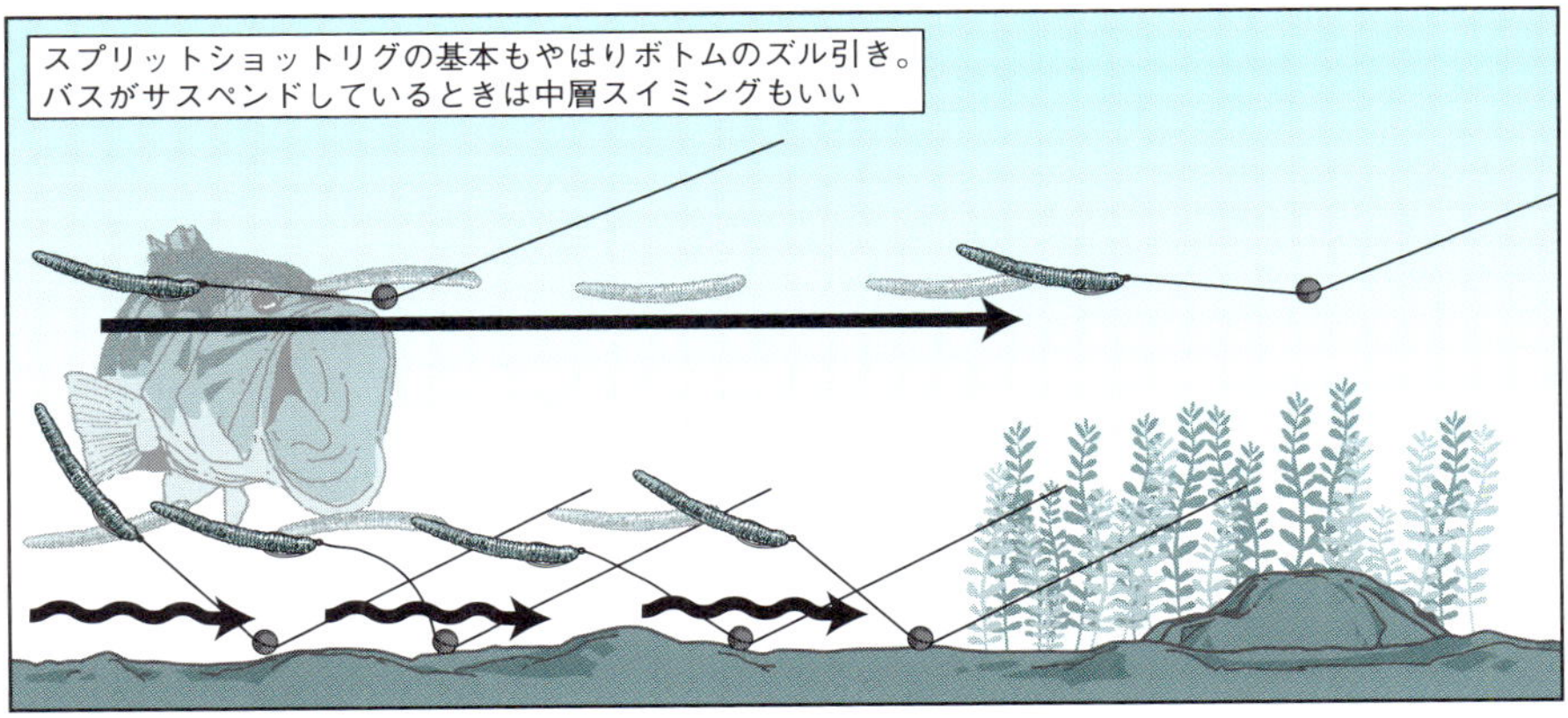

スプリットショットリグの基本もやはりボトムのズル引き。
バスがサスペンドしているときは中層スイミングもいい

シンカーはガン玉Bから1号クラスまで

さて、このスプリットショットリグだが、具体的にはどのくらいのシンカーを使うのか。

これはまさに人それぞれなのだが、最小でガン玉B（ビー）と呼ばれるカミツブシオモリ。最大でもスプリットショットシンカーの1号くらいでよいのではないだろうか。ボトムをズル引きするなら1号くらいで十分だし、これでボトムが取れないようなら他の方法を考えるべきだろう。

主なポイントは、ボトムストラクチャーが豊富な所。

特にウイードベッドなどが広がっている所では、藻の中にワームが入り込まないスプリットショットリグは最も効果的なメソッドになるはずだ。

もちろん、ウエイトを軽くしての中層リトリーブ。もしくは、杭などのストラクチャーに沿って落とし込むのもよい方法だろう。

CATEGORY 25

DOWN SHOT RIG

『ダウンショットリグ』

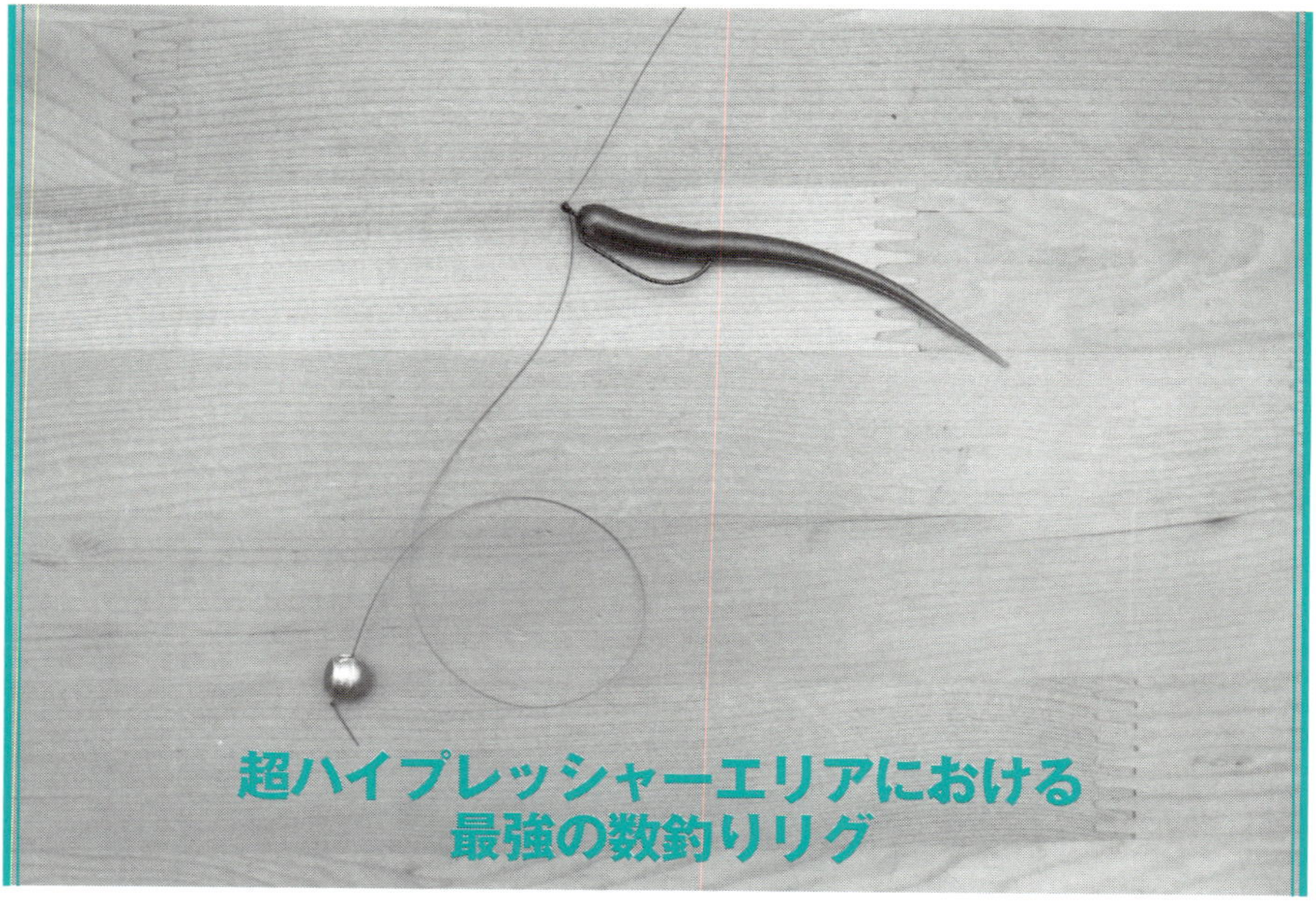

超ハイプレッシャーエリアにおける最強の数釣りリグ

ライトラインとスピニングタックルで真価を発揮

従来のワームリグはフックの上にシンカーがくるのだが、それ対して、このリグはフックの下にシンカーを持ってきたことからダウンショットリグと名付けられた。

このリグの大きな特徴は、よほどのことがない限り、ワームを底から一定の位置に置いておけるということだ。しかも、オモリ〜フック間の捨て糸の長さを調節することで、ワームの位置までも調節できるというスグレモノ。

一般的には、このオモリ〜フックの間の長さは40〜50センチといったところだが、極端に短くしても問題はないし、逆にキャストできる範囲内で長くするのもよいだろう。

シンカーの重さは、3Bクラスのガン玉から1号くらいまで。基本的にはライトライン（4ポンドクラス）とスピニングタックルを用いた繊細な釣りで、その真価を発揮する。

ダウンショットリグのアクション
SHAKE!
SHAKE!
プル
プル
SHAKE!
SHAKE!
プル
プル
ダウンショットリグは
常にワームを一定の層で
泳がすことができる
※横に探るときは
50cm～1m幅で移動させる

ウインターバッシングの強い味方となるだろう

とにかく数が釣れるリグである

シェイキングが決め手！

ダウンショットリグの基本アクションは、ずばりシェイキングとステディリトリーブ。

杭周りや橋脚といったストラクチャーをタイトに狙う場合は、ポイントの近くにリグを正確にキャストし、フリーフォールで着底させてシェイキング。

シェイクし続けていると自然にリグが手元に寄ってくるので、その分だけリールハンドルを回してラインスラッグを取っておく。

また、シェイクはロッドティップをチョンチョンと揺するだけでよい。このリグは、ちょっとしたラインの動きでも大きくワームに伝わるので、大きなアクションは禁物だ。

一方、ステディリトリーブは広範囲をスピーディーにチェックするときに試すとよい。ズリズリとシンカーがボトムを擦るのを感じながら、ここぞというポイントでシェイクを交えてやるのだ。

CATEGORY

26

CAROLINA RIG

『キャロライナリグ』

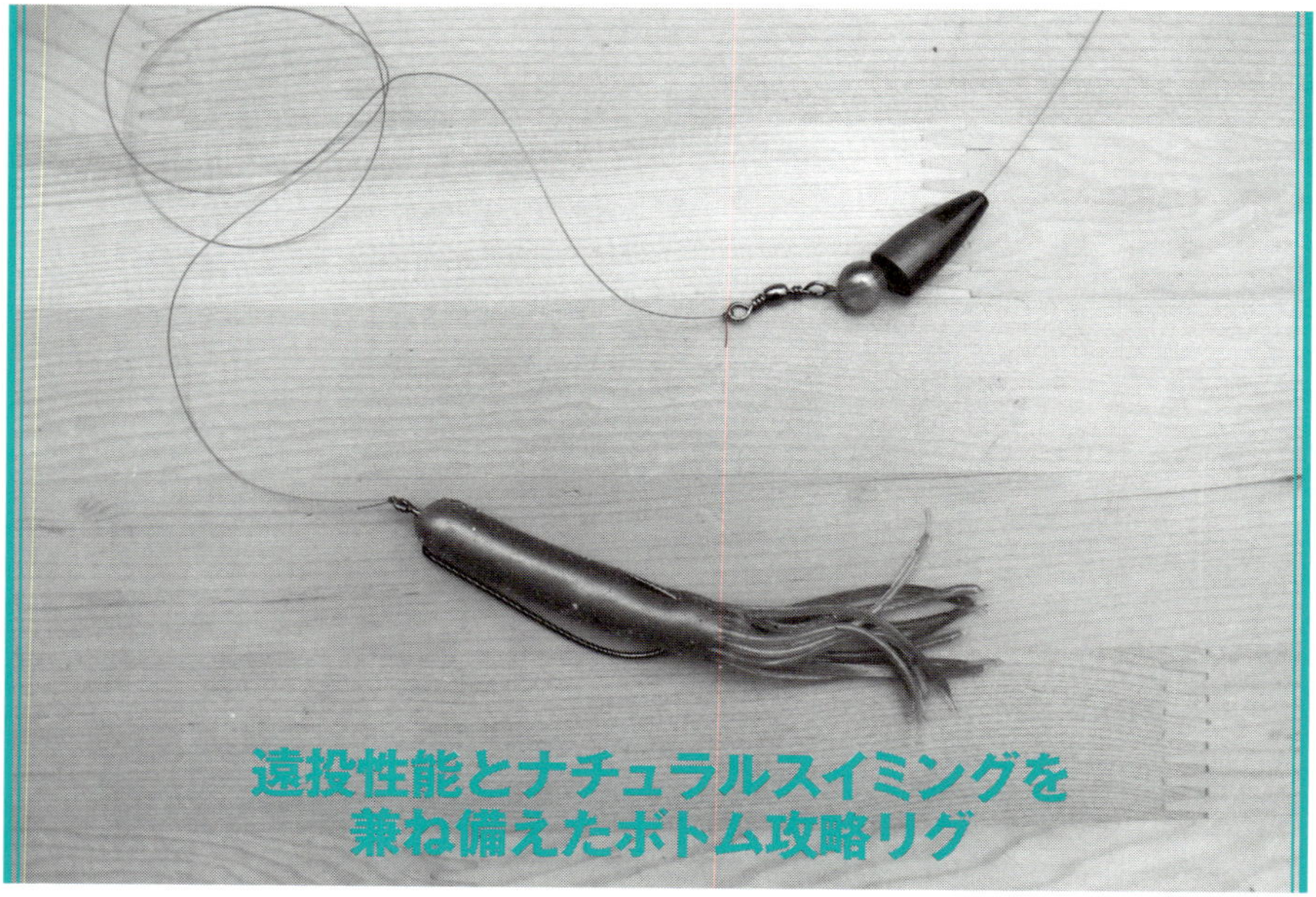
遠投性能とナチュラルスイミングを
兼ね備えたボトム攻略リグ

ウエイト別にバリエーションも多様化してきた

キャロライナリグとは、元もとサウスキャロライナリグと呼ばれていたものだ。テキサスリグがテキサスで生まれたのと同様に、サウスキャロライナリグもまた当地で生まれた、ボトム攻略には欠かせないリグである。

具体的にどういったリグか説明すると、まず、中通しオモリをラインに通し、サルカンなどで遊動式にセッティング。50〜60センチほどのリーダーをとり、その先にワームを結びつける。

このように、リーダーラインを使用するため、ワームの動きが自然で、フィッシングプレッシャーの高いエリアでも十分効果がある。

最近は使用ウエイトも多様化し、1号クラスならライトキャロライナ、5号以上ならヘビーキャロライナと言われており、そういった背景もあって、これらをすべてひっくるめてキャロライナリグと呼ぶようになったのだ。

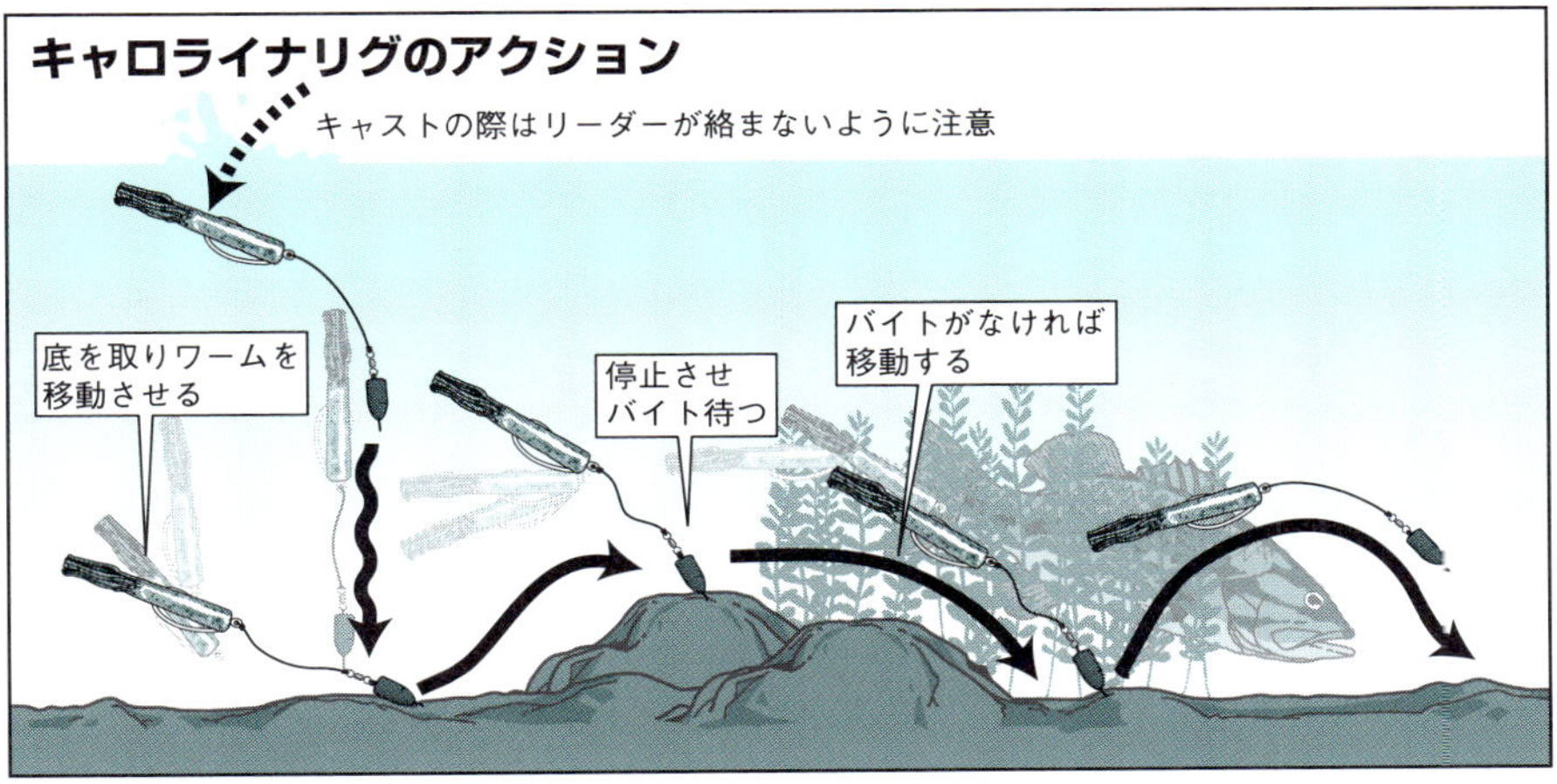
キャロライナリグのアクション
キャストの際はリーダーが絡まないように注意
底を取りワームを
移動させる
停止させ
バイト待つ
バイトがなければ
移動する

キャロライナリグは広大なエリアをスピーディーにチェックするのに向いている

大場所ならアタリも遠いが見返りも大きい

リーダーの長さは調整すべし

キャロライナリグは、広大なポイントをスピーディーにチェックする場合に最適の釣り方だ。

まず、ここぞというポイントにキャストしたなら、ロッドをビュンビュンとあおりながらルアーを移動させる。そしてその途中でポーズを取り、バスのバイトを待つ。

基本的にはシンカーがボトムから離れないから、ワームはほぼボトム近くを這っていることになる。しかし、ここで浮力の強いワームを使えば、リーダーラインの分だけワームが浮くので、ウイードベッドを積極的に攻めてもワームが潜り込むこともなく、根掛かりも軽減されることだろう。

リーダーの長さは50～60センチが基本だが、これもウイードの高さや、バスがベッタリとボトムに着いているのか、ちょっと浮いているのかということまで考えて、臨機応変に調整してほしい。

CATEGORY 27

JIG HEAD RIG

『ジグヘッドリグ』

シンカー付きのフックにワームをセットするだけ。
ビギナーにおすすめのリグ

基本はボトムバンピングだ

ジグヘッドとはシンカーとフックが一体化したもので、このジグヘッドにワームをセットしたリグをジグヘッドリグという。

バス用のジグヘッドには様ざまな種類のものがあるけれど、形状的なものよりウエイト別に取りそろえたほうがよい。主だったところでは、1.8〜14グラムまであるのだが、実際にオカッパリで使用するのは1.8〜5グラム前後までだろう。

使用するワームは、ジグヘッドリグの基本パターンであるボトムバンピングの場合は、グラブやシャッドテールワームなど、テールのアクションがしっかりしているものが望ましい。

アクションのつけ方も簡単で、ワームがボトムに着底したならロッドでちょんちょんと跳ね上げてくるだけだ。

バイトは明確に手元に伝わるから、それから大きくロッドをあおって合わせればよい。

ジグヘッドリグのベーシックアクション

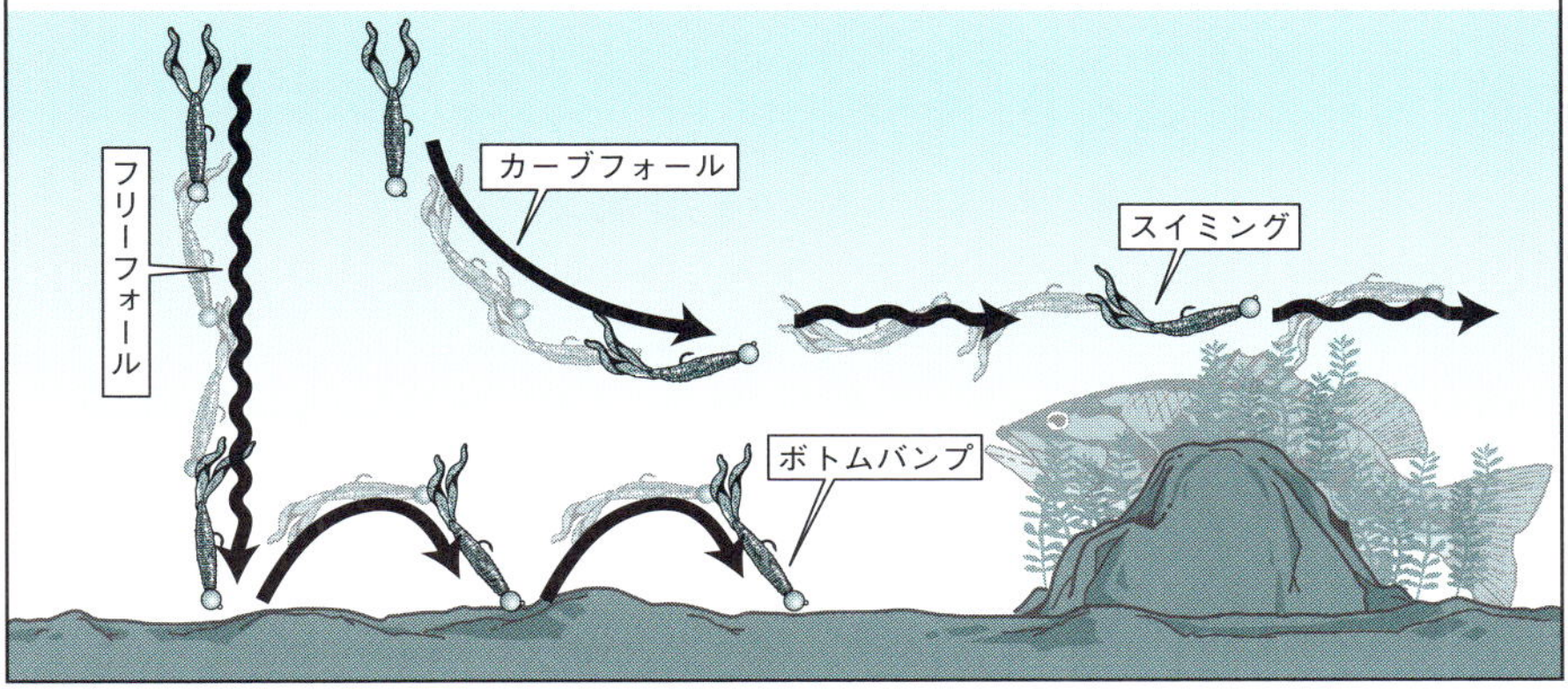
フリーフォール
カーブフォール
スイミング
ボトムバンプ

流れ込みのランカーをワンチャンスでモノにしたいなら、やはりジグヘッドリグとなるだろう

ジグヘッドリグはフッキング性能もすばらしい

スイミングワームはミノーと同じ

ボトムレンジ以外でジグヘッドリグを使う場合、ビギナーでも簡単にできるのが、グラブやストレートワームをセットしたスイミングワームだ。

スイミングワームというのは、文字どおりワームを中層で泳がせるという意味で、ワームをボトムから離すことによって、まるでベイトフィッシュのような動きを見せてくれる。

まず、ポイントにキャストしたら、自分の狙いたいレンジまでルアーを沈め、ミディアムリトリーブでレンジトレース。途中で再びルアーをフォールさせたりして、アクションに変化を加えてみるのもおもしろい。

特にジグヘッドリグの場合は、フォールアクションが素晴らしく、フォール中だけでも数多くのバイトを得られるはずだ。もし、あなたの友人が迷いを持っているなら、ぜひともジグヘッドリグをすすめてみてほしい。

COLUMN 3

『バスルアーの分類』

ひとくちにバスルアーといっても星の数ほどあるだろう。
まずは、系統別にどういった種類のルアーがあるかを知っておくことが必要だ。

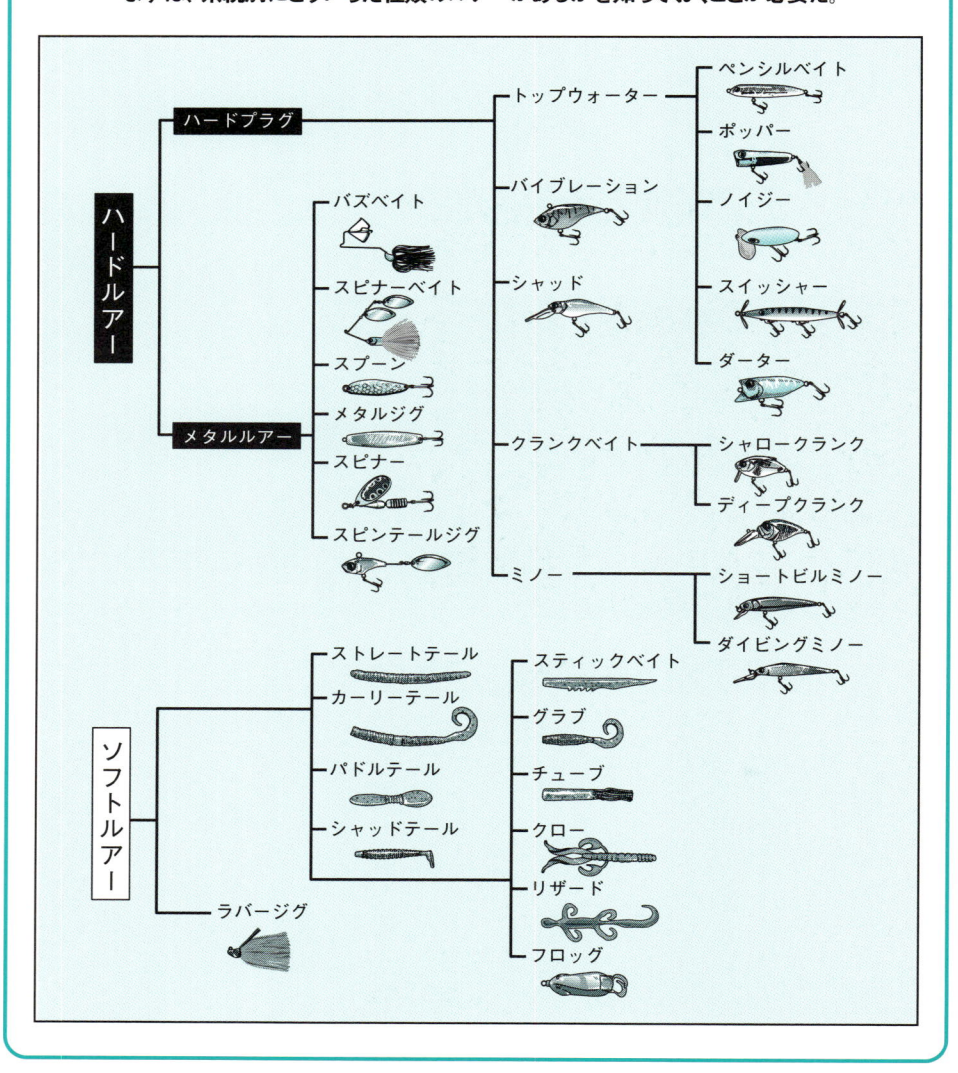

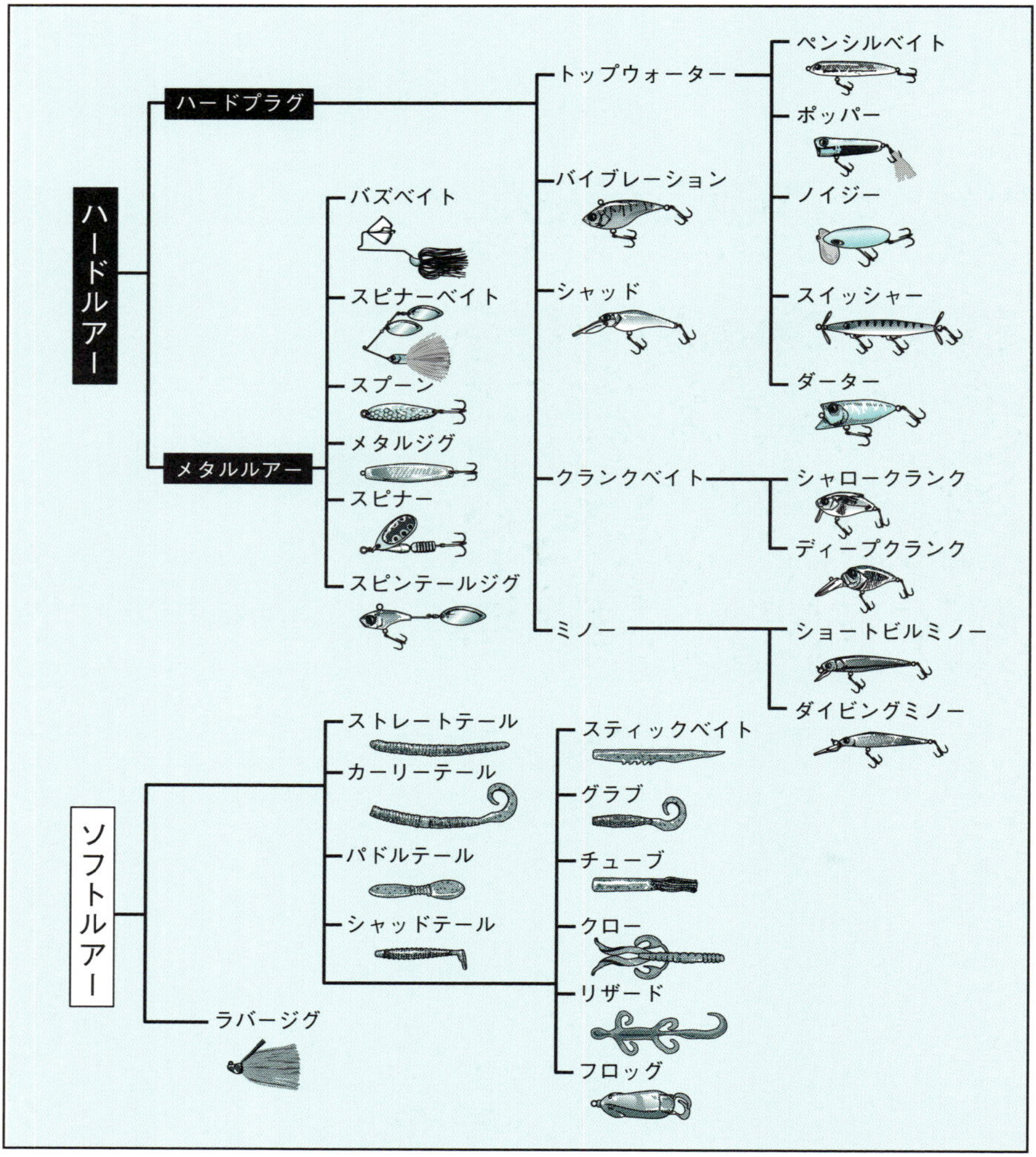

ハードルアー
ハードプラグ
トップウォーター
ペンシルベイト
ポッパー
ノイジー
スイッシャー
ダーター
バイブレーション
シャッド
クランクベイト
シャロークランク
ディープクランク
ミノー
ショートビルミノー
ダイビングミノー
メタルルアー
バズベイト
スピナーベイト
スプーン
メタルジグ
スピナー
スピンテールジグ
ソフトルアー
ストレートテール
カーリーテール
パドルテール
シャッドテール
スティックベイト
グラブ
チューブ
クロー
リザード
フロッグ
ラバージグ

BASS FISHING

第5章 ポイント別攻略法

バスのポイントは多岐にわたり、そのシチュエーションには顔がある。
ポイントのひとつひとつに最適なメソッドがあり、
ポイントのひとつひとつにヒットルアーがある。
どれが正解なんて野暮なことは言わないけれど、
少しだけ基本は知っておいたほうがいい。

BASS FIELD 01

《リリーパッド》 池

強烈なアタックが期待できる夏場の好ポイント

酸素も豊富でバスには居心地のよい所

夏場の野池などでは、ホテイアオイ、ハスといった水生植物で、水面がビッシリ覆われている所が少なくない。こうした場所は基本的に水深が浅く日当たりのよい所である。

本来ならバスにとっては過ごしにくいエリアであるはずなのだが、リリーパッドが広がることによって、酸素の供給量も多くなり、水温が安定傾向となる。さらにはモエビや小魚といったベイトも集まってくるため、バスがこういった水生植物の下に潜んでいることが多分にあるのだ。

リリーパッドは場所がら、アングラーが立ち入りにくい場所、敬遠したい場所でもある。しかし、私たちが予想する以上にバスはこのエリアを好む。そのため、潜んでいるバスのプレッシャーは低く、ランカーのヒット率も高い。攻略方法によっては、かなりよい思いができる場所なのだ。

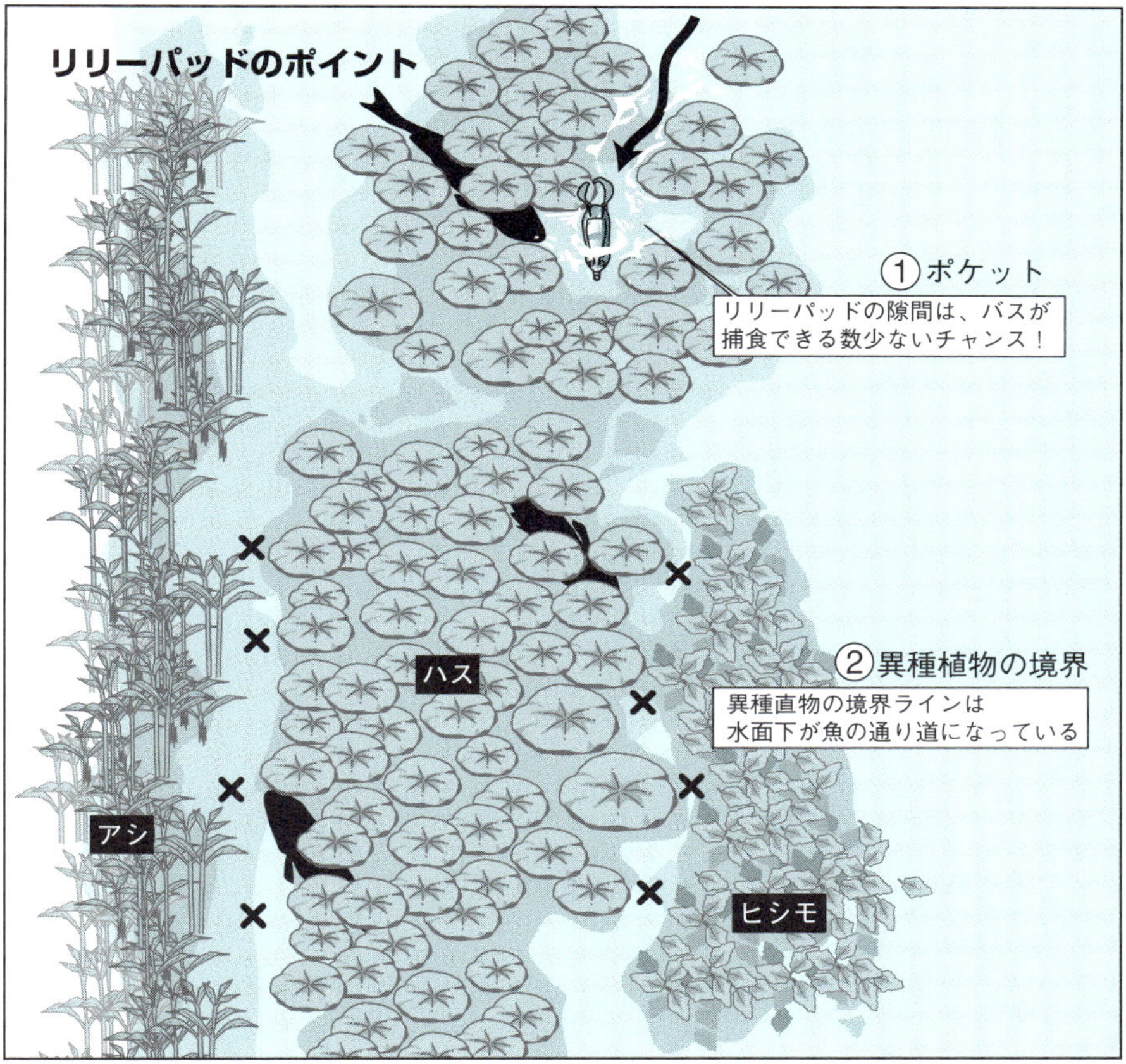
リリーパッドのポイント
①ポケット
リリーパッドの隙間は、バスが捕食できる数少ないチャンス！
②異種植物の境界
異種直物の境界ラインは水面下が魚の通り道になっている
ハス
アシ
ヒシモ

フロッグの独壇場

ここでは、普段あまり使わないフロッグやマウスといったルアーを使ってみてほしい。ウイードレス効果に優れたこれらのルアーは、リリーパッドをすり抜けるのがことのほかうまく、ストレスのないゲーム展開を約束してくれる。

これらのルアーを水生植物の上にキャストしたなら、ロッドを立ててゆっくりゆっくりと引いてくる。ルアーが葉の上に乗ろうが、ポケットに落ちようがおかまいなしでよい。

バスはリリーパッドの下から、このルアーの動きを追いかけているはずだ。食べたいけれど、リリーパッドが邪魔で襲えない。こんなふうに思わせたら勝負はついたようなもの。

リリーパッドの隙間（ポケット）でチョンと波紋を立てるようなアクションを加えると、水中からガボッ！　という感じでバスが飛び出してくる。心臓がバクバクしてしまうぞ。

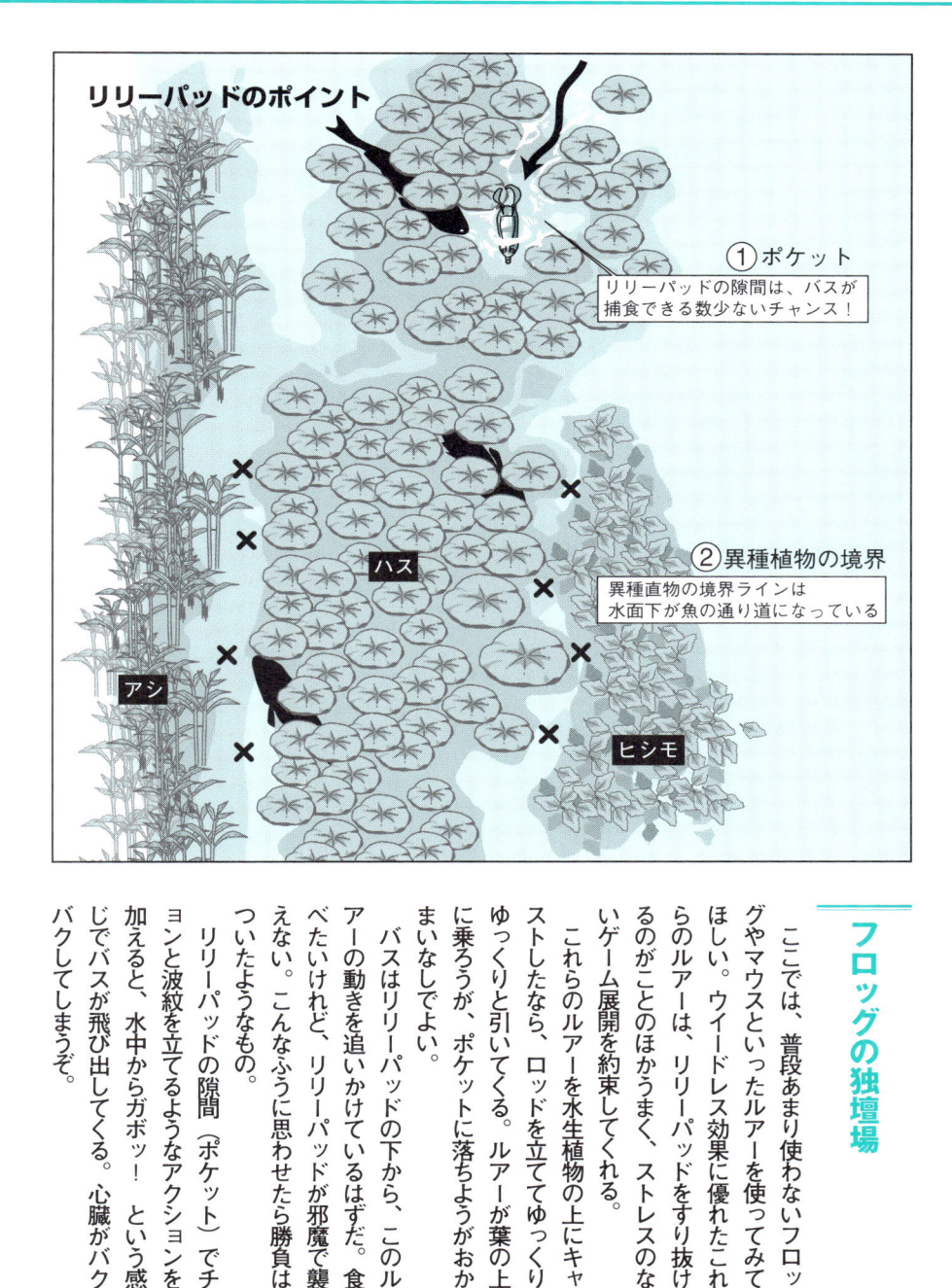

BASS FIELD 02

《エン堤》

池

野池の人気スポットで見えバスと遊ぶ

足場はよいがプレッシャーは高い

野池の中で、一番に目につくのがエン堤だ。エン堤とは池の水をせき止めた土手ということなのだが、多くの野池はエン堤が崩れにくいようにコンクリートブロックで護岸されている。

基本的にエン堤は、池の中では最深部に当たるといっても過言ではなく、一年を通じて見た場合、バスが最も多くの時間を過ごしているポイントといってもいいだろう。ただ、人の目につきやすく、釣り人がアプローチしやすいことから、フィッシングプレッシャーのかかり方は尋常ではなく、バスが見えるからといって簡単に釣ることができるポイントというわけでもない。

しかし、逆にそこがおもしろい部分でもあり、見えバスに翻弄されるのもまた一興だ。バスの回遊は多い所だから、エン堤だけでもたっぷりと楽しめる。もちろん、ランカーの期待も十分あるので油断は禁物だ。

エン堤のポイント

エン堤は野池の最深部に当たるポイントだが、
釣り人がアプローチしやすいのでプレッシャーも高い

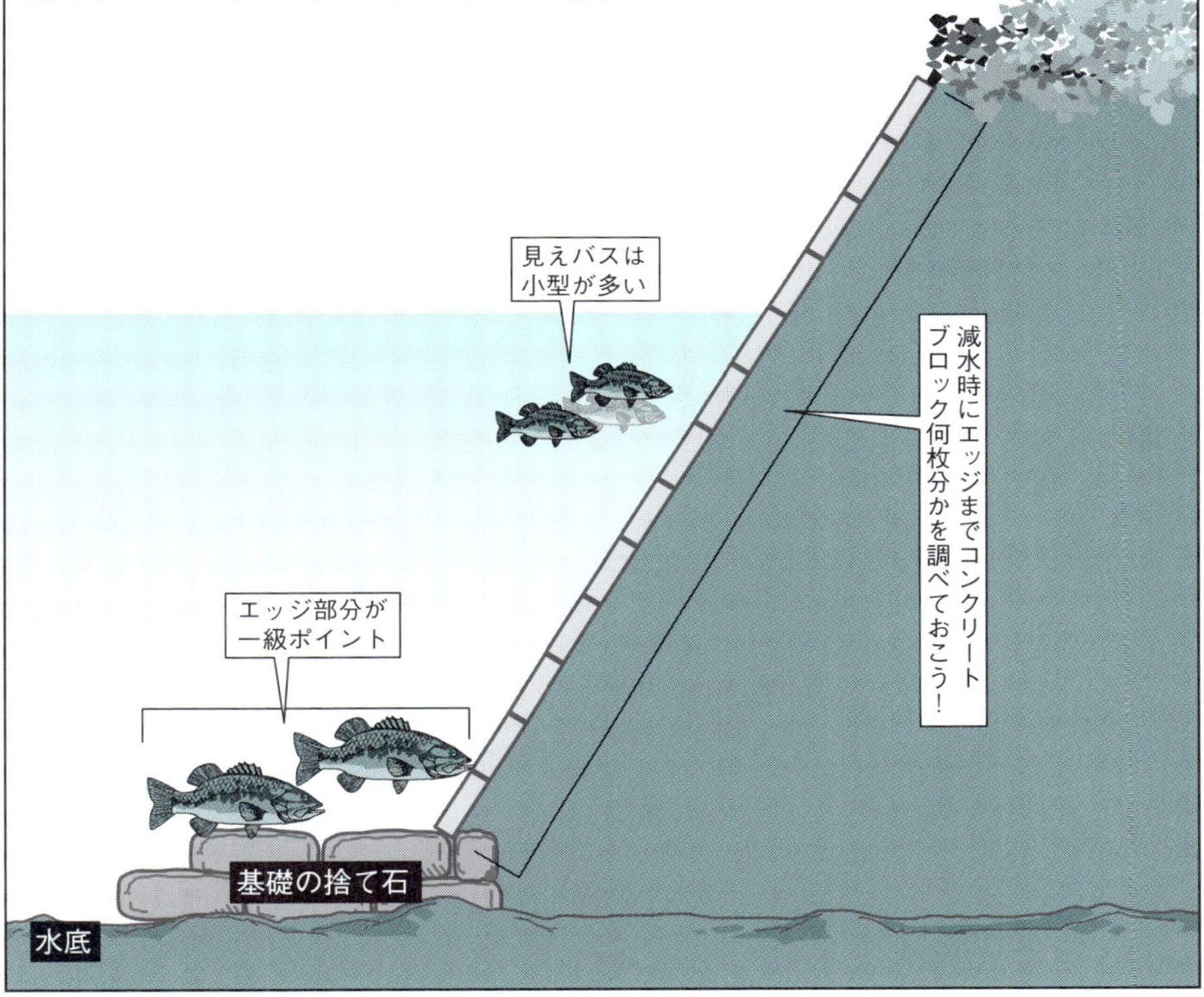
見えバスは小型が多い
減水時にエッジまでコンクリートブロック何枚分かを調べておこう!
エッジ部分が一級ポイント
基礎の捨て石
水底

ライトリグなら数釣りもOK!

こういったハイプレッシャーエリアのバスは、ワームのライトリグで狙うのが定番だ。見えバスのアベレージサイズもせいぜい30センチもあればよいほうだから、繊細な仕掛けで遊ぶのがおもしろい。

エン堤のブロックの上は見えバスの遊び場であり、回遊コースでもある。何時間か時間をつぶせばバスのほうから遊びにきてくれる。このときも、大体、エン堤の両サイドのどちらかからやってくる。エン堤の両端で待っているとフレッシュなバスとコンタクトがとれるだろう。

また、エン堤には、見えバス以外にも多くのバスが寄っている。例えば水中に隠れているエン堤のエッジ部分などは、さほどていねいに狙われていないから、魚が残っている率も高い。

ハイプレッシャーエリアで多く釣りたければ、バスや釣り人の裏をかかないとね。

BASS FIELD 03

《アシ際》

池　川

見ているだけで、いかにも釣れそうなアシ原群

釣れないときほど当たればデカイ。信じる者は救われる

川や野池で延々と続くアシ原を見ることがある。いかにも釣れそうで、どこでも釣れそうで、どこから手をつけていいのか分からなくなる。

しかし、実際はどこでも釣れるというものでもない。アシ原そのものがシャローエリアに群生しているのであるから、アシそのものがなければ非常にプアなポイントなのである。

アシ際の水深は1メートルもない所が多いだろう。沖に出てもさほど変わらない。だから、ちょっとしたことで、バスはここから離れたりすることが多いのだが、逆に帰ってくるときも、このアシ際しかない。だから、釣れない釣れないと言われながらも最終的には結果が出ている。

要は信じ抜くこと。延々と撃ち続ければ、きっとバスに会えるのだと。釣れないときほど、当たればデカイ。信じるものは救われる。

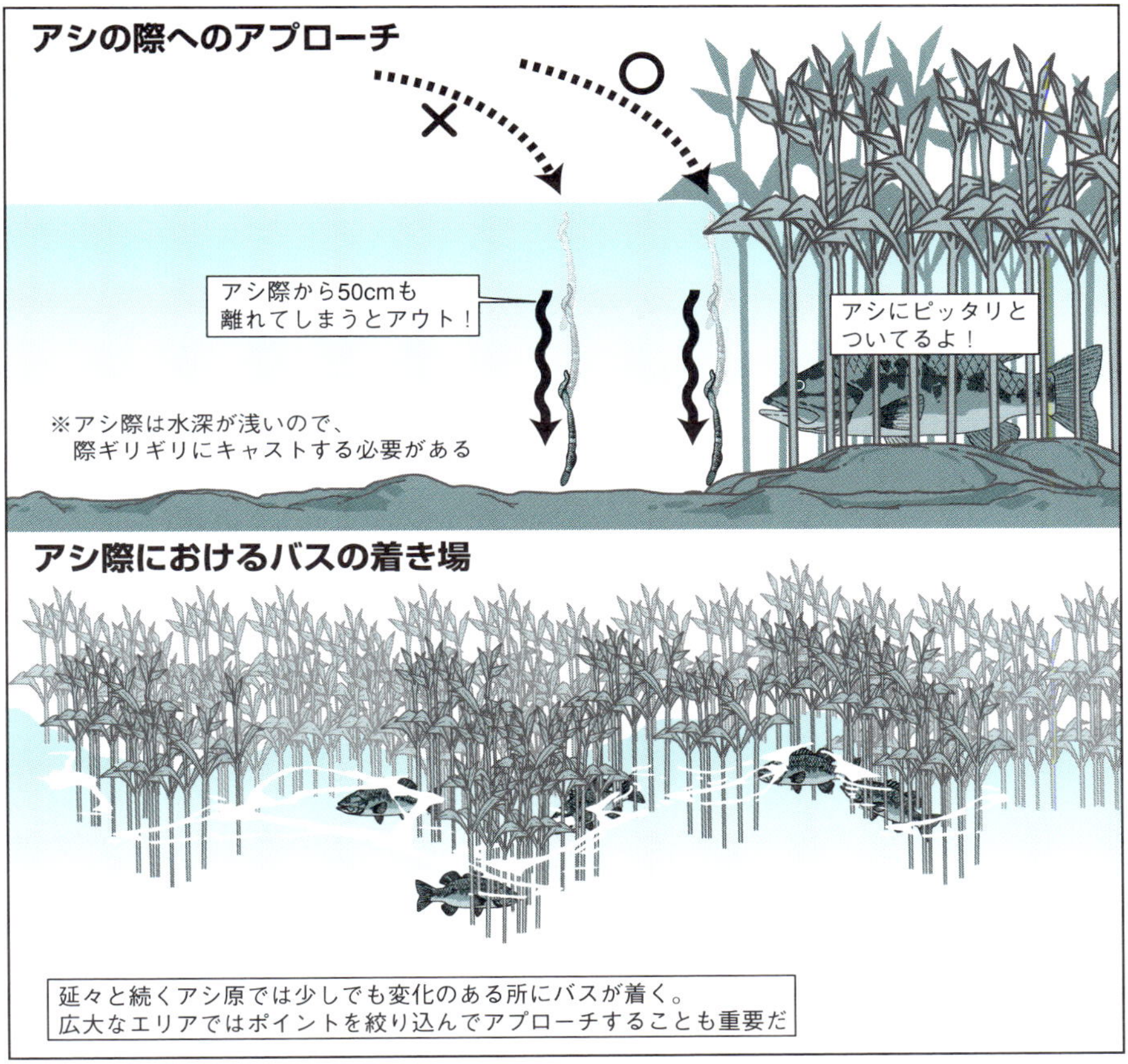
アシの際へのアプローチ
×
○
アシ際から50cmも
離れてしまうとアウト！
アシにピッタリと
ついてるよ！
※アシ際は水深が浅いので、
際ギリギリにキャストする必要がある
アシ際におけるバスの着き場
延々と続くアシ原では少しでも変化のある所にバスが着く。
広大なエリアではポイントを絞り込んでアプローチすることも重要だ

アシ際には、驚くほどピタリとバスが着いている

アシ際狙いでは、それこそタイトに際を狙うべし。全体に水深が浅いエリアなのだから、ストラクチャーであるアシ原からルアーが50センチも離れたらアウトと考えよう。

また、延々と続くアシ原ではポイントを絞り込むことも重要だ。地形的に少しでも凹凸があれば、ていねいに狙ってみたいもの。

使用ルアーは、アシ際をダイレクトに狙うなら、アシに掛かりにくいラバージグやワームのテキサスリグなどがよい。タイトに撃ち込むことが可能なので、バスの目の前にルアーを落とすことができれば、フォール中からバイトがあるはずだ。

また、広範囲をスピーディーに探っていくならバズベイトやスピナーベイトで表層～中層を引きまくる。特に風当たりがよい日ならバズベイトに連続ヒットすることもある。

BASS FIELD 04

《堰》

川

上流側も下流側もおいしく見える。流れ川の一級ポイント

堰のある川にバスが多いというのは本当か？

日本の川の多くには堰（エン堤）が設けられている。これは、田畑へ水を供給するための川が枯れないように、一定の水源を確保するためのものである。

本来、川というものは「瀬」と「トロ場」から形成されているものだが、堰を随所に設けているため、トロ場の連続となっている川も少なくない。

こういった場所はバスが生息しやすく、堰の周辺はまさに一級ポイントとなっている。上流側も下流側も、バスにとってはほどよい流れとなっており、酸素の供給量も多いから夏場だって酸欠知らずだ。

年々、流れ川のバスのアベレージサイズもよくなっているようで、50センチオーバーだって、今となっては珍しくなくなった。

堰をうまく攻略できれば、日本のどんな川でも通用するテクニックを身につけられるだろう。

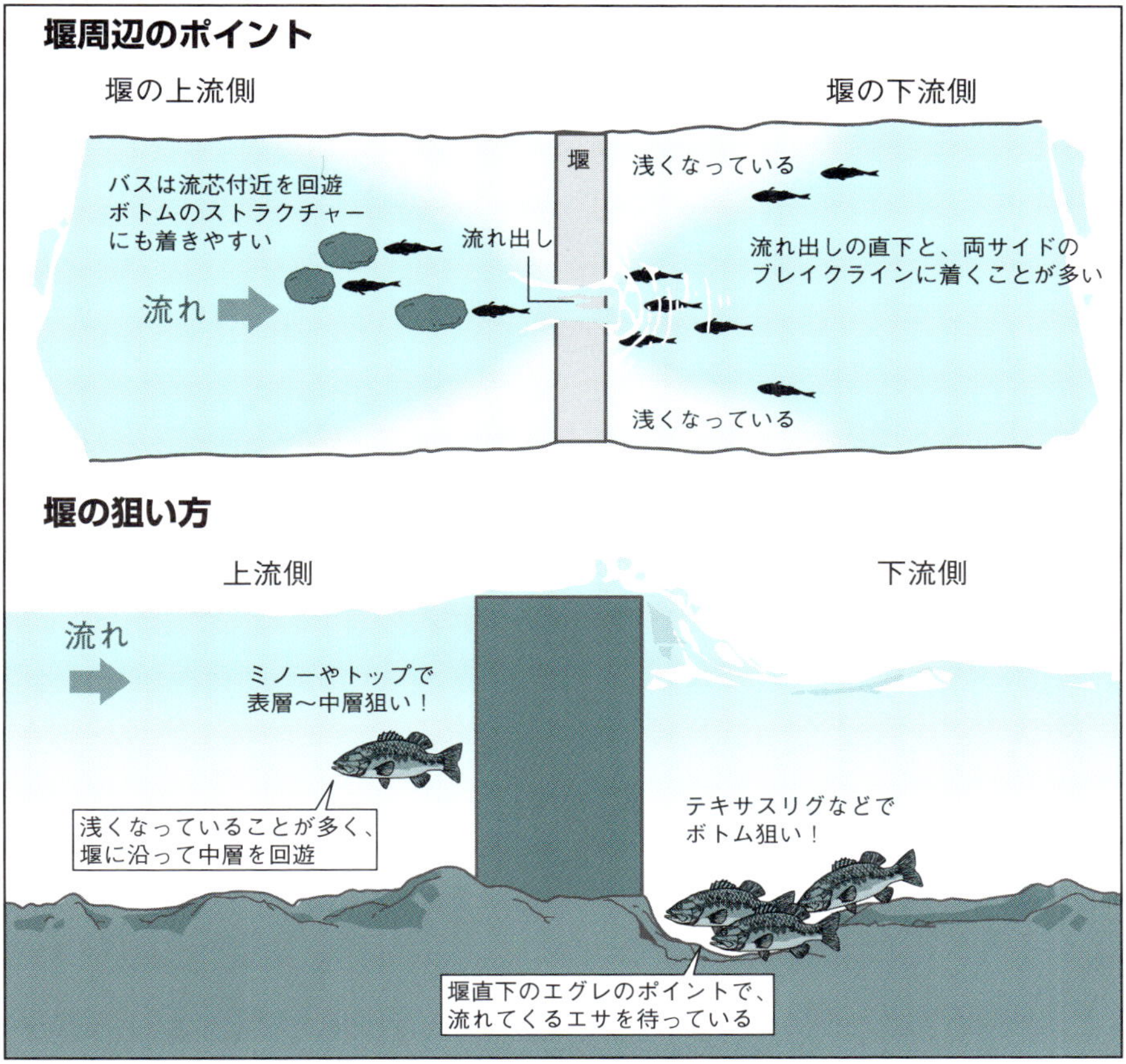
堰周辺のポイント
堰の上流側
堰の下流側
堰
バスは流芯付近を回遊
ボトムのストラクチャー
にも着きやすい
流れ
流れ出し
浅くなっている
流れ出しの直下と、両サイドの
ブレイクラインに着くことが多い
浅くなっている
堰の狙い方
上流側
下流側
流れ
ミノーやトップで
表層～中層狙い！
浅くなっていることが多く、
堰に沿って中層を回遊
テキサスリグなどで
ボトム狙い！
堰直下のエグレのポイントで、
流れてくるエサを待っている

上流側と下流側を釣り分ける

川の中でも堰のある部分は、バスを狙うえでも、他の部分とは少し違った狙い方となる。

上流側なら本来の流れが堰によって緩められているから、バスは流芯近くを広く回遊。

ボトムのストラクチャーにも着く傾向があり、トップウォータールアーやクランクベイト、サスペンドミノー、ノーシンカーワームなど、様ざまなルアーでヒットさせることができる。

一方、下流側は落ち込みによる流れができる所だから、堰下のエグレや、その下のカケ上がりがポイントになる。スピナーベイトやワームのテキサスリグ、ラバージグなど、巻き返す流れに負けないルアーが有効になるだろう。

ただ、最後に注意したいのは、堰といっても増水時は濁流に飲まれることもあるから、雨後は近寄らないようにしてほしい。

BASS FIELD 05

《トロ場》

川

川バスを真剣に狙うなら、トロ場を起点に考えよう

ストラクチャーが絡めば二重丸

川には必ずトロ場がある。いわゆる水深が深くて、流れの緩やかな川バスの安住の地となっている所だ。

ただ、トロ場といっても、バス釣りに関しては、あまり深くない所がよい。ベストは底が見えるか見えないかといった程度。平均的にトロ場は流れの押しが強いから、水深がある所では流れのトルクが強過ぎて、バスにとっても居心地がよくないのだ。

もし、こういった場所を釣るなら、徹底的にトップを攻めるか、流れが弱まるボトムを狙う。逆に流れがほとんどないトロ場なら、少々深い所でも問題はない。こういった場所は野池感覚で釣ることができる。

トロ場のよさは、何といっても好ポイントとなるストラクチャーが多いということ。具体的には水門、護岸、ワンド、ブロック帯、アシ原などが絡んでくる場所も多い。居着きのバスも多い所だ。

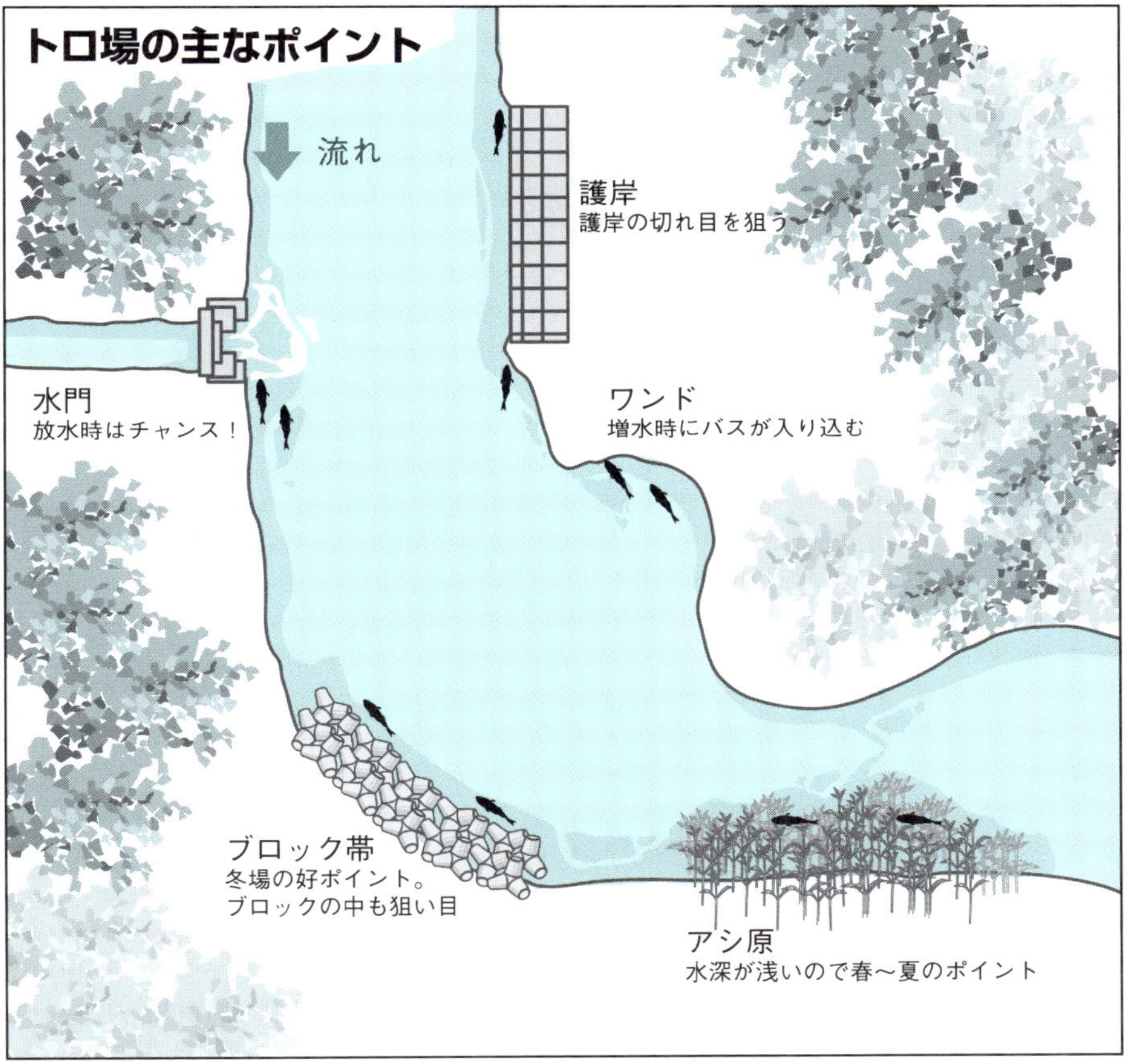
トロ場の主なポイント
流れ
護岸
護岸の切れ目を狙う
水門
放水時はチャンス！
ワンド
増水時にバスが入り込む
ブロック帯
冬場の好ポイント。
ブロックの中も狙い目
アシ原
水深が浅いので春〜夏のポイント

あらゆるルアーが試せるエリア

流れ川のトロ場は、ほぼ止水域に近いような場所もあり、こういった所では、あらゆるルアーを試すことができる。さらには、付近のストラクチャーに合わせたルアーセレクトも有効になるはずだ。

基本的なルアーセレクトは、止水域の釣り場と何ら変わらない。春はバイブレーションやクランクベイトなどのブルブル系のハードルアーがよく、夏の早朝や夕方は、ペンシルベイトやポッパー、バズベイトなどトップ系の釣りが好調になる。

秋はミノーやスピナーベイト、ノーシンカーワームなど、中層レンジを細かく探れるものがよいだろう。

ただし、冬はカバーの中に潜り込んでしまうので非常に釣りづらくなる。それでも緩やかに流れ続けるトロ場のポイントなら、他の釣り場よりも少しは活性の高いバスを相手にすることができるだろう。

BASS FIELD 06

《瀬》

川

意外な急流の中にも姿を見せる

瀬は一時的なフィーディングスポットだ

流れ川には「瀬」というものがある。水深が浅くて、常に波立っている急流エリアである。水深は1メートルにも満たない所がほとんどだ。

基本的にバスはこういった場所には生息しないものだが、近くにトロ場があれば、エサを取るために一時的に入り込んでくることがある。

瀬といっても、流れがゆったりしたトロ瀬、水深が非常に浅いチャラ瀬、高低差のある段々瀬など、種類も様ざまだ。しかし、どんな瀬であっても、瀬の距離が短い場所ならバスが入り込む可能性は非常に高い。

そして、こういった場所でバスの着き場を特定することができたなら、かなりおもしろい釣りをすることができる。

なぜなら、瀬の中にいるバスはその多くがお腹を空かせているようなのだ。だから、その食いっぷりに釣り人は目を輝かせるのである。

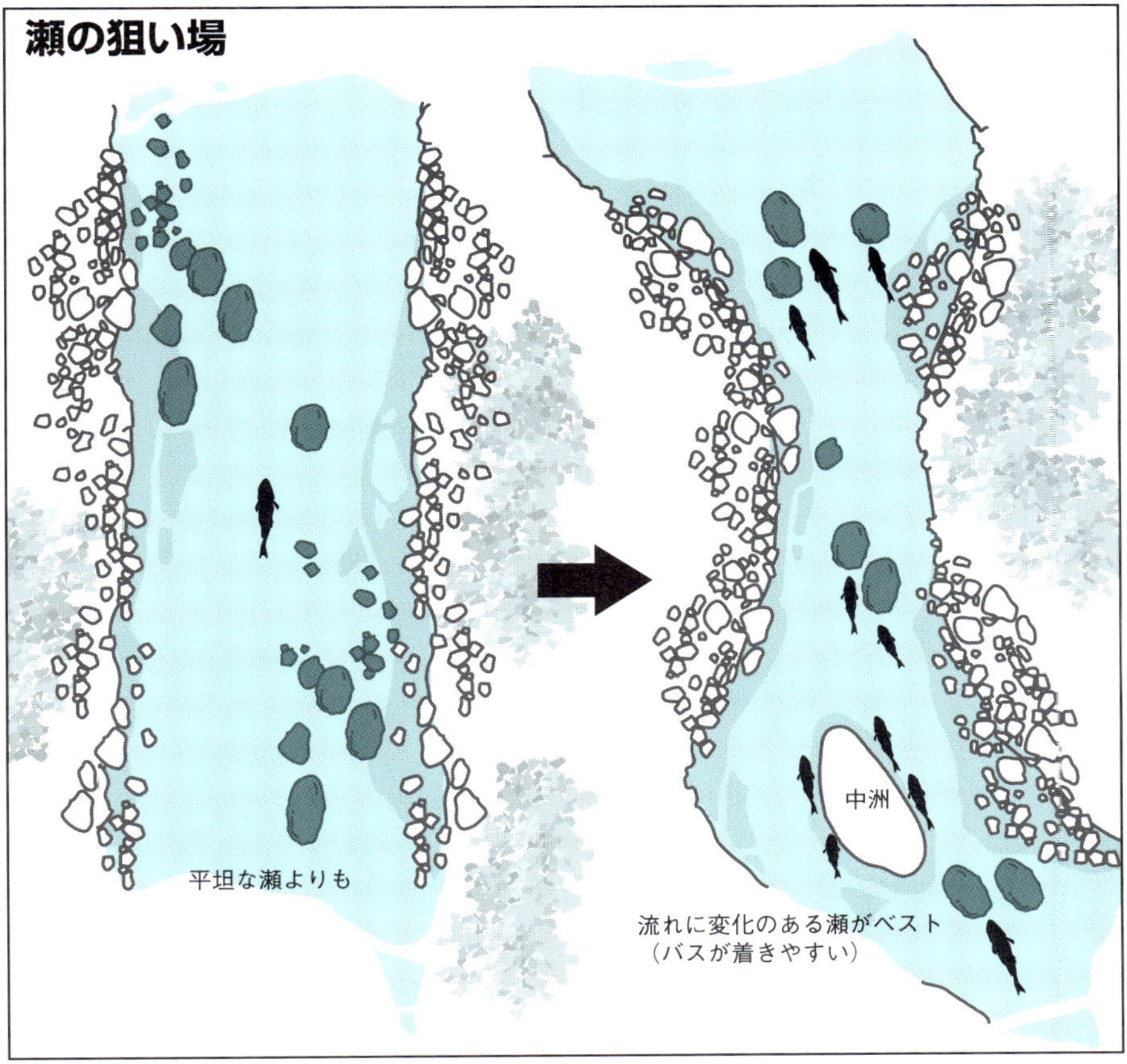
瀬の狙い場
平坦な瀬よりも
中洲
流れに変化のある瀬がベスト
（バスが着きやすい）

ミノーやスプーン、スピナーなど、トラウトルアーの出番もある

バスの活性は高い。しかし、簡単に釣れるわけではない。なぜなら、バスルアーは急流域での使用を想定して作られていないからだ。だから、ここではあえてバスルアーにこだわる必要はない。

急流の瀬でルアーを引くなら、トラウト用のフローティングミノーがよい。引き抵抗が軽く作られているから、流れの中を逆引きすることもできる。同じ意味では、スプーンやスピナーも出番があるだろう。

また、忘れてはならないのが、ワームのテキサスリグやノーシンカーリグ。流れに合わせてウエイトを使い分け、上流からバスのポイントまで流し込んでいく。

瀬の中からゴンゴンとひったくるようなアタリにあたふたさせられたり、強引なファイトにハラハラするのも、川バス釣りならではのおもしろさだ。

BASS FIELD 07

《ブロック帯》

川

流れ川最大にして最強のマンメイドストラクチャー

最も流れが強いエリアに設置されている

ブロックとは、消波ブロックのことである。ちなみにテトラポッドとは商品名のひとつであり、ほかに六脚ブロックなど、形状の違いによってそれぞれに名前がつけられている。

川には、海のように大きな波を分散させるブロックではないけれど、流れの強い部分には浸食防止のためのブロックが設置されている。

流れが強く当たるポイントにまるで魚礁のようなストラクチャーが設置されているのだから、川魚の多くがここをねぐらにしたがるに違いない。事実、バスのみならずコイ、フナ、ナマズ、ウナギ、その他の雑魚まで数えるとまるで水族館の様相だ。

ブロック帯はバスにとっては、エサ場とねぐらがいっしょになったような場所かもしれない。夏の夕方には、ブロックの周辺で大きなライズも起きる。ランカー狙いにも外せないポイントだ。

ブロック帯のバスの着き場

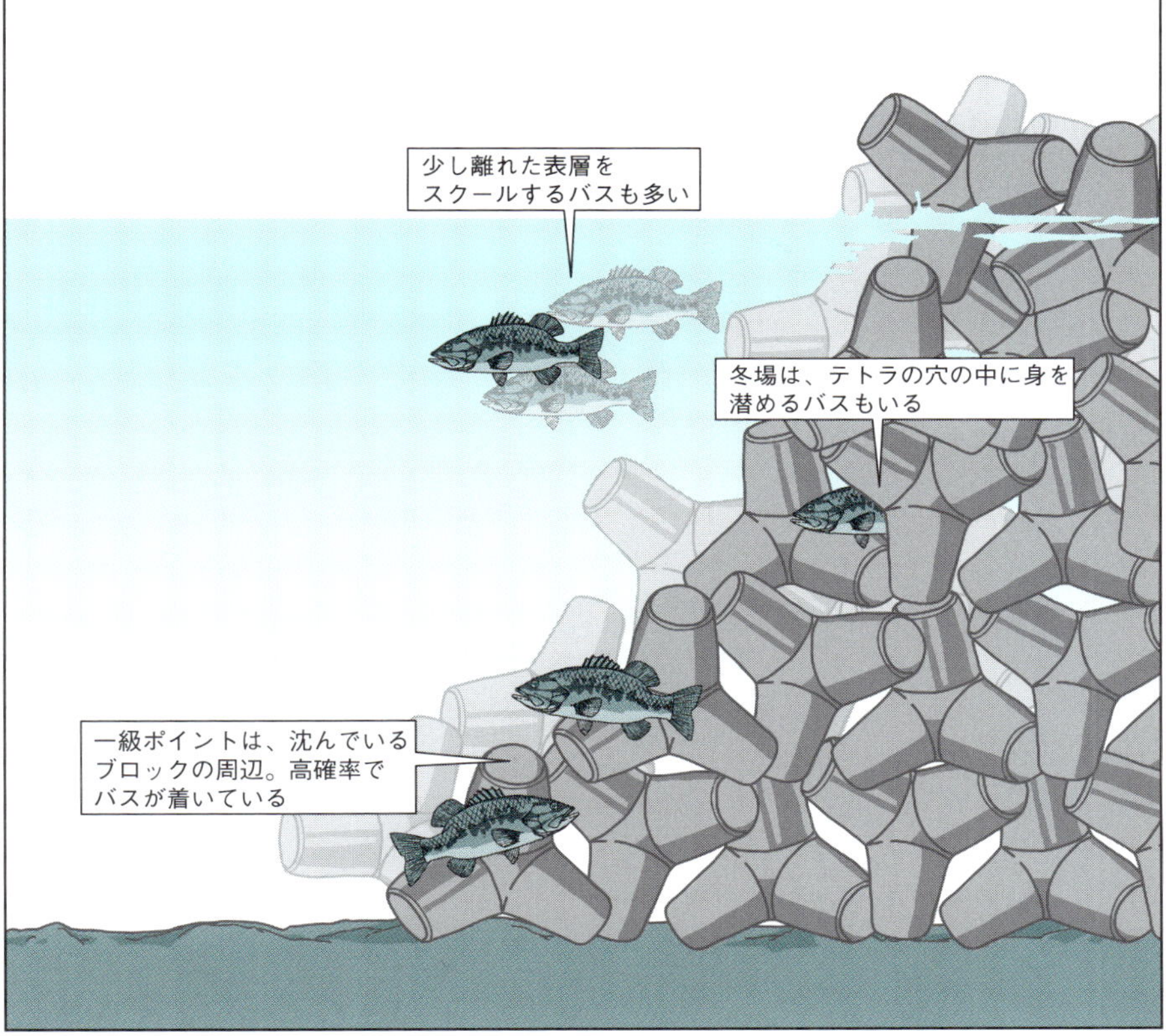
少し離れた表層を
スクールするバスも多い
冬場は、テトラの穴の中に身を
潜めるバスもいる
一級ポイントは、沈んでいる
ブロックの周辺。高確率で
バスが着いている

ブロックをタイトに狙おう

基本的に活性の高いバスは、ブロックの外でエサを追い回す。しかし、ブロックそのものには大きな隙間があるから、活性の低いバスは中に入り込んでいる場合が多い。結果、長い時間を通して見ると、バスはブロックの隙間に入り込んでいる時間のほうが圧倒的に長くなる。

したがって、ブロック帯を狙うならば、できるだけタイトにルアーを近づけたい。スピナーベイトやバズベイト、ミノーでも、ブロックにぶつかるくらいでちょうどいい。ブロックの中から外をうかがっているバスが、思わず飛びつくくらいの距離がよい。

そのほか、ラバージグやテキサスリグでブロックの中を釣っていくのもよい方法だ。バスはブロックの隙間の奥で安心しているから、上から落とし込むだけで食ってくることも多い。

ただ、ブロックの上を歩くときは、くれぐれも足元に注意すること。

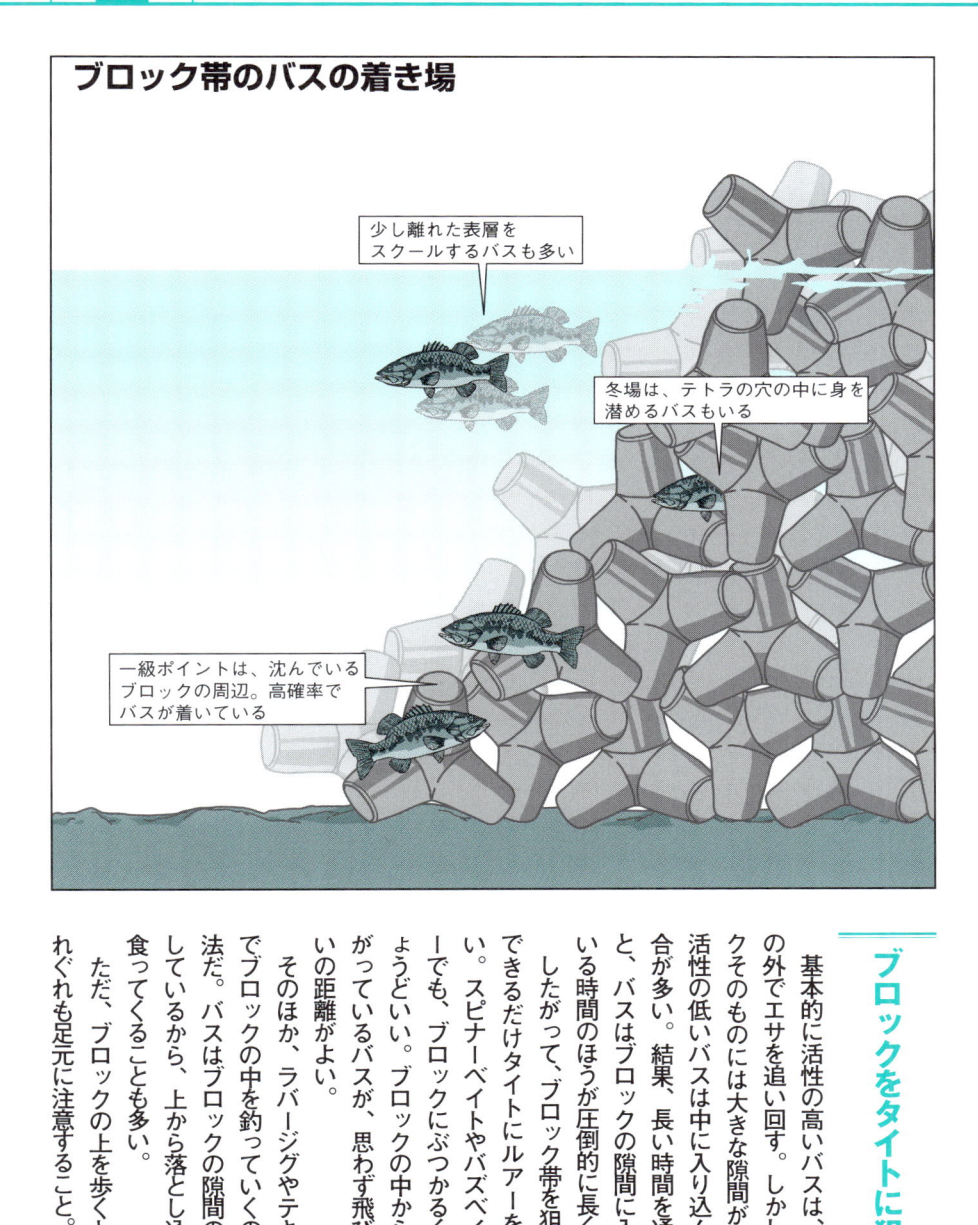

BASS FIELD 08

《橋脚》

川　リザーバー

水通しがよく、シェード部分にバスが集まっていることも

水通しのよさがバスを集める

多くのアングラーが集中してしまうポイントのひとつで、普段でもボートフィッシングの人たちが必ず狙うのが橋脚である。したがって、ほとんどのフィールドでは、橋脚周りはフィッシングプレッシャーが高くなっていると考えていいだろう。

にもかかわらず、今なお、好ポイントとしてピックアップされる背景には、半永久的にそれなりの実績が残されているからだ。

確かに、周辺にこれといったストラクチャーがない場合、バスは水通しがよく、しっかりしたシェードを作り出す橋脚に着くことが多い。ひと昔前は、一本の橋脚に何尾ものバスが着いていたものだ。

今でも、最初にアプローチできれば、いくらかのバスの歓迎を受けることが許される。それは、どこの釣り場でもそうであり、これからも続いていく光景に違いない。

橋脚のポイント

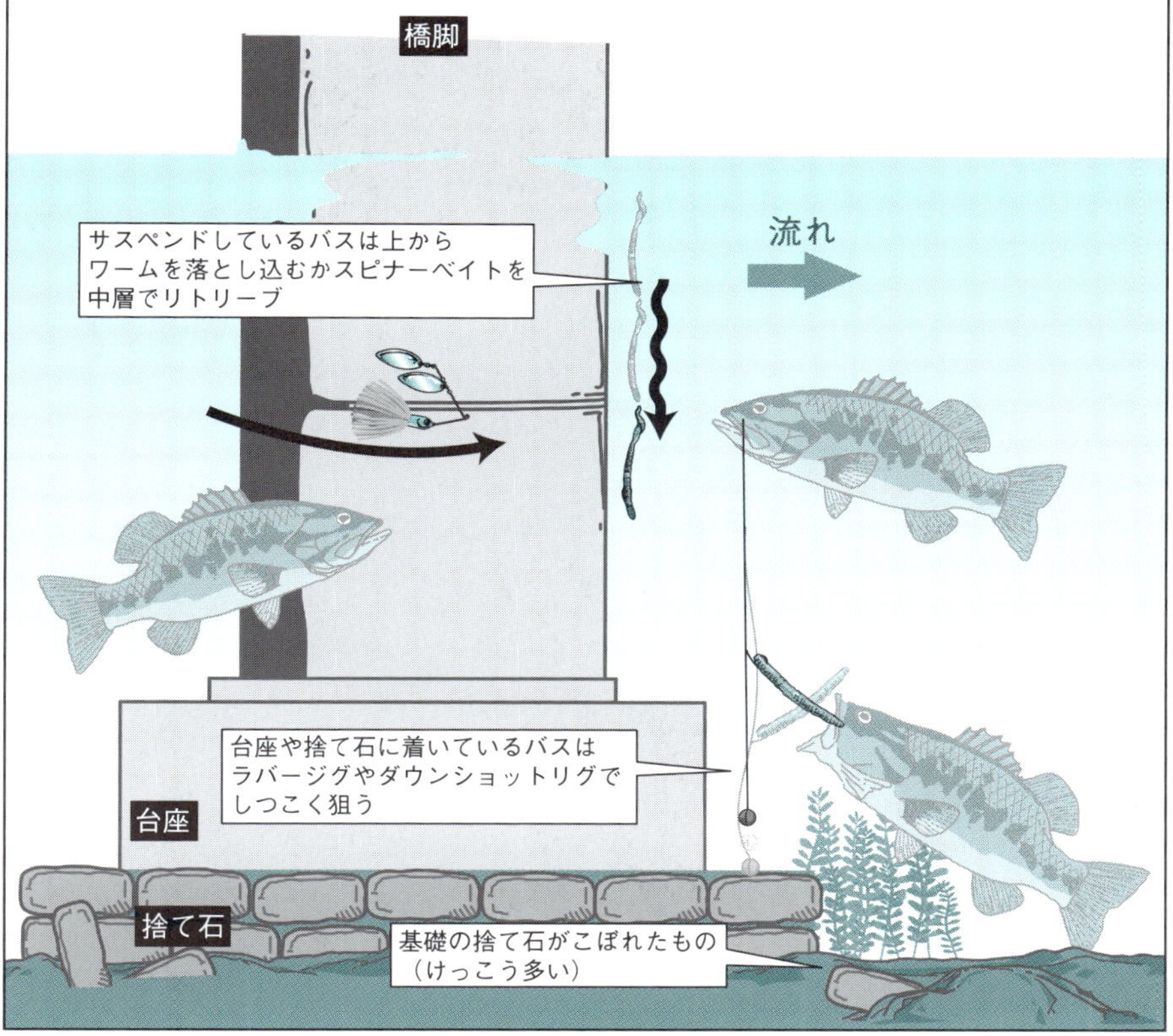
橋脚
流れ
サスペンドしているバスは上から
ワームを落とし込むかスピナーベイトを
中層でリトリーブ
台座や捨て石に着いているバスは
ラバージグやダウンショットリグで
しつこく狙う
台座
捨て石
基礎の捨て石がこぼれたもの
（けっこう多い）

盛夏にも狙えるポイントだ

橋脚は水通しよく、シェードがしっかりとできるから、夏場でも狙える貴重なポイントだ。もちろん、夏場は日陰になっている側がポイントになる。

橋脚の際ギリギリにソフトルアーなどを落とし込み（ルアーを橋脚にぶつけるつもりでキャストする）、フォールさせるというのが基本的な攻略パターンといえる。

橋脚での釣りは、バスがどのレンジにいるのかを素早く知ることが重要だ。だから、最初のうちはトップからボトムまで探るようにするとよい。

ただ、問題なのは中層に浮いているサスペンドバスのアタリ。ワームのフォーリング中にバイトがあるのだが、これはラインの変化で見極める必要がある。

小さなバイトでも、少しだけラインを送り込み、十分にルアーを食い込ませたところで、強烈な合わせをくれてやるといいだろう。

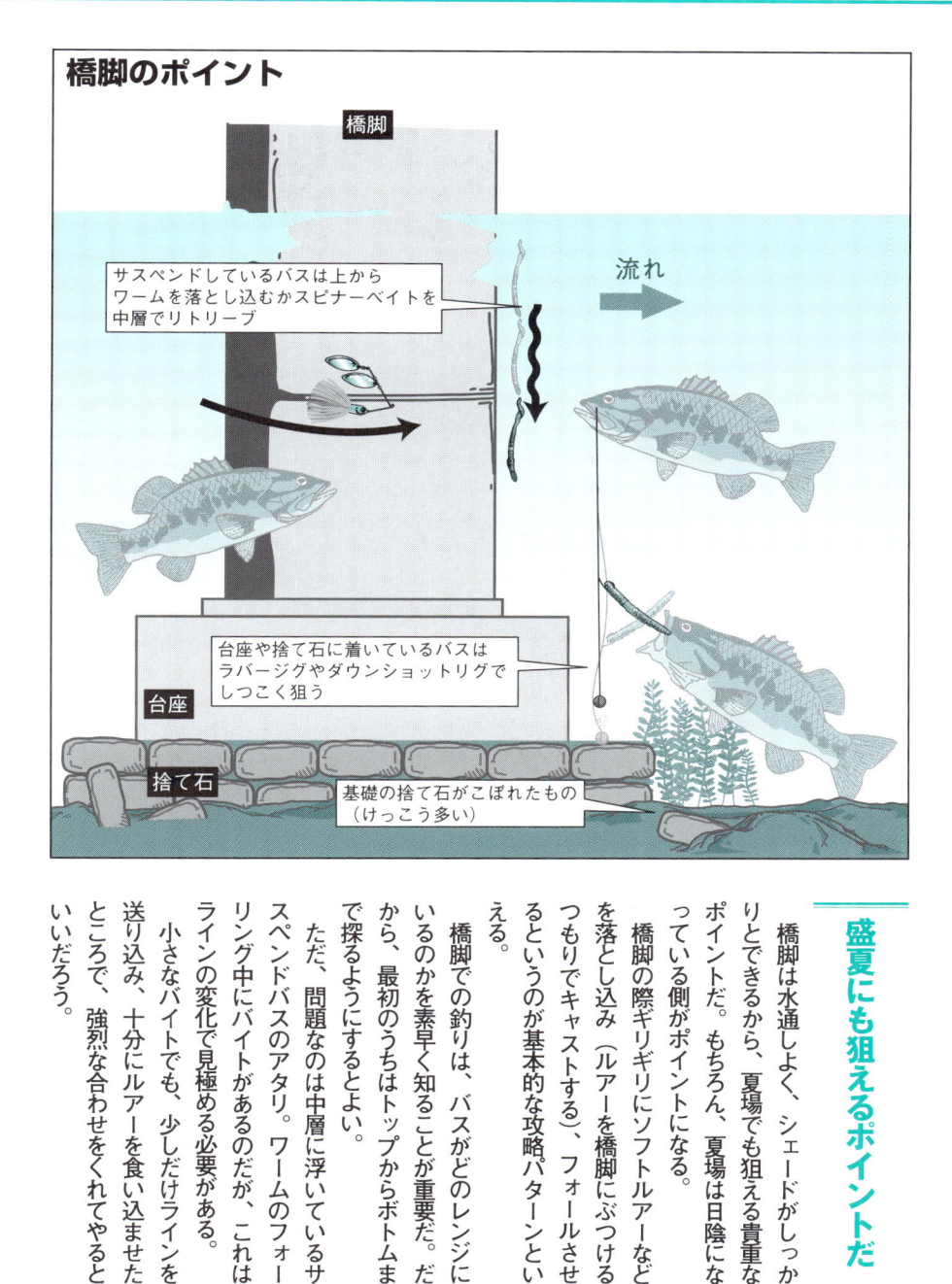

BASS FIELD 09

《流れ込み》

池　リザーバー

期待を裏切らないオカッパリのベストポイント

酸素含有量が豊富で夏にもバスが着きやすい

リザーバーの最上流をはじめ、支流の流れ込み、様ざまな形で水が流れ込んでいる所は、常に新鮮な水が供給されている。当然、水中の酸素含有量も多く、水温の上がる夏場は、第一級のポイントと考えていいだろう。

これはリザーバーだけではなく、野池などにも言えること。止水エリアに新鮮な水が流入する所は、高確率でバスが着く。

特に上流が渓流域なら、流れ込みは酸素が多いだけでなく、上流から虫や小魚なども流れてくる。とりあえず、そこに陣取ればエサが流れてくるのだから、バスにとっては手軽にエサを取れるありがたい場所なのだ。

さらに、雨後の増水時はバスの集結度がグンと高くなる。非常に釣りやすくはなるのだが危険もともなう。安全には気をつけて、くれぐれも立ち込まないようにしてほしい。

流れ込みでのアプローチ法

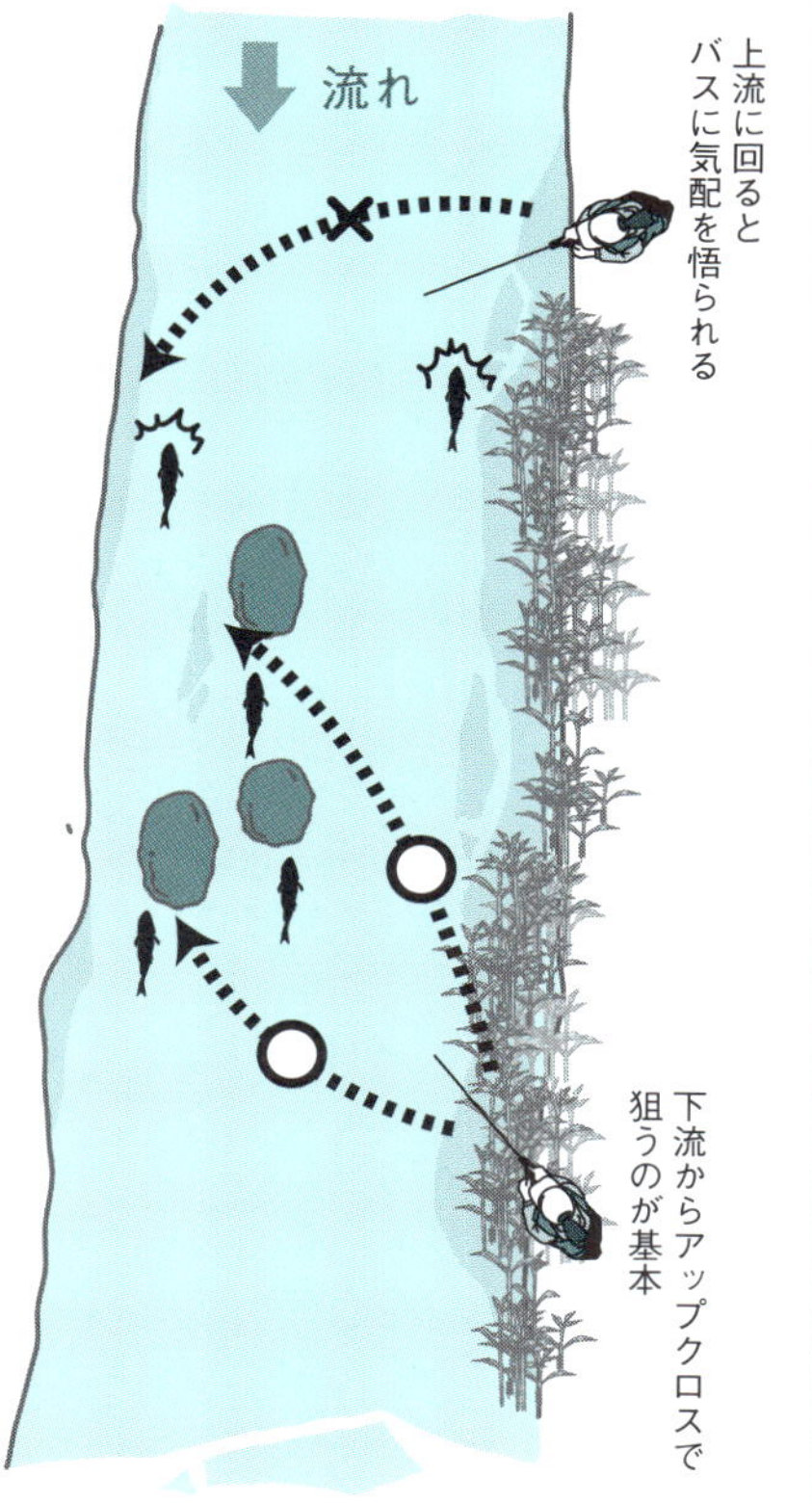
流れ
上流に回るとバスに気配を悟られる
下流からアップクロスで狙うのが基本

流れ込みに着くバスのタイプ

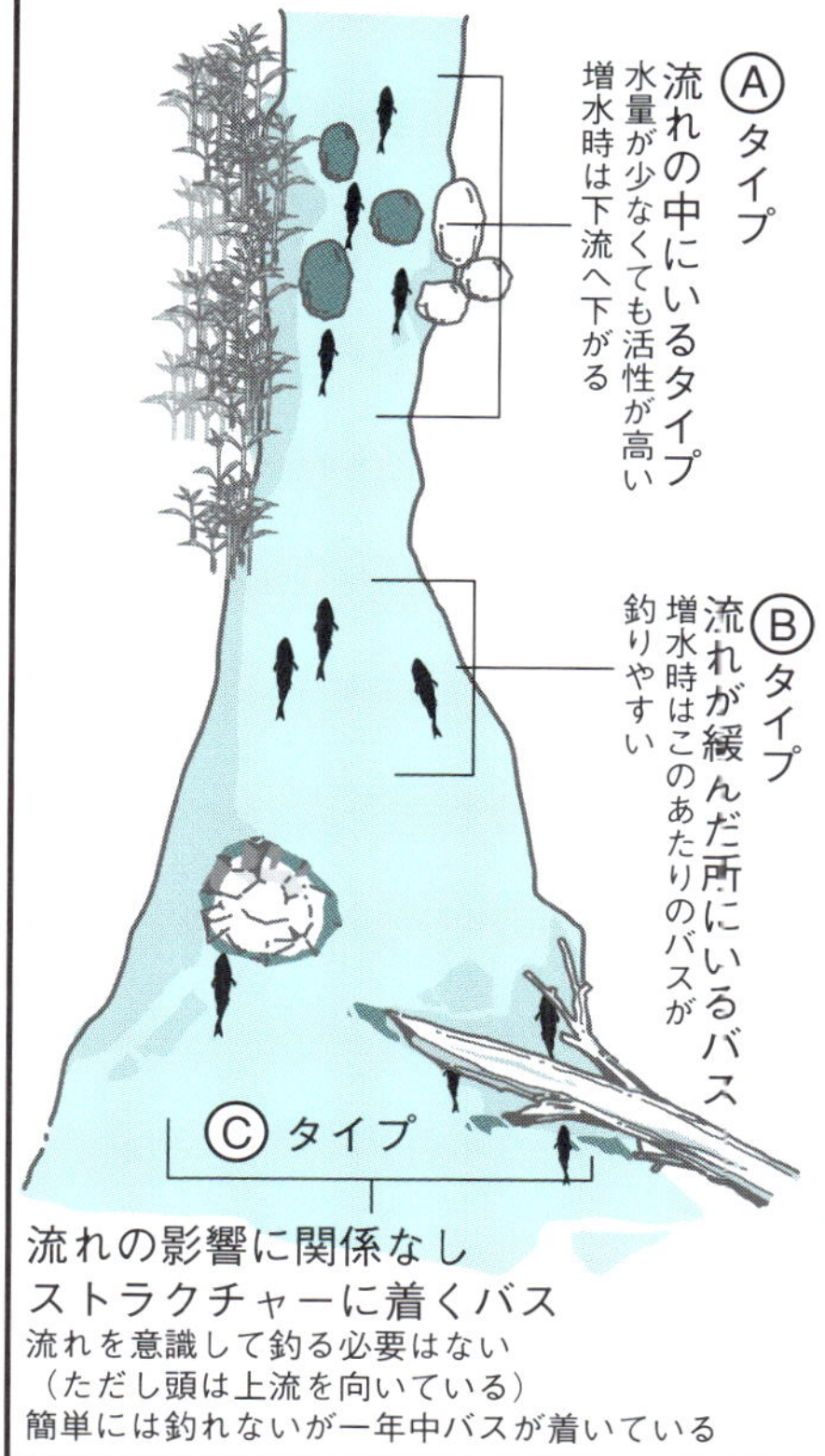
Ⓐタイプ
流れの中にいるタイプ
水量が少なくても活性が高い
増水時は下流へ下がる
Ⓑタイプ
流れが緩んだ所にいるバス
増水時はこのあたりのバスが釣りやすい
Ⓒタイプ
流れの影響に関係なし
ストラクチャーに着くバス
流れを意識して釣る必要はない
（ただし頭は上流を向いている）
簡単には釣れないが一年中バスが着いている

ベイトフィッシュが確認できればミノーがよい

流れ込みには、大型のバスが着きやすい傾向がある。それは、バスのエサであるベイトフィッシュのサイズが大きく、しかも数多く入り込んでいる場合が多いからだ。

もし、ベイトフィッシュが確認できたら、それに合わせたミノーをキャストしてみよう。ときに10センチ以上のミノーだってサイズ的に物足りないときがある。

また、流れ込みにアシやウイード、岩などのストラクチャーがある場合は、バスはこういった所に身を潜めてベイトフィッシュを待ち伏せしている可能性が高い。

ミノーなどで探ってもヒットしない場合でも、ルアーを替えてストラクチャー周りをていねいに探るなど工夫すれば、ヒットに持ち込める場合もある。また、日中にバスが見えなくても夕方に時合がくることもある。

BASS FIELD 10

《立ち木》

池　リザーバー

だれもが狙うサスペンドバスの好ポイント

バスは非常に高確率で着いているのだが……

日中のバスは日陰に潜んでいることが多いが、立ち木や倒木は、バスたちにとって最も居心地のいい日陰を作る。そうしたことから、かなりフィッシングプレッシャーの高いフィールドでも、このポイントにいるバスだけは散りにくいといえるだろう。

ただし、ヒット率が高いのは、あまり人の入り込んでいないポイントである。また、早朝や夕方など、ひと気のないときに攻めてみるのもいいだろう。スレていないバスなら容易にヒットに持ち込めるはず。

また、日陰の大きさと釣れるバスのサイズはある程度比例する傾向にある。つまり、日陰が大きいほど大型のバスが顔を出す可能性が高い。

大型を狙う場合は立ち木の密集度が高いポイントを選ぶことが重要で、中層以上にサスペンドしているバスよりもボトム付近を狙ってみてほしい。

立ち木の狙い方

立ち木はサスペンドタイプのバスが着く。
上層〜下層を立体的に狙うとよい！
長さがあると
バスが安心してサスペンドする
水深のない立ち木は
ボトム近くを狙う
水深のある立ち木のほうが
多くのバスが着きやすい

サスペンドバスの攻略法

立ち木のポイントで数多くのバイトを得ようと思ったら、サスペンドバスを攻略しなければならない。サスペンドバスは、こういった縦型ストラクチャーにぶら下がるように着いているのだが、活性そのものはあまり高くない。

そのため、使用するのはノーシンカーワームやスプリットショットリグなどのライトリグが主体。これらをスローにフォールさせて、フォール中のアタリを積極的にとっていくのだ。基本はノーアクションだが、ときにシェイキングやリフト&フォールも交じえて目先を変えてみるのもいいだろう。

場所がら、根掛かりも少なくない。また、キャスティングが未熟だと、ルアーを木に引っ掛けてしまうことも多々ある。しかし、それを恐れていてはダメ。立ち木の横スレスレにルアーを落とし込むことができれば、ヒットの可能性は格段に上がる。

BASS FIELD 11

《排水口》

川　池　リザーバー

小さな排水口でも、ビッグバスが着く可能性はある

盛夏や冬場には水門自体が居着きの好ポイントになる

排水口といっても、大型の排水機場から小さな土管まで、様ざまな形態のものがある。もちろん、その規模が大きいほどバスの着き具合はよく、ヒット率は高くなる。

しかし、小さな土管でも少なからずバスが着いていることがあり、その1尾がビッグバスである可能性も否定できない。元もと釣り場自体にも排水口の数は限られているのだから、すべてをていねいに撃っていくくらいの気持ちでいたいもの。

タイミング的には、放水中であるほうがバスの活性も高いのだが、水門くらいの規模になると、放水中でなくてもひとつの大きなマンメイドストラクチャーととらえると、いつでも狙ってみる価値はある。

特にバスが大きく動きたくない盛夏や冬場は格好の居着きポイント。思わぬ大物と出くわすチャンスでもある。

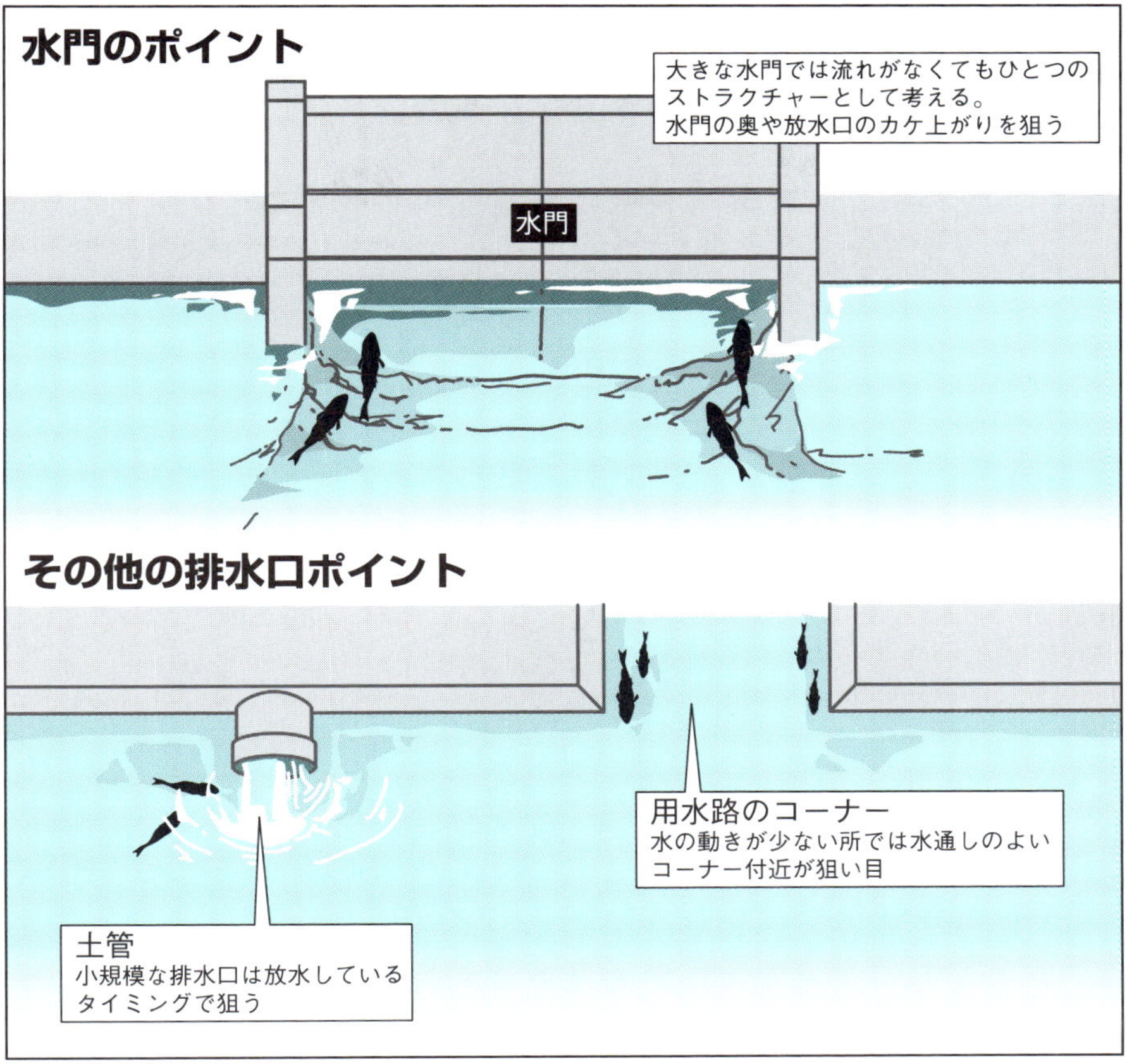
水門のポイント
大きな水門では流れがなくてもひとつの
ストラクチャーとして考える。
水門の奥や放水口のカケ上がりを狙う
水門
その他の排水口ポイント
用水路のコーナー
水の動きが少ない所では水通しのよい
コーナー付近が狙い目
土管
小規模な排水口は放水している
タイミングで狙う

じっくりと時間をかけた縦のアクションが効果的

例えば水門の場合、水深さえあればバスは水門の際ギリギリに着いていることがある。水深が極端に浅いポイントでも、水門から最も近い深場に身を寄せている場合が多い。

いずれにせよ、接近戦が有利であるのは間違いのないところで、主力ルアーも縦のアクションを得意とするラバージグやダウンショットリグ、テキサスリグがおすすめだ。

しっかりとボトムをとって、ストラクチャーをタイトにチェックする。バスがいてもすぐにアタるとは限らない。プレッシャーの高さも尋常ではないから、じっくりと時間をかけて攻めてみる必要がある。

また、ポイントへのアプローチは、静かに行うこと。特にクリアウォーターのフィールドでは、必要以上に大きな足音や、人影だけでもバスは逃げてしまうことがある。

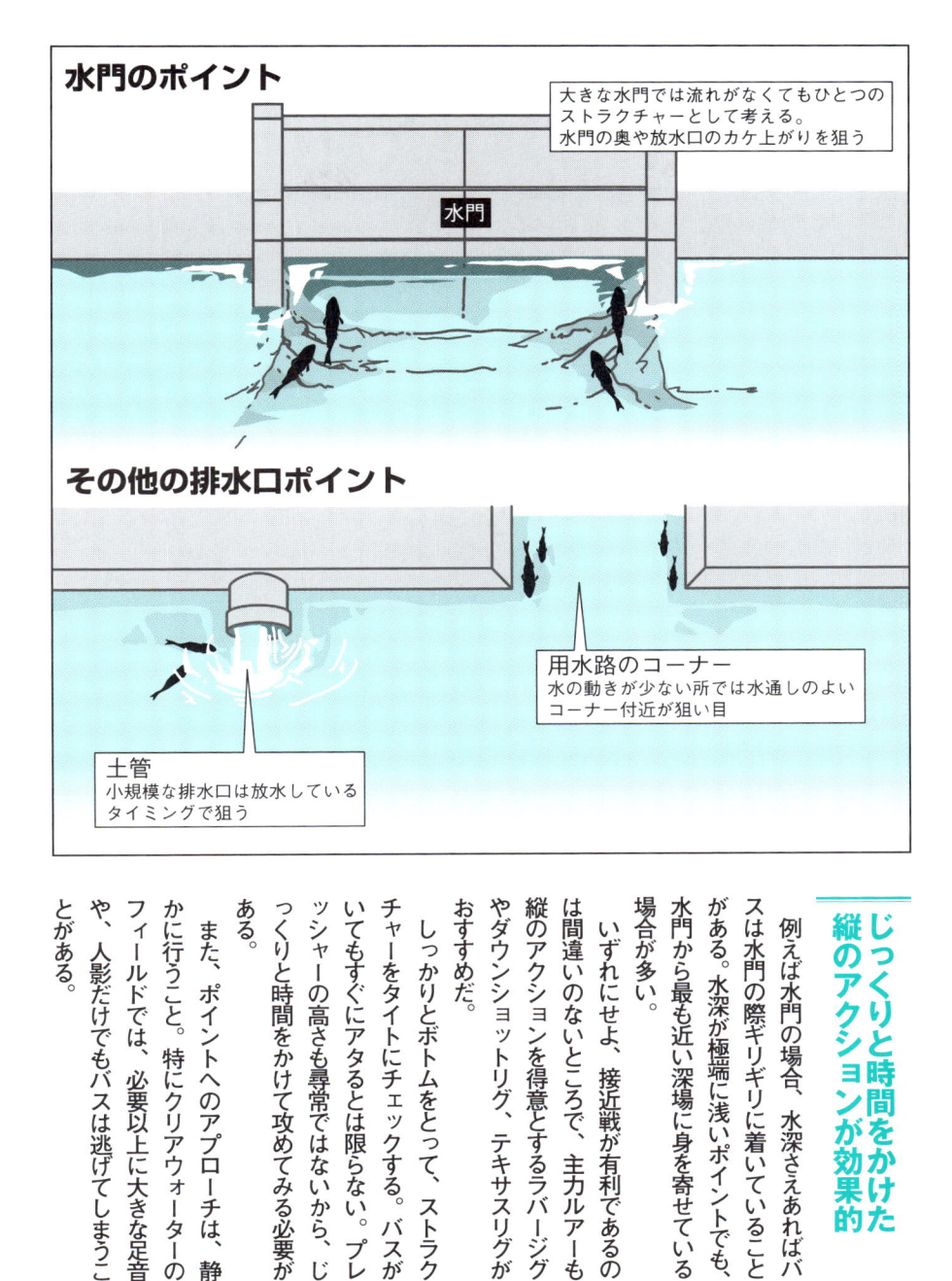

BASS FIELD 12

《ガレ場》

池　リザーバー

水中の岩陰に潜んでいるバスを誘い出す

ストラクチャーには優先順位がある

　岩盤が崩れて、水中にまでなだれ込んでいる場所をガレ場という。また、比較的遠浅になった所に石が点在している場所をゴロタといい、どちらもバスの居着く場所になっている。

　ただ、ひと口にガレ場といっても、地質的にも優先順があり、それを知ることも大切だ。

　一般的にバスは岩に着くことが多く、順に大石、砂利、砂、泥というように環境によって好みの度合いが変わってくる。

　そういった中で、水中の切り株や、大岩などといったピンスポットを狙って釣っていく必要があるわけだ。

　フィッシングポジションによっては、最もバスがいそうなポイントにキャストできないこともあるが、その場合は次にバスがいる可能性の高いポイントを探してキャストすることが必要になってくる。

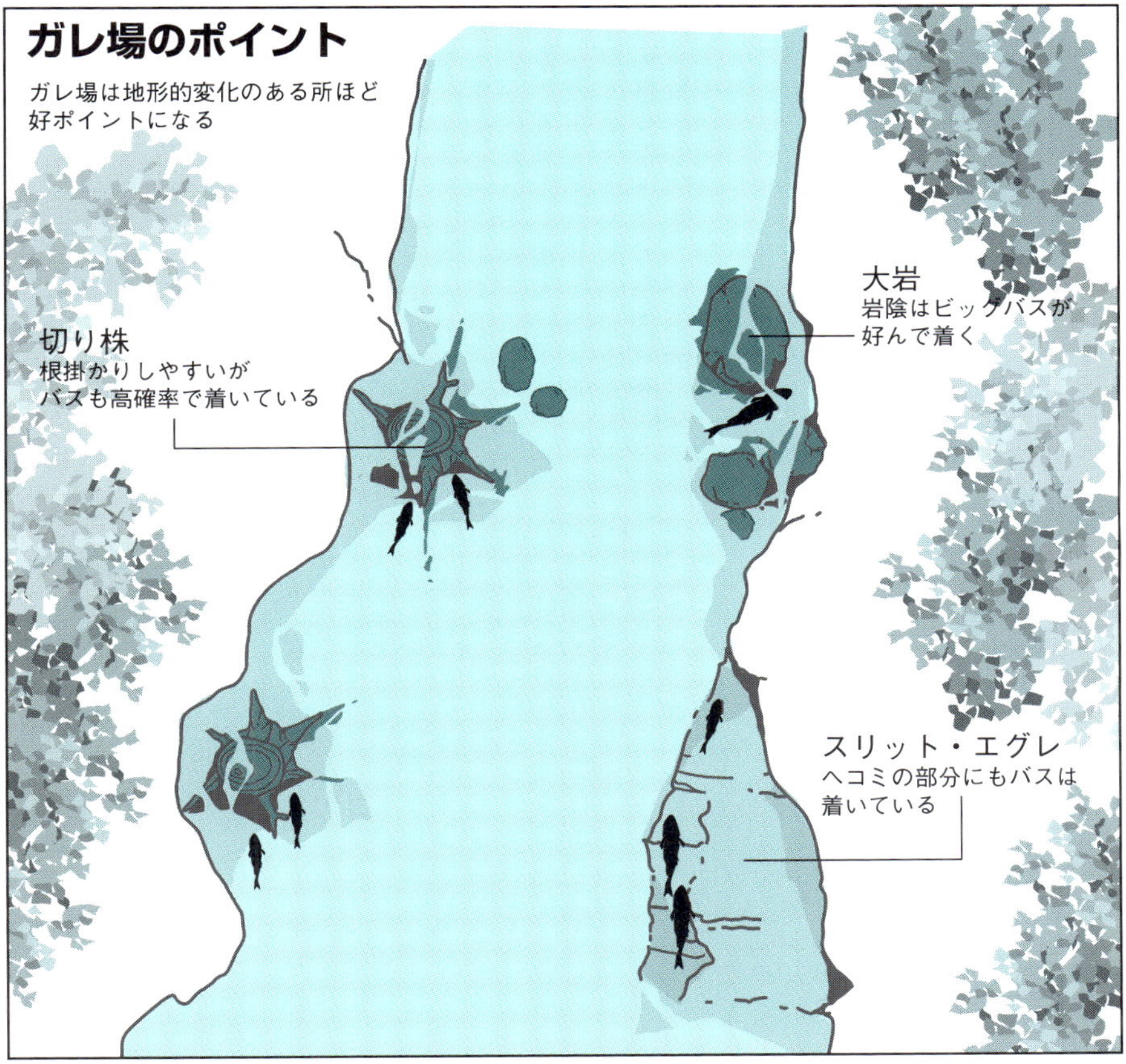
ガレ場のポイント
ガレ場は地形的変化のある所ほど
好ポイントになる
切り株
根掛かりしやすいが
バスも高確率で着いている
大岩
岩陰はビッグバスが
好んで着く
スリット・エグレ
ヘコミの部分にもバスは
着いている

ピンスポットの岩陰を攻略しよう

バスにとっても居心地がいいのは、体を寄せられ、しかも安心感のある場所ということになる。つまり、ガレ場における岩陰だ。

こういった岩陰に潜んでいるバスは、ベイトフィッシュを待ち伏せしていることが多く、したがって、キャストするルアーはバスの食性に訴えるものをチョイスするのが基本となる。具体的にはミノーやソフトルアーをキャストして、バスを岩陰からおびき出す作戦が有効である。

キャスティングポイントによっては、ストラクチャーに対して上からキャストすることもできるので、その時はピンスポット攻撃。岩陰に潜んでいるバスに対して、積極的にルアーをキャストしてみたい。

ただし、ガレ場は根掛かり頻発ポイントともいえる。場所によっては釣りにならないくらい根掛かりしてしまうこともあるので要注意だ。

BASS FIELD 13

《岬》

池　リザーバー

初夏から晩秋にかけての絶好のポイント

水深の高低差と水通しがバスを引きつける

岬とは、湖水に突き出た陸地がそのまま水中に残っているポイント。

例外はあるが、大抵の場合は陸の地形がそのまま水中にまで延びていることが多く、その形状の様子から馬の背（うまのせ）とも呼ばれている。

底は岩が多く転がっていることが多く、変化に富んでいる。岬の先端部は水通しもよく、超一級のポイントといっていいだろう。

基本的に岬の先端部はある程度まで浅くなっているが、途中から急に深くなっていることが多く、こういったカケ上がりはランカーが潜んでいる可能性も高いのである。

また、岬の先端部は、水深の高低差があるから、深場から浅場へ上がり込んでくるランカーの通り道でもあり、絶好のポイントなのである。こういった所に、立ち木や倒木などが絡めばさらに期待は高まる。

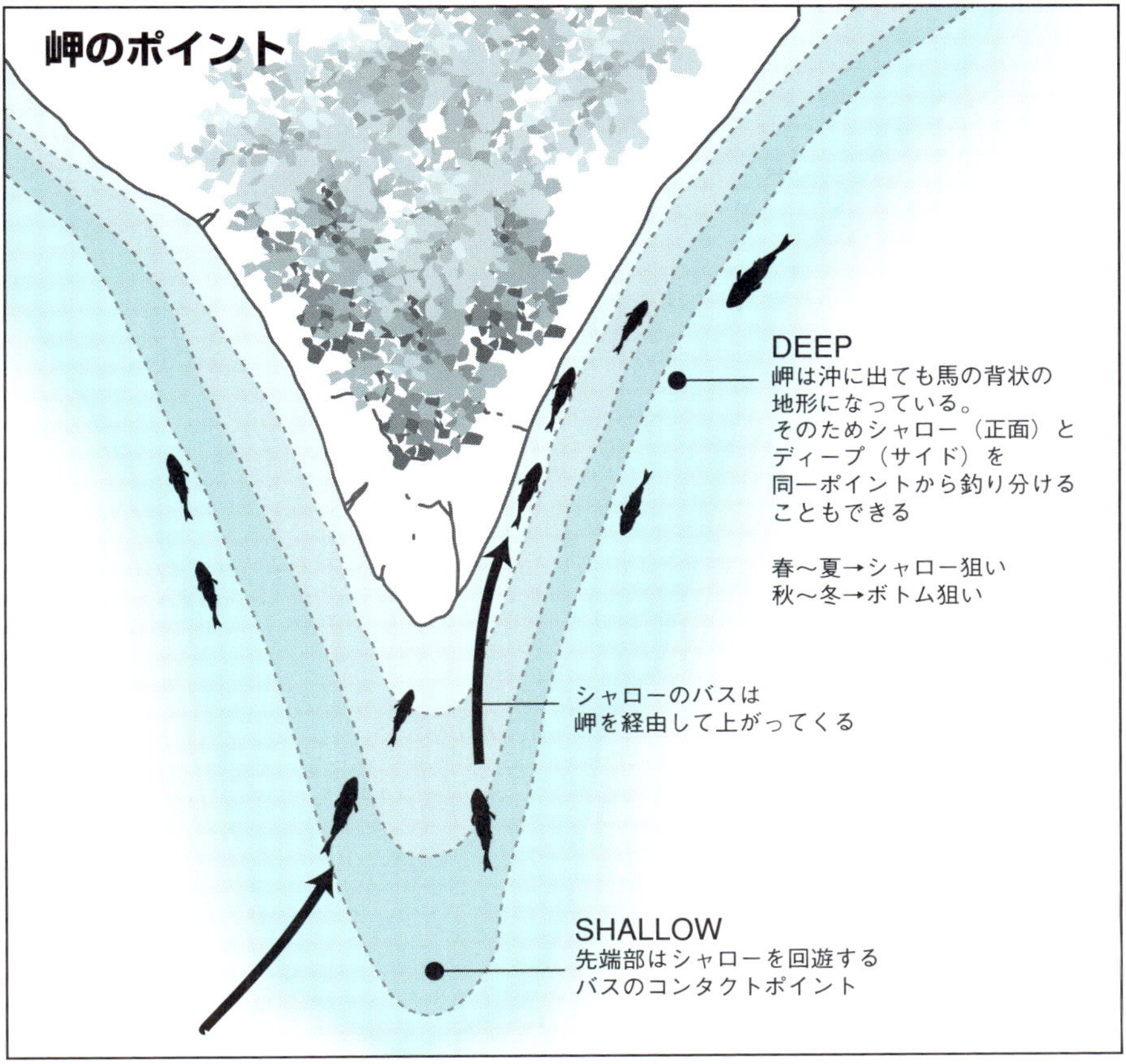
岬のポイント
DEEP
岬は沖に出ても馬の背状の
地形になっている。
そのためシャロー（正面）と
ディープ（サイド）を
同一ポイントから釣り分ける
こともできる
春～夏→シャロー狙い
秋～冬→ボトム狙い
シャローのバスは
岬を経由して上がってくる
SHALLOW
先端部はシャローを回遊する
バスのコンタクトポイント

初夏からのトップウォーターゲームがおもしろい

岬は活性の高いバスがエサを求めて回遊してくる所でもある。夏の早朝や夕方、バスの活性が上がっている時間帯は、やはりトップウォーターで豪快な釣りを楽しみたい。

岬の先端部からシャローエリアを、ペンシルベイトやポッパーで広範囲に探ってみるといいだろう。

また、岬のサイドの急深部分などは、日中でもバスが居続けることがよくあるので、ソフトルアーやラバージグをキャストしてじっくり攻める。

岩などの小さなストラクチャーにもビッグバスが着いていることが多いので、アプローチは慎重かつていねいに行いたいものだ。

盛夏は、立ち木などが絡む岬がよい。日陰になっている部分を中心に、ボトムも丹念に探ってみる。逆に晩秋には、水温が高い日の当たる側に焦点を絞ってみるのもよい。

COLUMN 4

『フックの外し方』

せっかくバスをヒットさせせることができても、フックを外すことが億劫であると楽しさも半減してしまう。ここでは、フック外しが得意になるためのコツを紹介しよう。

魚をしっかりつかみ、プライヤで外す

バスの口は硬い。フックがしっかり刺さると、手でフックをつかむだけではなかなか外せないものだ。

まず、しなくてはならないことは、魚体をしっかり保持するということ。口の中に親指を入れて力強く下アゴをつかむと、少々魚が暴れても大丈夫だ。

ただ、口の中にハリがあるのだから、絶対に指に当たらないのを確認してから指を入れる。狭い口の中にフックがある場合は、口の中に指を入れずに背中側から頭部をワシづかみにする（鋭利なエラブタに注意）。

魚体を保持できたら、魚体に刺さっているハリ先に一番近い部分をプライヤで挟み、ハリ先とは逆方向に力強く引っ張る。このとき、フックのゲイプ（曲部）をつかめば力を入れやすい。

小型ルアーは飲み込まれやすいので、口の中のハリにも気をつけること

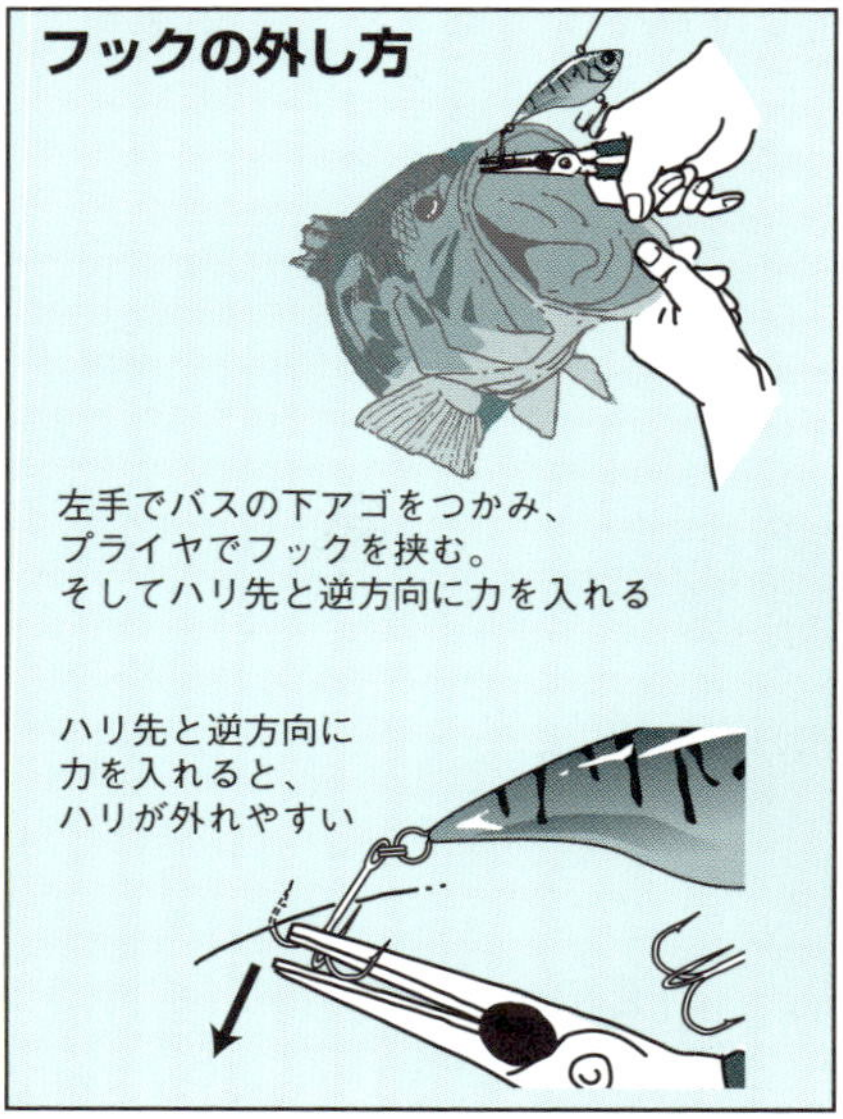
フックの外し方
左手でバスの下アゴをつかみ、
プライヤでフックを挟む。
そしてハリ先と逆方向に力を入れる
ハリ先と逆方向に
力を入れると、
ハリが外れやすい

大型のバスは下アゴをつかむと暴れにくいが、暴れられるとケガをするので最初のうちはグローブをはめて行おう

BASS FISHING

第6章

他魚の狙い方

バスを釣っていると、ときに外道が釣れてくる。
トラウトに喜んだり、ナマズにびっくりしたり。
偶発的なおもしろさもよいけれど、バスが釣れなきゃ狙ってみるのもよいではないか。
バス釣り場といっても、川や池には色いろな魚が生息してるよ

ANOTHER TARGET

01

河川中流域やリザーバーの流れ込み近くで出会うコイ科のルアーターゲット

【ウグイ・ニゴイ・ハス】

微妙に着き場が異なるコイ科のターゲットたち

ウグイは河川の上～中流域、山間のリザーバーに生息する。雑食性だが、どんなルアーでもよいわけではなく、口が小さいこともあって、スプーンやスピナーで何とかヒットさせられる。

サイズは25～40センチほどで、川底近くの中層を泳いでいる。

これはハス。ミノーへの反応もよい

ニゴイは河川の上流から下流まで生息し、貪欲にエサを取るためルアーへの反応も良好だ。ただし、普段はボトムのエサを掘り起こして食べているので、ルアーを通すときはしっかりとボトムをトレースしたい。全長は 40～50センチ。

ハスは琵琶湖と三方五湖が原産の固有種だが、湖産稚アユの放流にともなって全国のリザーバーや河川に広がった。中層を回遊する典型的なフィッシュイーターで、ミノーにもアタックしてくれる。全長30センチ。

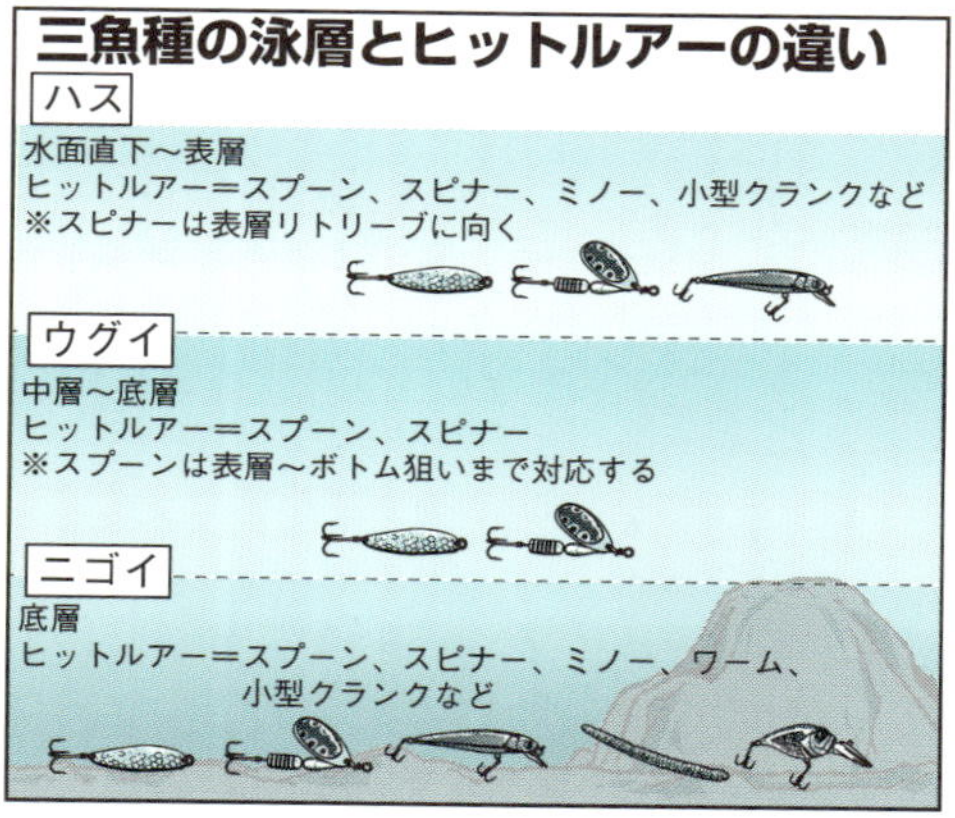
三魚種の泳層とヒットルアーの違い
ハス
水面直下～表層
ヒットルアー＝スプーン、スピナー、ミノー、小型クランクなど
※スピナーは表層リトリーブに向く
ウグイ
中層～底層
ヒットルアー＝スプーン、スピナー
※スプーンは表層～ボトム狙いまで対応する
ニゴイ
底層
ヒットルアー＝スプーン、スピナー、ミノー、ワーム、小型クランクなど

ハス・ウグイ・ニゴイの仕掛け

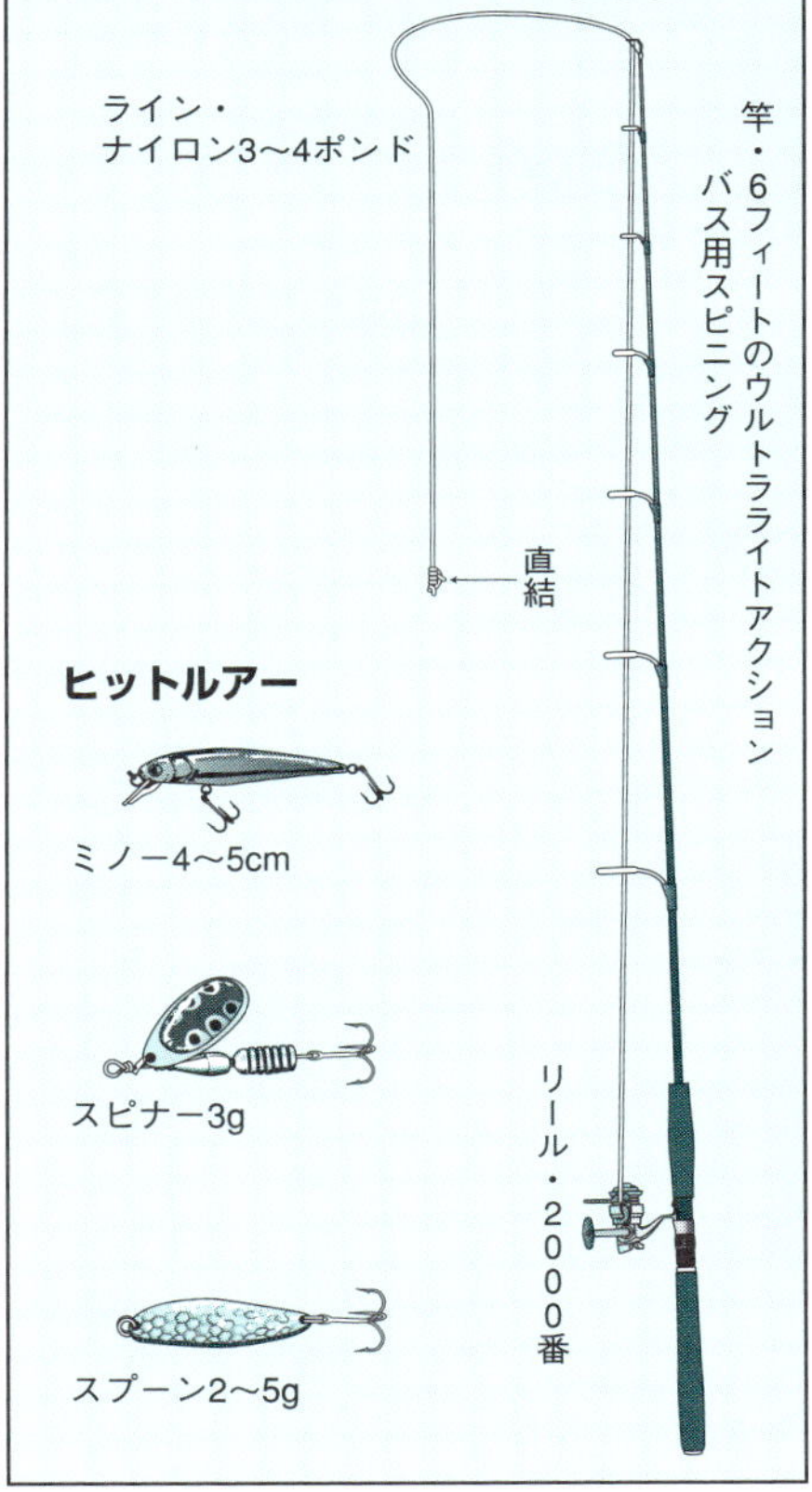
ライン・
ナイロン3～4ポンド
竿・6フィートのウルトラライトアクション
バス用スピニング
直結
ヒットルアー
ミノー4～5cm
スピナー3g
スプーン2～5g
リール・2000番

小型クランクにヒットしたニゴイ

川バスを狙っていると思わぬ外道が歓迎してくれる

基本はウルトラライトタックルによるスプーンゲームだ

これらのターゲットは、河川上流部や山間のリザーバーで釣りをしているときに出会う。ただ、ニゴイ以外はバスタックルではなかなか釣れてくれないのが実情だ。

理由は簡単、コイ科の魚は口が小さいからである。

しかし、使用するルアーのサイズを落とすだけで、いとも簡単に食いついてくる。いや、正確には追いかけてくる。これらのターゲットがマニアにウケているのは、チェイスがあるのになかなか食わせづらいからなのだ。

でも、そこがおもしろい。バスに振られたら、きれいな川につかってコイ科の魚たちと戯れるのがいい。

スプーンやスピナーをゆっくりと川底近くで引いてくる。チェイスがあるのにUターン。でも、ときにゴンッとアタってくる。偶然か、必然か？ きっと夕方までカッカさせられることとなる。

ANOTHER TARGET 02

漁協が管理している釣り場では、バス以外に放流ニジマスが生息していることがある

【ニジマス】

ニジマスは冷水性の魚

バスは温水性の魚、トラウトは冷水性の魚といわれ、お互いが同じ釣り場で釣れるものとは考えてもみなかった。しかし、昨今、漁協が管理する釣り場では、バスと放流ニジマスが混生している所もある。

実際に、バスを釣っていて外道にニジマスが釣れることもある。関東なら山梨県の河口湖が有名であるし、関西では兵庫県の生野銀山湖が知られている。

どうしてもバスが釣りたいのなら別だが、ニジマスが狙って釣れるなら釣ってみたいものである。特に早春のまだ水温が冷たい時期には、バスよりもニジマスのほうがヒットさせやすいかもしれないのだ。

関西の生野銀山湖は、ときにニジマスが釣れることがある

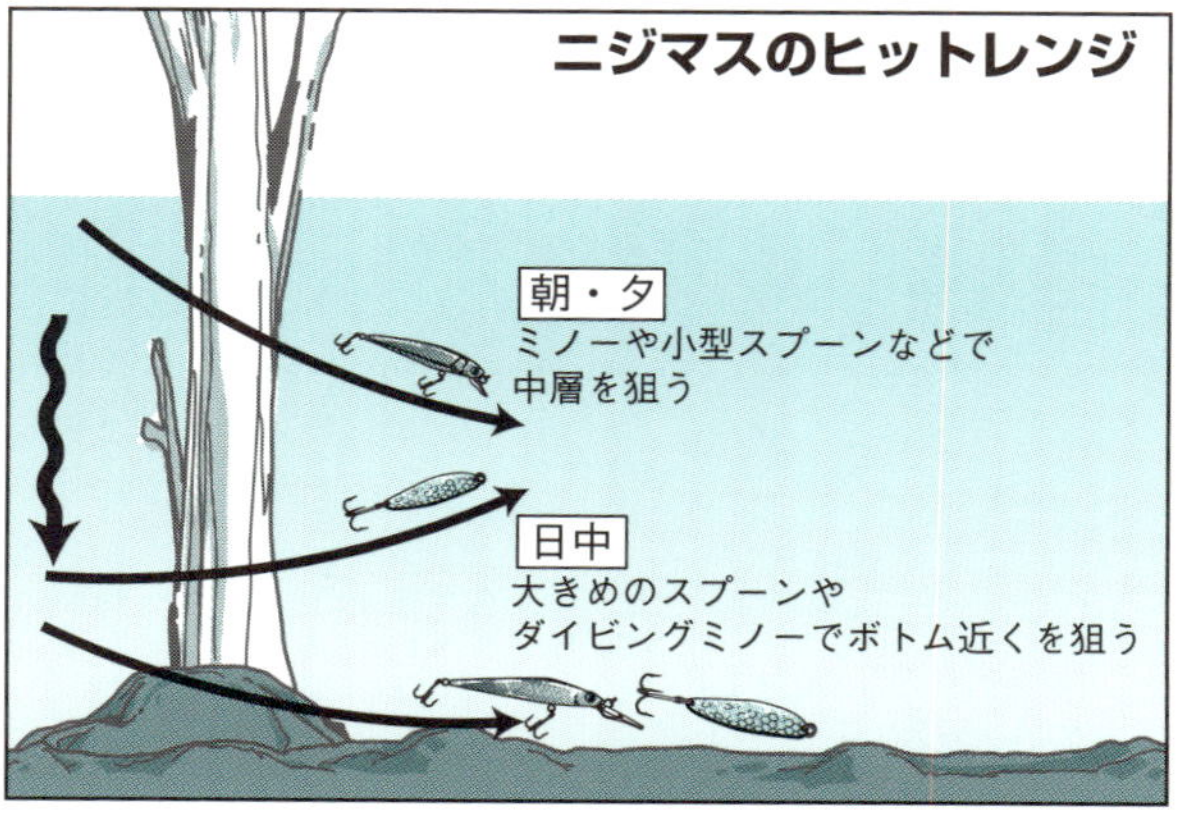
ニジマスのヒットレンジ
朝・夕
ミノーや小型スプーンなどで
中層を狙う
日中
大きめのスプーンや
ダイビングミノーでボトム近くを狙う

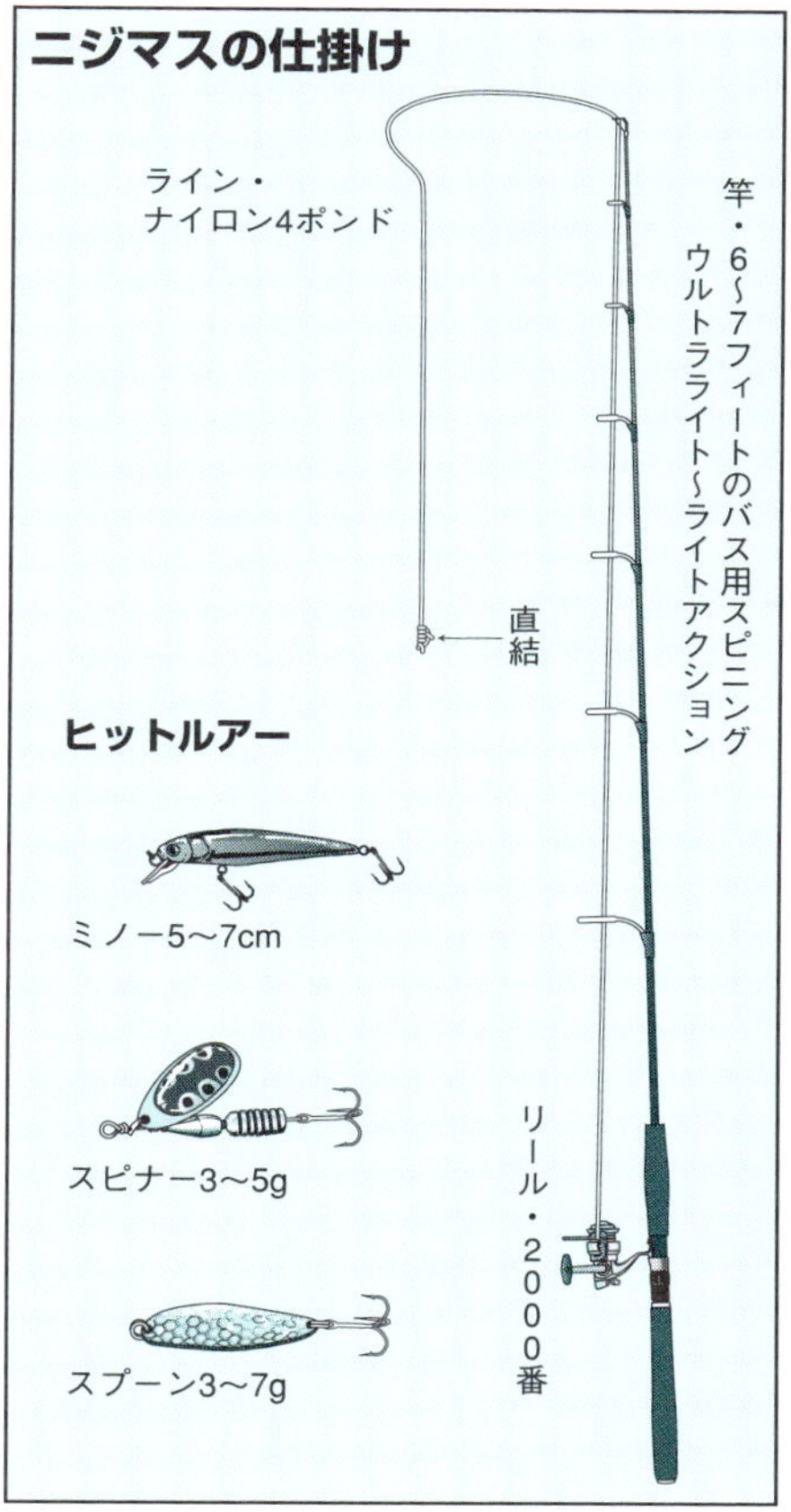
ニジマスの仕掛け
ライン・
ナイロン4ポンド
竿・6～7フィートのバス用スピニング
ウルトラライト～ライトアクション
直結
ヒットルアー
ミノー5～7cm
スピナー3～5g
スプーン3～7g
リール・2000番

ニジマスが放流されている所では、こんな大型のトラウトがヒットすることもある

上がスプーン、下がスピナー。バスもトラウトも大好きだ

意外にイケる！スプリットショットリグ

さて、一般にニジマスを釣るとなると管理釣り場風の小型スプーンやスピナーの釣りが思い出されるが、ナチュラルレイクやリザーバーでは、もう少しハードなタックルでもよい。

そう、バスタックルがそのまま使えるはずなのだ。もちろん、メインのルアーはスプーン、スピナー、小型ミノーといったところで、水通しのよい流れ込みなどを中心に狙っていく。

大体、ニジマスが釣れるような湖は漁協が管理しており、レンタルボートがあることが多い。

もし、ニジマスを狙うなら、やはりボートからの釣りが有利である。それは、旧河川筋などの深場にニジマスがたむろしていることがあり、ポイントの上から狙えるからなのだ。

最後に、ニジマスが釣れる湖の中には、ワームの使用が禁止されている所も多いようなので注意が必要だ。

ANOTHER TARGET

03

夜行性の魚だから
マヅメの時間帯に食いが立つけれど、
日中でもボトム狙いでヒットする

【ナマズ】

日中とマヅメの釣り方の違い
マヅメ
トップウォータープラグへの反応が非常によい
日中
スピナーベイトやスプーンなどのヒカリモノでボトムをトレース
日中はボトムの岩陰にいるよ

ナマズはトップゲームも楽しめる

本来、ナマズは夜行性である。日中は岩陰に潜み、夜になると活発にエサを求めて徘徊するという。

これは、どうやら本当のようで、日中に比べると早朝や夕方のほうが圧倒的にヒット率が高い。さらに、曇天など水中光量が少ない日には、マヅメのころになるとトップゲームが楽しめることもある。

ナマズは本来、ボトムにへばり着くように生活しているが、周辺が暗くなると非常に活性が上がるようで、水面のルアーまで襲うようになるのだ。

ヒットルアーはズバリ、ノイジー系。ジッターバグやクレイジークロウラーなどは、バスルアーとしても著名だが、実はナマズの人気ルアーとしても有名なのだ。

ノイジー系プラグとスピナーベイトが一押しだ

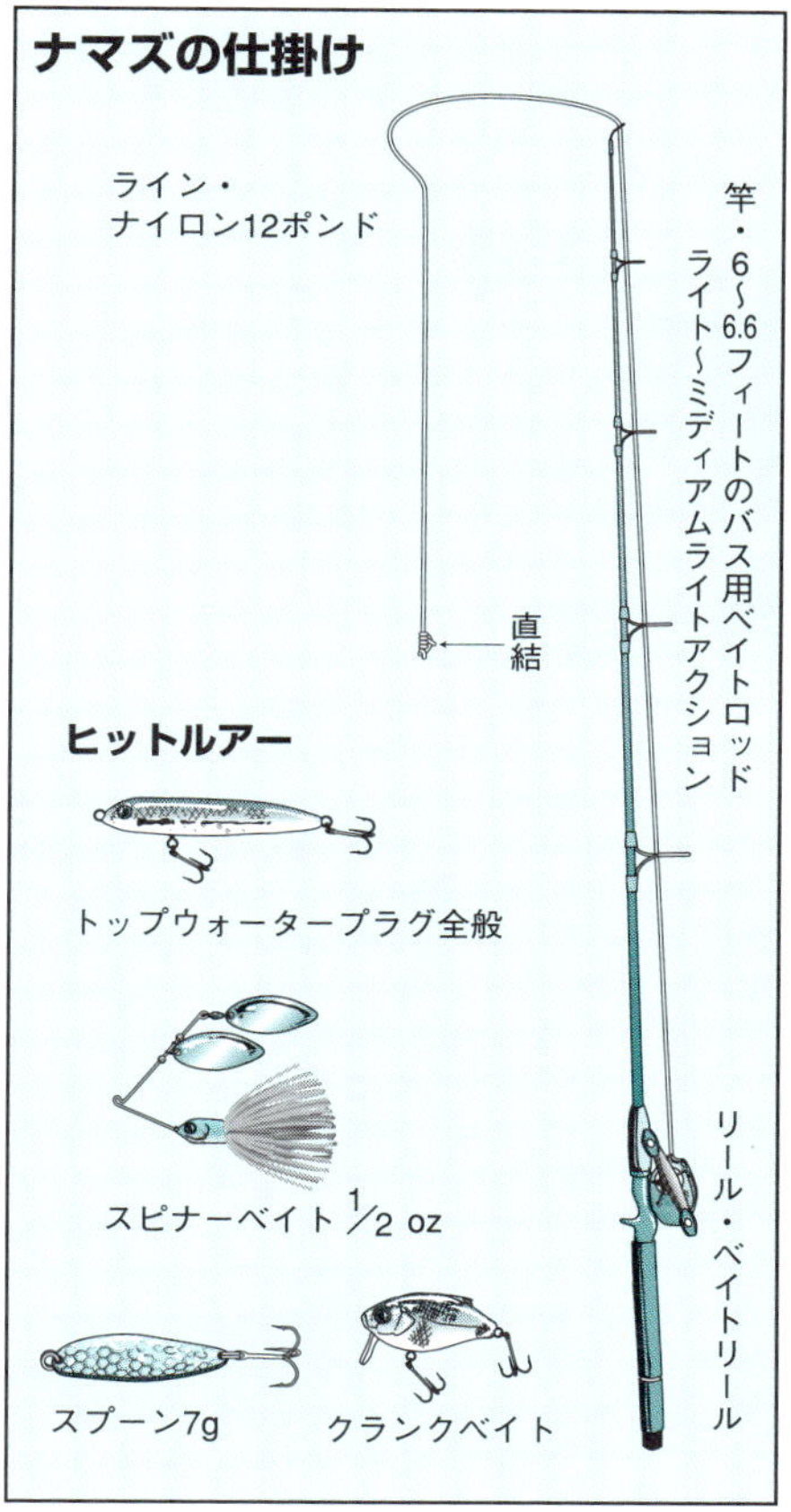
ナマズの仕掛け
ライン・ナイロン12ポンド
竿・6〜6.6フィートのバス用ベイトロッド ライト〜ミディアムライトアクション
直結
ヒットルアー
トップウォータープラグ全般
スピナーベイト1/2 oz
リール・ベイトリール
スプーン7g
クランクベイト

ゆったりした流れ川はナマズの好ポイントだ

日中に狙うなら、流れ川のブロック帯周辺がいいだろう

日中はスピナーベイトだ！

最近はそういったことも広く知られるようになったからか、バスには目もくれずナマズのトップゲームに精を出す人も多くなってきた。

しかし、ナマズを釣るには、マヅメの時間帯でなければならないのかというと、実はそうでもない。

ナマズは確かに日中は物陰に隠れてはいるようだが、活性が大きく下がるというほどでもなく、目の前にルアーが通ると、やはりナマズはアタックしてくれるのだ。

だから、日中のヒットルアーは、ディープ系のミノーやクランクベイト、スプーンであったりするわけなのだが、実は障害物のあるボトムを最も効率よく探ってくれるのがスピナーベイト。

フラッシング効果も高く、根掛かりも少ないことから、日中のボトムトレースなら断然スピナーベイトがおすすめである。

ANOTHER TARGET

04

リリーパッドやウイードベッドに潜むモンスターフィッシュ

【ライギョ】

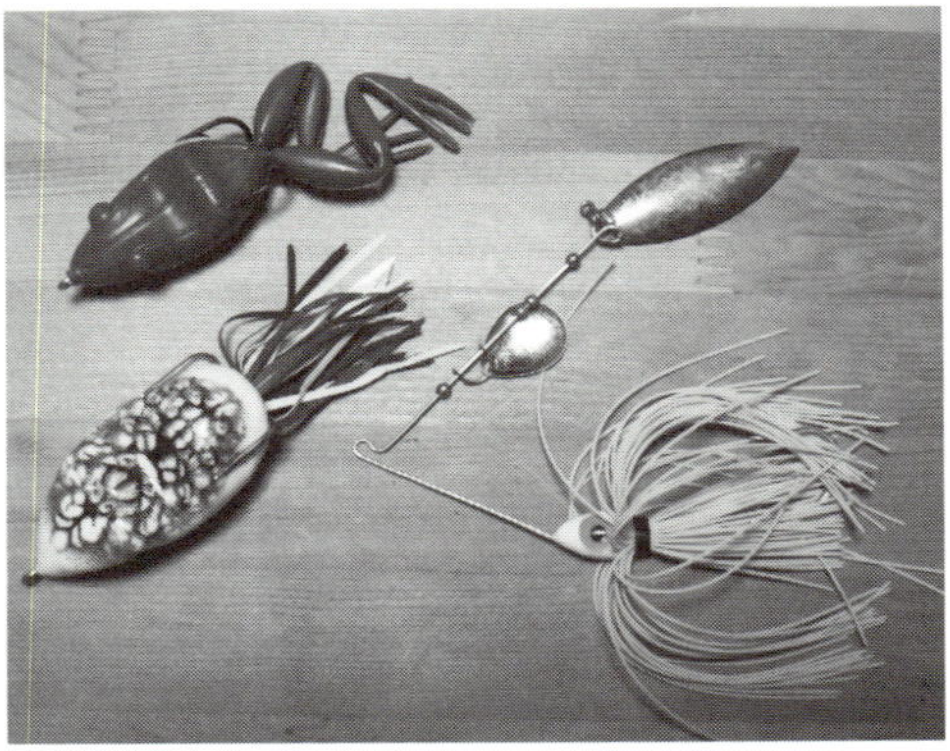

ライギョのヒットルアー、フロッグとスピナーベイト

浅い湖沼を住み家とするライギョ

ライギョは一見、獰猛なフィッシュイーターに見えるけれど、実は環境の変化に弱いナーバスな魚でもある。本来、水草のある湖沼を住み家としているのだが、近年、水草のある野池やクリークが激減。ライギョの生息にも大きな影響を及ぼしている。

それでもバス釣りに出かけると、河川や野池、ときにはオープンウォーターのリザーバーでもライギョの姿を見かけることがある。ちょっと嬉しい。で、ついでに狙ってみるが、簡単に釣れるものではない。

でも、狙ってないときにフッキングすることがある。そんなときに限って、スピナーベイトという話をよく聞く。フラッシングもあるが、ブレード回転の振動がライギョにスイッチを入れるのかもしれない。

どんなルアーもバーブレスにしておくとフックが外しやすい

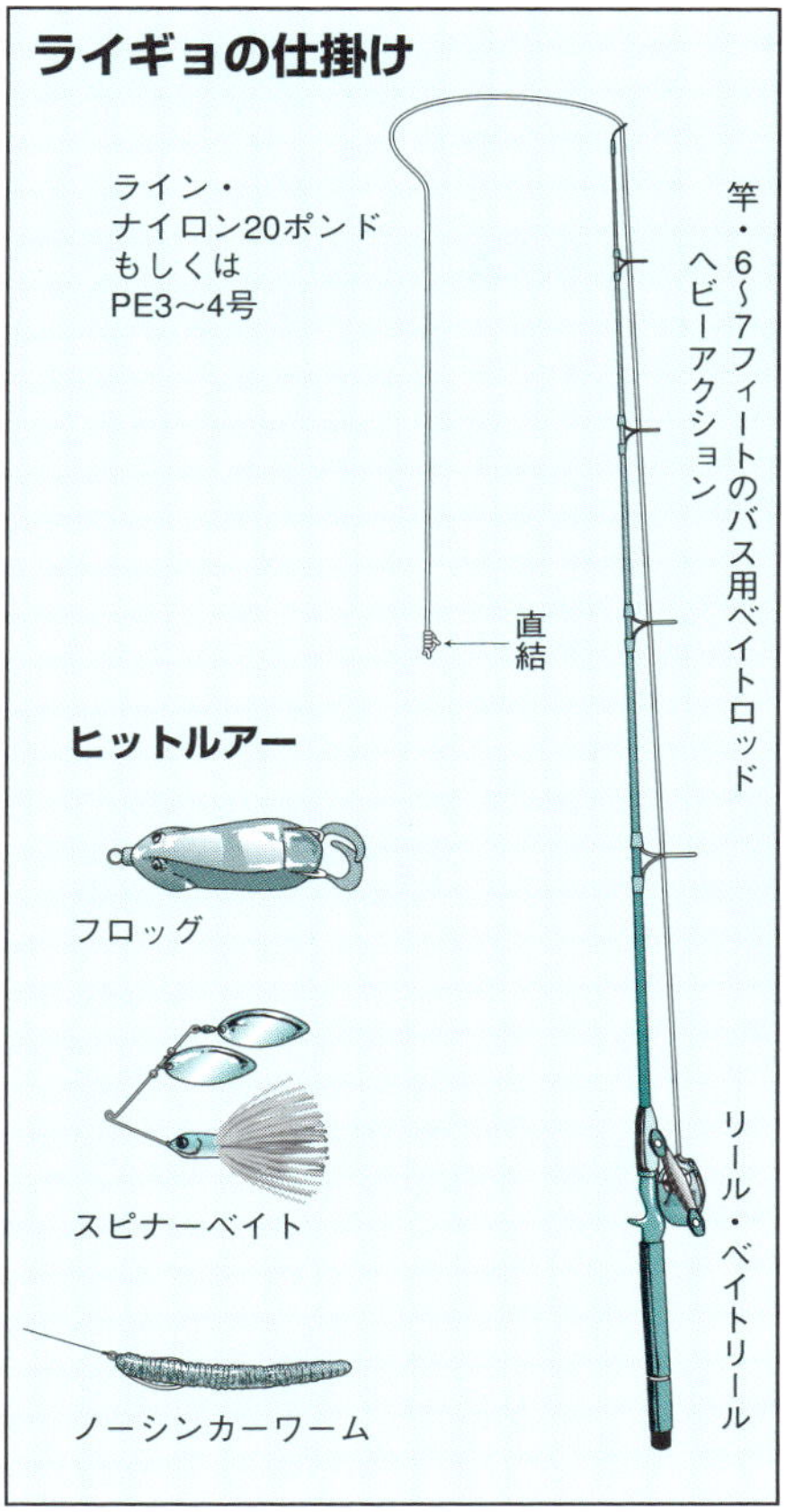
ライギョの仕掛け
ライン・
ナイロン20ポンド
もしくは
PE3〜4号
竿・6〜7フィートのバス用ベイトロッド
ヘビーアクション
直結
リール・ベイトリール
ヒットルアー
フロッグ
スピナーベイト
ノーシンカーワーム

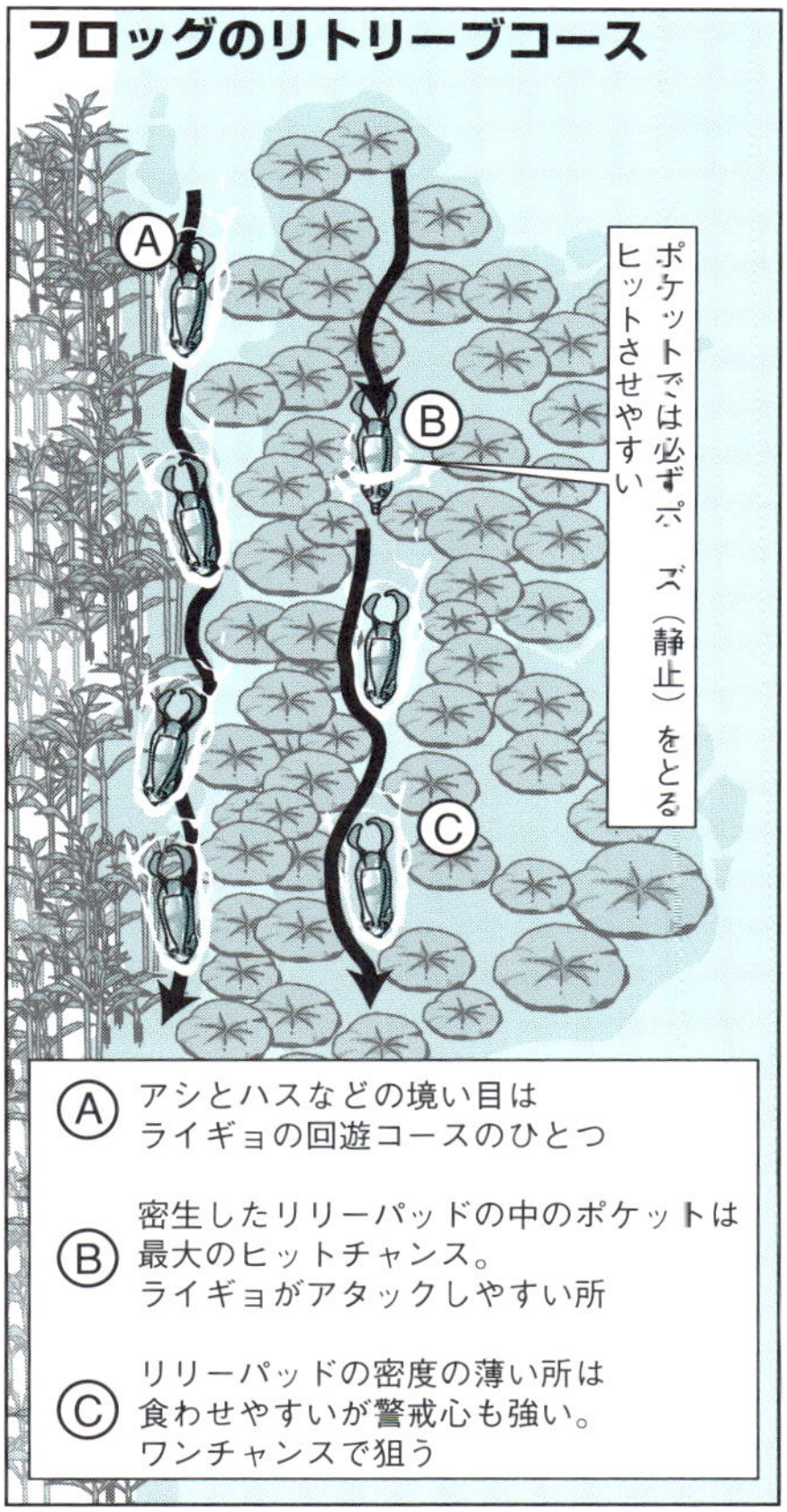
フロッグのリトリーブコース
ポケットでは必ずポーズ（静止）をとる
ヒットさせやすい
A
B
C
A アシとハスなどの境い目は
ライギョの回遊コースのひとつ
B 密生したリリーパッドの中のポケットは
最大のヒットチャンス。
ライギョがアタックしやすい所
C リリーパッドの密度の薄い所は
食わせやすいが警戒心も強い。
ワンチャンスで狙う

リリーパッドゲームがおもしろい

先の話はバス釣りのついでにライギョを釣ることもできますよ、という話。でも、本当はライギョの聖地、リリーパッドでフロッグゲームを楽しんでみてほしい。

もちろん生半可なカバーではないから、本来ならライギョの専用タックルが望ましい。藻に絡まれても強引に引き抜けるパワーがあれば、リリーパッドも怖くない。

夏の早朝、バフンッとライギョの捕食音が聞こえるリリーパッドの野池。ライギョの気配を感じた所にフロッグを投げ入れる。ソロソロソロと、リリーパッドの上を歩かせて、ときに身悶えさせてみる。

ポケットのある所を意識的に通過させ、バイトチャンスに期待する。

バフンッと水面が割れたら、もう頭の中は真っ白になるだろう。ライギョとの壮絶なるファイト。バスのついでには、できないかもしれない。

ANOTHER TARGET

05

今や、ブルーギルがいない所を探すほうが難しいかもしれない

【ブルーギル】

25センチ超の大型も！

ブルーギルとは「青いエラ」という意味で、エラブタの青い紋様からその名がついた。

雑食性で自然環境に適応する力が優れているから、すぐ身近な野池でもその姿を見ることができる。

エサ釣りで狙うと果てしなく釣れ続けるのだが、ルアーでいざ狙ってみると、最初こそ反応はいいのだが、徐々に反応が鈍くなる。

しかし、ここが腕の見せどころ。手を変え品を変え、ブルーギルの目先を変えてアタリを引き出す。普段はいやでも釣れてくるのに、狙うと釣りにくくなるのはなぜだろう？

普通は10～15センチくらいがアベレージだが、場所によっては25センチを超える大型も釣れてくる。

水草の多い池はブルーギルの魚影も濃いようだ

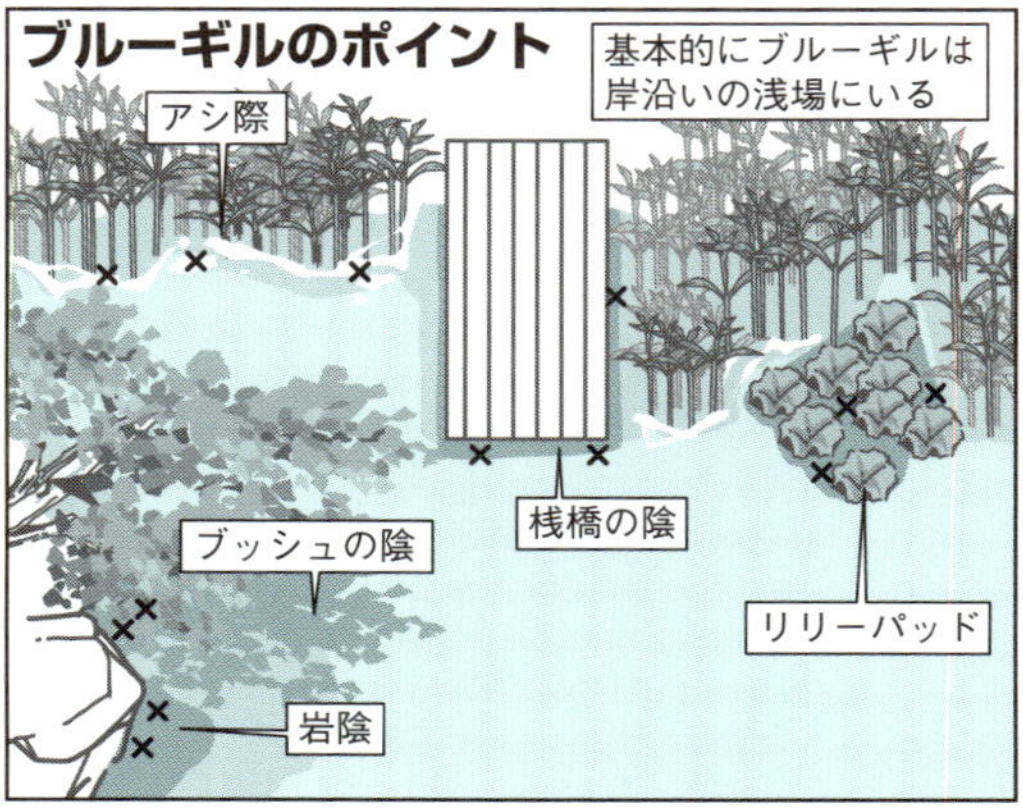

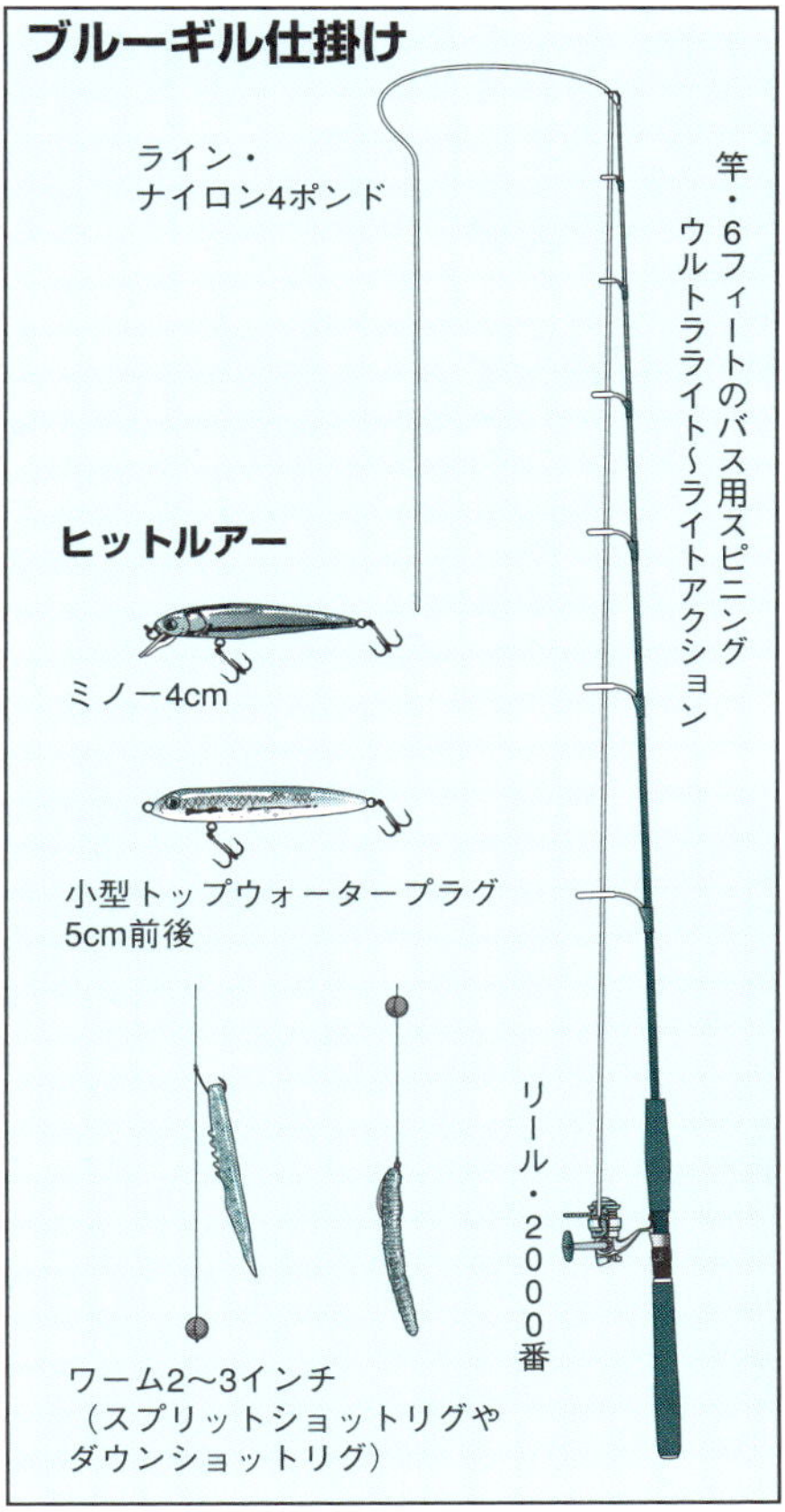
ブルーギル仕掛け
ライン・
ナイロン4ポンド
竿・6フィートのバス用スピニング
ウルトラライト～ライトアクション
ヒットルアー
ミノー4cm
小型トップウォータープラグ
5cm前後
リール・2000番
ワーム2～3インチ
(スプリットショットリグや
ダウンショットリグ)

このクラスなら引き味も抜群だ

最初に水面をのぞけばブルーギルがいるかいないか予想がつく

トップで狙うか、ワームで狙うか?

基本的に、ブルーギルは岸近くの障害物周りに着いている。岩陰やブッシュの陰、アシ際、桟橋、リリーパッドなど。そのため、釣り場に着いたとき、水面をのぞけば、普通に浮いているのが見えるはず。

見えているブルーギルでも反応はよいから、最初はトッププラグで狙うのがおすすめだ。5センチ以下のペンシルベイトやポッパーなどで遊べば、これはこれでおもしろい。

ただ、なかなか釣れ続いてはくれないものだから、最終的にはワームの用意もしておこう。使用ワームは何でもいいけれど、サイズは3インチ以下の小型のものを選ぶこと。

スプリットショットリグやダウンショットリグなど、軽いシンカーを付けたものが使いやすく、釣りやすいだろう。フックも小さすぎると飲み込まれるので気をつけよう。

BASS FISHING

バス釣りの安全対策と装備

バス釣りでも、身の回りの安全対策や装備に気をつけよう！

バスフィッシングとは、野池や河川、リザーバーなど、
自然の真っただ中で楽しめる遊びの釣り。
だからこそ、身の回りの安全には十分に気を配りたい。
ここではバス釣りに必要な安全装備を中心に集めてみた。

←タックルボックス

現場で大型のタックルボックスを持ち歩くのは不便きわまりないが、自宅のストックボックスには大型のタックルボックスが欠かせない。現場では小型のルアーボックスのほうが便利だろう

↑フィッシングキャップ

熱射病の予防だけでなく、日焼け防止にもなるし、何よりルアーのフックから頭部を守る。また、帽子を着用することで偏光グラスがさらに見やすくなる

←偏光グラス

紫外線から目を守るだけでなく、水面の乱反射を抑えて水中が見やすくなる。サイトフィッシングには欠かせないアイテムだ

↓グローブ

薄手のものがひとつあれば、ちょっとした薮こぎにも手を守ってくれるし、釣りをするうえでもロッドのホールド性が高まる

→ニーブーツ

ラジアルソールのものならオカッパリの釣りにも汎用性が高い。ちょっとしたぬかるみにも入れるので行動範囲が広くなる。マムシ対策にも

バス釣りの安全対策と装備

←レインギア

山の中に入るといつ雨が降ってもおかしくない。レインギアは車に必ず積み込んでおこう。急に冷え込んだときのアウターとしても使える

→ジャケット

山上湖などは、予想以上に冷えることがある。ちょうどよいと思えるウエアに、プラス1枚のジャケットを用意しておきたい

→日焼け止め

水辺は水面からの照り返しが強いから、日焼け対策をしないとあっという間に真っ赤っかになってしまう

→ライフジャケット

観光地のリザーバーでレンタルボートを借りる場合でもライフジャケットは必要。貸してもらえる所もあるが、どうせなら自前で使いよいものを

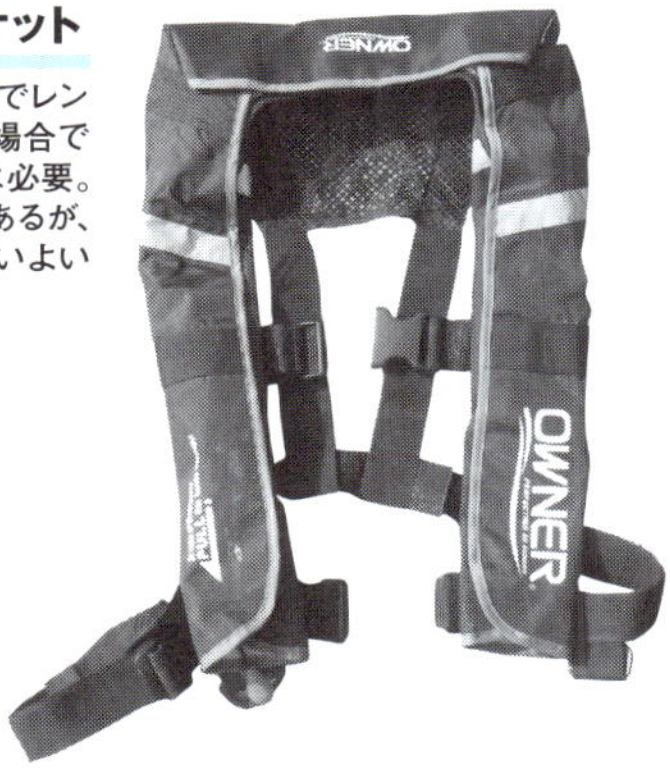

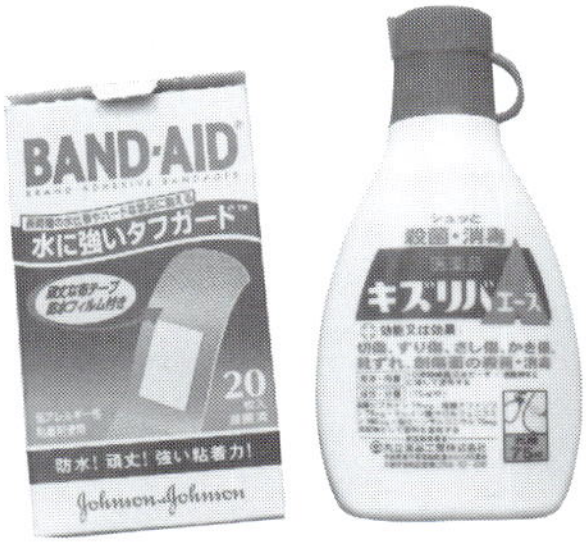

←きず薬

釣りに小さなケガはつきものだ。消毒薬と絆創膏はぜひとも用意しておきたい。ポケットに絆創膏があるだけでも安心度は高い

↓ライト

夜釣り用というのではなく（内水面は禁止されている所が多いので注意しよう）万が一、帰る途中に暗くなったときのために。山の中は日が暮れると真っ暗になる

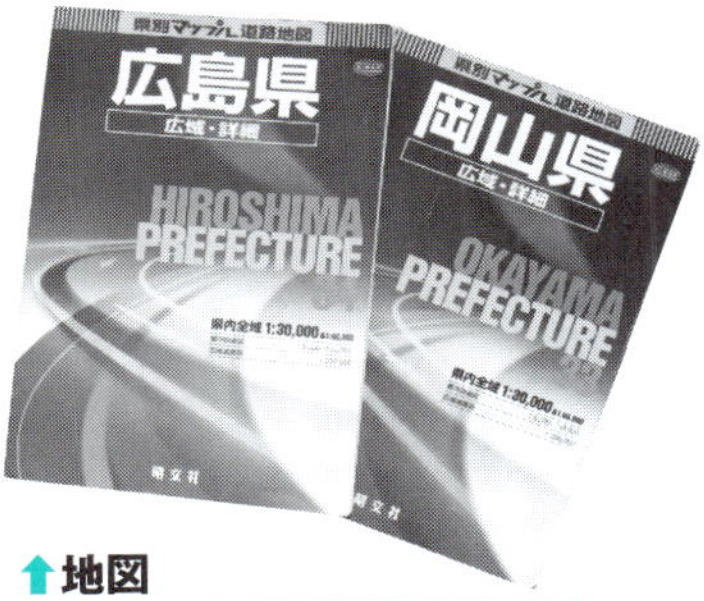

↑地図

迷子にならないため、というより新しい釣り場探しのために。ナビより地図派という人には県別の3万分の1がオススメ

バスフィッシングのルールとマナー

どんなスポーツや遊びにもルールがあるように、
バスフィッシングにもルールとマナーがある。
自然の中だから何でも自由にできると思ったら大間違いで、
自然の中で遊ばせてもらうからこそのルールもある。

釣り場に入るときには静かに

フィッシングプレッシャーの高いフィールドのバスは、危険に対してかなり敏感になっている。そんなバスは当然音にも敏感。岸から聞こえてくる雑音を嫌い、深場へと移動してしまったり、ルアーにまったく反応しなくなってしまうこともある。

ちょっとしたピクニック気分で釣りに出て、バスが釣れないとなるとその場で花火を取り出す人がいるが、これは言語道断。周囲の人たちの迷惑を考えれば、許される行為ではない。

他の釣りをしている人の迷惑にならないようにする

釣り場はバスアングラーだけのものではない。フライフィッシングやトラウトのエサ釣り、あるいはヘラブナ釣りやワカサギ釣りなどといった釣りも共通の釣り場で楽しむことが多い。

バスフィッシングは足で釣る、といわ

れるように積極的な釣りである。しかし、ヘラブナ釣りやトラウトのエサ釣りは、ひとつの場所でじっとしていることが多い。そうしたフィッシングスタイルの違いが、釣り場でトラブルを引き起こす原因となっている。

原則的には、先に入った人にその釣り場の占有権があると考える。つまり、いくらバスがいそうな場所でも、そこに人がいたら入ってはいけない。

また、その人が糸を垂らしている付近にルアーをキャストしないというのも大切なマナーである。

車を利用しての釣りは住民に迷惑がかからないように

バスフィッシングと車は今や切っても切れない関係にある。ところが、このことが最近色いろな釣り場で問題になっている。

大抵の場合、できれば夜が明ける前に釣り場に出て、夜明けと同時にルアーをキャストしたいというのが、多くのアングラーの心境だ。

しかし、最近はここといったフィールドは人でいっぱい。夜が明けてから釣り場に到着していたのでは、絶好のポイントを他人に取られてしまう。

そこで前日の夜遅くに釣り場に到着し、車の中で仮眠をとりながら、夜明けを待つというパターンが増えてきた。ところが、冬場などでは暖房のためかエンジンをかけっ放しにして、仮眠をとっている人が多いのである。

アイドリング中でもエンジン音はかなりのもの。車の中にいる限りはエンジン音に気がつかないが、外ではけっこうな騒音となっているのだ。

有名なバスフィールドでは、こうした車が夜中のうちに集まり、路肩やちょっとしたスペースは満員となってしまい、交通の妨げになっているばかりか、近所の住民は騒音公害に悩まされているというのが実情なのである。

バスフィッシングは、フィールドが充実していなければ楽しめないスポーツ。決して地元の人たちに迷惑をかけることはしてはならないのだ。

野池での釣りはプロショップなどで確認を

有名な湖がアングラーで溢れ返ってしまった現在、純粋にバスフィッシングを楽しむなら、無名の野池を探すほうがよいという人も多い。

しかし、だからといってやみくもに野池でのバスフィッシングが楽しめるというわけではない。野池というのは、その多くが農業用水などを確保しておくために人工的に造られたもの。その所有権は国のものであることもあるが、実際には個人の所有であることも少なくない。そうした場所で、無許可で釣りをするということは、他人の敷地に勝手に上がり込み遊んでしまうことに等しいのである。

しかし、現実にはその野池をだれが管理しているのかは分かりづらいもの。それを確認するには、地元のプロショップに事情を聞いてみるしかないだろう。その釣り場が、釣り禁止なのかどうなのか、きちんと確認してから、ルアーをキャストすることを心がけよう。

これだけ覚えれば大丈夫

バス釣り用語解説

あ

【アイレット】プラグやフックの頭部についている、金属の輪。ここにラインを通して結ぶ。単純にアイともいう。

【アウトレット】湖や池などで、川に向かって水が流れ出している所。その反対に、水が流れ込んでいる所をインレット、あるいは流れ込みという。

【アキュラシーキャスト】ルアーを狙ったポイントに正確にキャストすること。

【アクション】ルアーの動き。ロッドの調子を表現する時にも使う。（例）ミディアムアクション

【アフター・スポーン】バスの産卵が終わった後の状態。

【アプローチ】ポイントに接近すること。ルアーをキャストすること。

【アンカー】錨（イカリ）のこと。

【アングラー】釣り人

【イミテーション・ルアー】ワーム（ミミズ）、クラブ（イモムシ）、ミノープラグ（小魚）などのように、バスのエサとなる生物に似せて作ったルアーのこと。

【インビジブル・カバー】藻や水中の岩といった、水面上からは見えない障害物。

【ウイード】藻の総称。ウイードベッドというのは藻が水面下で密集している所。水面を藻が覆っている場合は、ウイードガードという。藻があることで、酸素の含有量が多く、水温が安定し、しかもバスやバスのエサとなる生物にも住みやすい環境になっている。

【ウイードレス・タイプ】ラバージクやジグヘッドなどで、フックの先端をブラシで覆うなどして、ウイードなどに引っ掛かりにくくしたルアー。根掛かりには強くなるが、バスがフックに掛かりにくいという難点もある。

【ウエーダー】胴長のこと。腰まであるあるタイプをウエスト・ハイ・ウエーダー、胸まであるタイプをチェスト・ハイ・ウエーダーという。どちらも、水中に立ち込んで釣りをする時に着用する。こうしたスタイルの釣りをウエーディングという。

【ウォーキング・ザ・ドッグ】ペンシルベイトに与える、もっとも基本的なアクションのひとつ。

【ウォーター・メロン】直訳ではスイカのこと。バスフィッシングでは、スイカの色や匂いのするルアーのことをいう。

【馬の背】岬や島の延長にある、水底の盛り上がり部分。バスが居着いていることが多い。

【エッジ】ウイードなどが密集している部分のフチ。あるいは急なカケ上がりのフチなど。

【エレクトリック・モーター】バスボートに装着する、電気を動力とする船外機。略してエレキ。

【オフセット・フック】アイの手前がクランク状になっているフック。フックの先をワームの中に隠し、ウイードレス効果を高めても、フックからワームが外れることが少ない。

【オンス】バスフィッシングなどのルアーフィッシングでよく使用される重さの単位。ozと表記する。1オンス＝約28・3グラム。

か

【カーブ・フォール】キャストしたルアーが、着水後にゆるやかなカーブを描いて水底に到達すること。ラインを張り気味にすると、弧を描きながらルアーが沈んでいく。

【カウント・ダウン】ルアーをキャストして水中に沈み始めたら「1、2、3……」と数え、着底にかかった時間を確認すること。この動作により、自分の狙ったレンジで、ルアーを動かしはじめることができる。たとえば、着底まで7秒かかったとすれば、1〜2秒は表層、3〜4秒は中層、5〜7秒は水底スレスレでルアーをリトリーブしている、というような判断が下せる。

【ガレ場】岸辺に岩や土砂のある場所で、そうした状態が水中にまで広がっている場所のこと。バスが居着いているケースが多いが、足場が悪いので、釣りをする時は十分な注意が必要である。

【キャロライナ・リグ】ソフトルアーの仕掛けの一種（P124参照）。

【キンク】ラインになんらかの原因で

折れ目がついてしまうこと。あるいはその状態。その部分は当然弱くなっている。

【クランキング】クランクベイトを使って行うバスフィッシング。同様にワームを使うとワーミングとなる。

【コンビネーション・ルアー】ラバージグにポークを付けたり、スピナーベイトにグラブを付けるなどして、ふたつ以上のルアーを組み合わせて使用するルアーのこと。

さ

【サーモクライン】日光などで水面が緩められた時に、元もとの水温との間にできる境界線のことをいう。

【サーフェイス】表層水面のこと。

【サイト・フィッシング】いわゆる「見釣り」。水面下でバスの存在を肉眼で確認できるケースでの釣りをいう。

【サスペンド】魚が一定の層でじっとしている状態。サスペンド・ルアーというのは、リトリーブを止めるとその層にじっと漂っているルアーのことをいう。

【サミング】ルアーをキャストした直後、その距離を調節するために、あるいはバックラッシュを防止するために指先でラインの出を調節する動作のことをいう。

【サンクチュアリ】直訳では「聖域」。バスが群れをなしている場所で、バスにとっては最も安全な場所であることからこう呼ばれる。

【シーズナル・パターン】季節の変化にともなうバスの行動パターンの変化。あるいは、それを分析して導き出した最適な釣り方。

【シェイキング】ロッドの先端をブルブルと震わせるようにして、ワームやグラブにアクションを起こさせるテクニック。

【ジグヘッド】シンカーとフックが一体になったもの。

【ジャーク】ロッドを大きくあおって、ルアーを急激に動かすこと。主にトップウォータープラグやミノープラグにアクションをつける場合によく行う。

【シャッド】扁平な小魚に似せて作られたルアーの総称。

【シャロー】浅い場所のこと。

【シャロー・ランナー】表層近くを泳ぐリップ付きのハードルアーのこと。

【ショア】川や海、湖の岸辺のこと。海岸線や湖岸線のことはショアライン。

【ショート・バイト】微妙なアタリのこと。バスがルアーをくわえてもすぐに口から吐き出してしまう、あるいは口先でツンツンとルアーをつつくような状態でのアタリ。

【シンカー】オモリ。

【シンキング・プラグ】キャストしたままの状態では、どんどん沈んでしまうタイプのルアー。フローティング・プラグというのは、反対に放っておくと浮いてしまうタイプのもの。

【スイッシャー】ペンシルベイトタイプに、プロペラがついているルアーの総称。または、そのプロペラのことをさす。スイッシュ音というのは、プロペラが回転することによって生じる水音のこと。

【スイミング・ワーム】表層や中層でワームを泳がせること。

【スウィープ】アタリを感じたら、魚がついているかどうか聞き合わせるようにして大きくロッドをあおる合わせ方。

【スクール】群れるという意味。バスがスクールしている、というのは、バスが群れていることをいう。

【スティン・ウォーター】濁り気味の水の状態。

【ステディ・リトリーブ】一定のスピードで単純に（ロッドなどでアクションを加えずに）リールを巻くこと。

【ストップ・アンド・ゴー】リールを巻いては止め、巻いては止めながら行うリトリーブアクション。ルアーが止まっている状態をポーズといい、この時にヒットすることがよくある。

【ストラクチャー】杭や藻、岩、立ち木などバスが着く障害物の総称。人工魚礁などは、マンメイドストラクチャーという。

【スプリット・リング】ルアーとフックなどを接続する輪。

【スプリット・ショット】ラインに直接装着するオモリ。ガン玉。スプリット・ショットを使用したワームなどの仕掛けをスプリット・ショット・リグという（P120参照）。

【スポーニング】産卵期に入ること。スポーニングバスを釣る、というのは産卵のために浅場に入ってきたバスを釣る、という意味。

【スモーク】ソフトルアーの色を示す言葉。ややくすんだ感じの色合、煙のような色合をさす。

【ソフトベイト】ソフトプラスチックを素材にして作られたルアーの総称。ワームやグラブなど。ソフトルアーも同様の意味。

た

【ダートヘッド】ジグヘッドのシンカーの部分がややとがった形になっているもの。

【タイト】バスがある一定の場所から離れずにピタリと着いていること。

【タックル】魚を釣るための道具のこと。ロッドやリール、ラインなど。タックルボックスというのは、ルアーやフックなどを効率よく収納するための手持ち箱のことをいう。

【タッピング】クランクベイトのリップを水底にコツコツと接触させるようにしながらリトリーブすること。

【タフ・コンディション】水温の急激な変化や多くのアングラーに攻められることで、バスの活性が著しく落ちている状態をいう。

【ダムサイト】人造湖などのダム付近のこと。危険であることが多いので、大抵の場合は釣り禁止になっている。

【チャートリュース】蛍光色を主体にした鮮やかな色合のこと。濁った水での釣りをする場合に、バスへのアピール度が高く、よく使用される。

【チューニング】ルアーやリールなどを改造すること。

【ディープ】深い場所のこと。

【ティンバー】水中から突起している立ち木群のこと。

【テキサス・リグ】ワームのリグの一種。特徴としては、底の状態が分かりやすく、しかも根掛かりを起こしにくい（P118参照）。

【デプスファインダー】魚群探知機のこと。

【テレスコピック・ロッド】振り出し竿のこと。

【トゥイッチング】ロッドの先端を小刻みに動かし、ルアーに変則的なアクションを加えるテクニック。ミノープラグに加える代表的なアクションのひとつ（P58参照）。

【ドラグ】リールについている機構のひとつ。ある一定以上の力がラインにかかると、ハンドルを固定しているにもかかわらず、ラインを送り出す装置。この機構がついていることで、ラインが切れるトラブルを防止している。

【トレーラー】スピナーベイトやラバージグなどに装着するソフトルアーのこと。

【ドロップ・オフ】岸から急激に落ち込んでいる場所のこと。または、比較的平坦な水底が、突然落ち込んでいる所。

な

【ナチュラル・カラー】ルアーなどの色を表現する場合、自然に近い色でできているルアーをさす。反対はアピール・カラー。

【ナチュラル・レイク】自然にできた湖。霞ヶ浦や河口湖、あるいは琵琶湖など。

【ノイジー】クレイジー・クロウラーやジターバグなど、リトリーブするとバシャバシャと音を発するルアーの総称。

は

【バーチカル・ジギング】ボートフィッシングにおけるジグを使ったバス釣りのテクニック。ボートの真下にジグを落とし込み、上下にシャクるようにアクションを加える。

【バーブ】フックの先端に付いている「カエシ」のこと。バーブレスというのは、カエシのないフックのことをいう。

【パーミング】ベイトリールを包み込むようにして持つこと。ハンドルがある反対側の手で行う。

【バイト】魚がルアーやエサに食い付くこと。アタリ。

【パイロット・ルアー】その日のバスのコンディションを探るために使用されるルアー。スピナーベイトやトップウォータープラグなどがよく使用される。

【バック・ウォーター】流れ込みが湖水とぶつかり合う部分。

【バックラッシュ】ベイトリールを使ってルアーをキャストしたとき、出ていくラインの速度よりもスプールが回転する速度のほうが速くなった場合に起こる現象。スプール内でラインが絡んでしまう。

【パンプキン】ルアーの色を表現する言葉。カボチャ色のルアーのこと。

【ピッチング】釣っている場所から近いポイントに、ピンスポット的にルアーをキャストする方法。アンダーハンドで静かに行う。

【ヒット】魚が掛かること。

【ファーストテーパー】先端部分が曲がるロッドアクションのこと。

【ファスト・リトリーブ】リールを速く巻くこと。反対はスロー・リトリーブ。その中間はミディアム・リトリーブという。

【フィーディング・エリア】魚がエサを食べる場所。

【フィッシング・プレッシャー】バスの警戒心がとても高くなり、非常に釣りにくくなっている状態。

【フォーミュラ】ソフトルアーなどに付着させる、匂いや味のついた液体。フィッシング・プレッシャーの高いフィールドで使うと、効果を発揮することが多い。粉末状のものもある。

【フォーリング】ルアーを落とし込むこと。ラインを張ったままルアーを落とすことを、カーブ・フォーリング、ラインをゆるめたままルアーを落とし込むことをフリー・フォーリングとい